U0051331

優婆塞戒經講記

——第四輯

——平實導師　述著

ISBN:978-986-81358-7-1

目錄

自序

宣講菩薩戒的經典，有《梵網經、地持經、菩薩瓔珞本業經、優婆塞戒經》以及《瑜伽師地論》，此書所宣講之經典是其中一部經典，全名為《菩薩優婆塞戒經》。

此經專為在家菩薩宣示菩薩戒的精神，詳細的說明：在家菩薩修學佛法以布施為第一要務。佛陀如是開示之目的，實因佛菩提道之修證，必須先修集見道、修道、入地、成佛所必須具備之福德；若福德不具足者，即無可能進入大乘見道位中；欲求修道實證及成佛者，即無可能；是故菩薩以修施為首，次及持戒、安忍、精進、禪定，然後始能證悟而發起般若智慧，進入大乘見道位中。

非唯見道必須有福德為助，乃至見道後修學相見道位觀行所得之智慧，亦須具備福德作為進修之資糧；如是次第進修諸地，莫不如是；乃至即將成佛之前的等覺位中，尚須百劫專修布施，頭、目、腦、髓、舍宅、妻、子，無一不可布施，都無貪著；以如是百劫難施能施所得福德，方能成就佛地三十二大人相及無量隨形好，具足如是廣大福德之後始能成佛。由是緣故，佛說菩薩六度乃至諸地所修十度波羅蜜，都以行施爲首要。

然而布施與成就佛道之因果與關聯，屬於因果之了知，其中原理並非等覺菩薩所能全部了知，故說因果之深細廣大，唯佛與佛方能究竟了知。而菩薩盡未來際之修行，恆以施爲上首，若不先行了知施因與未來受果之關聯者，即不能了知布施與異熟果報間之關係；若不知者，欲求諸菩薩盡未來際行施而成就佛果，殆無可能；由是緣故，佛爲菩薩弟子四眾宣演此經，令得知悉行施與果報間之因果關係。於此部戒經中，佛爲菩薩四眾細說「布施與菩薩世世不斷之可愛異熟果間之因果關係」，解說極爲深入；若能了知其義者，即可不退於菩薩六度，是故選取此經而爲菩薩四眾詳解之，欲助當代、後代菩薩四眾。

復次，此經亦詳說第一義諦之眞義，故於業行之說明中，宣示異作異受即是自作自受之眞義；如是正義，於一般經典中難得一見。若能確實了知其義，則於行施之際，既可不執著於未來世必將獲得之菩薩可愛異熟果報，亦可繼續行施，修集廣大福德，亦不致因此而壞世間法，導致家屬及世人之側目，令菩薩修施易得成功，道業因此而得助益；緣是，故選此經而爲眾人宣講，冀能助益菩薩四眾，同得見道而證菩提。

此外，初機學人樂種福田，然而大多不知福田與毒田差別所在；往往正當種福田時，所種卻是破壞正法之毒田。如是求福反成助惡之因由，端在不知三乘菩提差異所致，是故聞說深不可測之如來藏妙法時，即因名師誤導之故，即等視如來藏妙法同於外道神我，由是而極力護持否定如來藏之邪師，產生了力助破法者之愚行，以冀如來藏妙法消失不傳。由是緣故，欲藉此經中 佛所宣演三乘菩提異同所在之正法智慧力，令諸學人悉得了知眞實福田與假名福田——毒田——之差異所在，由是而令修學菩薩行者所作布施，悉皆正得廣大福德。今此戒經之中，對於三乘菩提之差異所在，有極爲詳盡之剖析；學人讀已，即能深入了知同異所在，以後修學佛道之時，庶幾有眼能判、功不唐捐。

又：戒爲修行之基本，未有不持清淨戒而能證得見道、修道功德者。

此經中對於菩薩戒戒相施設之精神，以及戒之犯重與犯輕、性罪與戒罪，都有極爲詳盡之開示；了知戒相及 佛設戒之精神者，即可把握持戒之精神，以戒法之智慧來持戒，不被戒相所繫縛而得身心自在、自不犯戒；如是生起戒體而自然不犯，庶能進道，是故選取此經而說之。

又如十善業道與十惡業道，其中之因緣果報正理，亦有詳細說明。並且特別說明：有人行於少施而得解脫分，有人行於大施而不得解脫分，悉皆各有其原因。若人能細讀此經，並且深解其義趣者，則求二乘解脫之道，輕易可得；然後進求大乘菩提，易得入道，未來成佛之道歷然於心，終無疑惑。如是眾理，於此戒經悉有開示。今將講記發行於世，願我佛門四眾弟子證解 佛旨，悉蒙法益。即以爲序。

菩薩戒子 **平實** 敬識

於公元二〇〇五年中秋

【「菩薩若施所親愛處，爲報恩故；若施怨讎，爲除惡故。菩薩摩訶薩見來求者，生一子想，是故任力多少施之，是則名爲施波羅蜜；菩薩施時離於慳心，名尸波羅蜜；能忍一切求者之言，名忍波羅蜜；所施之物手自授與，名精進波羅蜜；至心繫念觀於解脫，名禪波羅蜜；不擇一切怨親之相，名般若波羅蜜。善男子！如諸衆生貪心殺時，一念具足十二因緣；菩薩施時亦復如是，一念具足如是六事；是名功德智慧莊嚴。」】（上承第三輯〈二莊嚴品〉未完部分）

講記　菩薩若布施於所親愛的人，目的是爲了報恩。菩薩在世間法中最親愛的人當然是父母！除了父母以外就是師長了！既然布施於最親愛的人是爲了報恩，所以父母與師長都是報恩田。今天之所以有你，是因爲父母的生養；十月懷胎眞的很辛苦，妳們女衆最清楚了！你們男衆當父親的陪著辛苦，當然就知道父母恩了。出生之後，父母總是推乾就濕、乳哺長養，而且爲你尋找好老師、好學校；長大之後還想辦法幫你婚配，所以父母是最應該報恩的福田，所以父母是世人最親愛處。師長教導你走正路，讓你一世平平安安並且有能力在社會上立足，乃至發展一番大事業，所以師長是報恩田。世間法中的師長尚且要報恩，在世、出世間法中學習及親證，大家應該更能體會師長的恩德了。

若是布施於怨家、仇人，目的則是爲了除惡。怨家既和自己有怨，就低聲下氣對他道歉、示好，並且要買禮物贈送；第一次可能會被他說是假惺惺，第二次可能還是不相信，第三次總會相信你的誠意吧！因爲你是眞誠的，不是欺騙他。這目的只是爲了把惡種子除掉，不管是自己心中對別人的惡種，或是消除別人心中對我們的惡種。惡種除掉了，未來世一定會互相成爲法眷屬，在未來無量世中，雙方都可以互相成就道業。除惡目的在這裡，不是爲了改善關係而去攀緣。

菩薩摩訶薩若有人來求財，應該對那人當作自己的獨子來看待。若是自己的獨生子，他若不是要了錢去花天酒地、賭博，你當然會給他嘛！所以應該任隨自己能力之所堪任，或多或少布施給他，沒有家人或外人之想，平等布施，這樣就是布施波羅蜜。若是爲了求對方回報，或是期待被施者感恩，就不是布施波羅蜜了，就成爲有布施而無波羅蜜啦！因爲心中有所求，就沒有因爲布施而獲得解脫功德了，所以就成爲有施而無波羅蜜了。心中有所期待時，已經落到我所中了；不但我見沒有斷，連我所的執著都還在，所以是有施而無波羅蜜，就不是布施波羅蜜了。

「菩薩施時離於慳心」，把慳貪財物的心，藉著布施而消除掉，如是布施時才能叫作持戒波羅蜜。所以持戒的定義，在菩薩戒中有較廣義的意義；這與五戒、聲聞戒是不太一樣的。在菩薩戒中，如果有錢而遇到有人來求財，不肯行施就是犯戒，這就是十重戒中的故慳重罪。若能捨棄慳貪之心而行布施，施時絕對不會覺得財物可惜，那就是已經捨掉慳心了，那就是有施也有持戒波羅蜜。若沒捨掉慳心，就成爲有施而無持戒波羅蜜了。某人非常需要你救濟，你把錢財救助他，雖然捐出去時心中拉拉扯扯而有點兒捨不得，終究還是捨了，所以沒有違犯故慳戒，可是卻成爲有布施而無布施波羅蜜了，不能到解脫彼岸，因爲慳心還沒有捨掉啊！所以布施時得要聰明一點兒：錢出去時就把慳貪也順便捨了，這才叫作有施也有施波羅蜜、有施也有持戒波羅蜜。

「能忍一切求者之言，名忍波羅蜜」，菩薩對於來化緣的人都能夠忍受，才算是有忍波羅蜜。這幾年來的台北街頭有個怪現象，常常有人乞求錢財說：「頭家！給我五十塊。」店家說：「你要五十塊錢做什麼？」他說：「我要吃滷肉飯。」店家說：「十塊錢不行嗎？」他說：「十塊錢不夠吃，不要！」店家還是得五十塊給他，他都不願意多走幾家索討。我也遇到過，有一次有乞丐跟我要錢，我口袋掏出來剛好十塊錢給他，他說：「不要。」我說：「你爲什麼不要？」他說：「不夠吃滷肉飯。」只好又別的口袋摳一摳，湊五十塊給他，還是得給他啊！連乞討錢財都懶得多走幾家店面索討，但是菩薩要能忍。一般人聽了總是很不服氣：「十塊錢給你還不要，多討幾家就有五十元了，你還不要。不要白不要，我就不給你。」一般人多數會開口斥責的。但是菩薩不可以開口罵，這種人我已經遇到很多次了，我相信有很多人遇過，但是你要能忍於求者之言。但是也要有智慧作抉擇，譬如有人開口說：「請你給我三千塊。」「幹什麼？」「我要去喝酒。」那就不給了！因爲那是害他。如果他是基本生活所需，雖然他是有一點貪得無厭，連行乞都懶，希望一次就可以解決幾天的生活，卻不願意去乞討十家、五家；你若忍得下來而行施，就是有了忍波羅蜜。這些法都要現學現用，要能心中無煩惱而得到自受用，才是有功德的人，若是學法而沒有自受用，就不叫作功德了。六祖也曾講過：自受用與他受用合起來就是功德。所以除了要有忍，還得要有波羅蜜；可別弄了老半天，錢送出去了，卻是有忍而沒有波羅蜜，那就很冤枉了，所以應該能忍一切求者之言。

還有一點很重要：你所布施的財物，應該自己親手送給受施者，不要託人轉交，除非你眞的很忙。自己親手送去，這樣才叫做布施的精進波羅蜜；這裡面還有因果：如果自己親手送去，不經過第三者，未來世所得的福報就不會被別人掌控；若是委託別人幫你布施，未來世所得的福報就必須透過被託人才能得到；因爲他幫你跑了這一趟路去布施，未來世你該得的福報必須經由他同意，你才可能擁有，所以有一部分是他該得的，而你該得部分還得經過他才能得到。所以護持正法、供養法僧，最好是自己親手去做，未來世的福德誰都掌控不了你，而且全部是你個人所有，這叫作「手自授與」。若能手自授與，親自去做，精進而且心無罣礙，這就是布施時既有精進、也有波羅蜜。

布施時以至誠心繫念及觀察解脫，才可能從布施中獲得解脫：第一是解脫於我所的繫縛，第二是解脫於我見與我執的繫縛，這就是布施的禪波羅蜜。所有財物都可以布施，乃至一切布施都不保留而捨壽都沒關係！阿育王就是這樣。全都布施完了，所有財產散盡，毫無留戀，這樣就能觀於解脫，第一、解脫於我所，第二解脫於我見，第三連覺知心、作主心的我消失了也可以，這樣就解脫於我執了。菩薩布施時若能如此至心繫念觀於解脫，才叫作有禪波羅蜜。禪是靜慮，又名禪那；能如此做而無懷疑，就是有如實、深入加以探索、觀察，因此能至心於此一見地行施而不移動，這叫作禪波羅蜜。至心，並不是意識層面想一想就算是，而是要從意根所展現的思心所中運作出來的，那才是至心；如果只是意識層面的，那是有檀、而無波羅蜜：錢財是布施出去了，可是心裡面老大不捨，所以有施而無波羅蜜，就不至心。從深心中確定布施的因果，心中決定不移的布施，是從意根的思心所表現出來的，才是眞實的至心。以這種至誠不疑的心，繫念解脫、觀察解脫；由布施的行爲上來繫念及觀察解脫，才是有禪那、也有波羅蜜。

如果布施時，不論是法施或財施、無畏施，能夠不檢擇一切怨親之相，平等一體的布施，才是有般若也有波羅蜜。有些人布施時會想：「我想布施到某甲道場去，但是那道場有幾位法師我非常討厭，我還是布施到別的道場去，那裡雖然沒有我喜歡的法師，可是也沒有我討厭的法師。」這就是選擇怨親之相，這表示他布施時沒有轉依如來藏的眞如性，而是依止於自己的意識心性，也依止於意識心的喜好或厭惡，這就表示這位布施者的我所執、我見、我執都仍重；如果我見都斷不了，我所的貪著都斷不了，顯然還沒有證得實相，此人布施時當然沒有般若，也沒有波羅蜜，所以 佛又開示說：「善男子啊！譬如諸眾生起貪心而殺害有情時，這一念貪心之中已經具足了十二因緣；菩薩在布施的時候也是一樣，當他在布施時，一念當中也具足六度波羅蜜。如果能夠這樣，這人在布施時是具足功德莊嚴，也是具足智慧莊嚴的。」當眾生起貪心去殺害有情時，不論是因爲貪肉，或是爲了貪眾生屍體賣掉的錢財而殺害有情，當他起了一念殺心決定要殺害眾生時，爲什麼一念之中就具足了十二因緣呢？諸位想要知道的話，且聽下回分解。

上一週我們講到五十八頁：「如諸眾生貪心殺時，一念具足十二因緣。」正要講這兩句，時間又到了，有位師姊就當場嘆了一口氣。如今一週過去了，現在就爲大眾講這道理。以前我們曾經講過說十二因緣，說有十種十二因緣，譬如三世十二因緣、一世十二因緣、三念十二因緣等，如今講一念之中具足了十二因緣。似乎以前沒有人講過這法，現在終於有機會讓我們把它講出來。大家都能夠背十二因緣，所謂無明緣行，行緣識……乃至最後生緣老、病、死、憂悲、苦惱，一切苦聚生，這是前後三世的十二因緣法。但是爲什麼一念起殺就會具足十二因緣呢？大家都知道，眾生輪轉生死的源頭就是無明，所以流轉生死的因緣是無明；可是無明有兩種：一種稱爲無始無明，那是屬於實相方面的不正知，不能實證，不能了知；而這種無明是無始以來就存在的，所以叫做無始無明；又因爲無始無明的內涵，眾生自無量劫以來都不曾相應過，所以稱爲無始的無明。眾生從無量劫以來，當他開始修行時，最多就只是想到如何能免除生死的輪迴，都只是一念無明的我見與我執部分，從來不曾想到生死輪迴的本際是什麼？也沒有想到說無餘涅槃中的本際是什麼？也沒有想到一切萬法（所有法界）的根本是什麼？從來都沒有想過，所以說對實相的無明是無始本有的。這個無明又叫作「心不相應」的無始無明，《勝鬘經》如此說，是因爲眾生的覺知心從來都不與這個無明相應過，所以是心不相應的無始無明。一般情況是證得解脫果以後，不很執著無餘涅槃的人才會相應到這個無明；譬如菩薩證得阿羅漢果，已能出三界分段生死了，然後想到將來入了無餘涅槃時是把我自己滅了，眞正的無我；有我就輪迴生死了，可是六根、六識、六塵都滅失而不存在了，自我消失以後，無餘涅槃中並不是有蘊處界我的任何一法仍然存在，那麼無餘涅槃中到底是什麼呢？證得阿羅漢果的菩薩們想到這一點時，才會想到去探究它；當菩薩起心想要探究時，才算是與無始無明第一次相應了。所以對眾生而言，無始無明是從無始劫以來就與眾生的意識心、意根心都不相應，所以《勝鬘經》才會說：「**心不相應無始無明住地。**」這道理一直都沒有人去解說它，眞的很奇怪！我們會再看看有沒有因緣來講《勝鬘經》（編案：已於 2006 年一月三日開講，預計十月講畢，將續講《金剛經宗通》）。這是屬於無始無明，是第一種無明，這是大乘菩薩見道時必定會打破的。可是眾生輪迴生死，並不是因爲無始無明，直接的原因是一念無明；因爲無始無明不會遮障佛弟子出離生死，阿羅漢們都沒有打破無始無明，照樣可以出離三界分段生死，所以無始無明並不障礙證得無餘涅槃，但是會障礙證得大乘涅槃，也就是本來自性清淨涅槃及佛地的無住處涅槃。

眾生輪迴生死的主要根源是一念無明，爲什麼叫作一念無明？有兩個原因：因爲常常都是一念心動而執著於我，或者執著於我所，所以就叫做一念無明。常常突然起了一念，不願讓自己消失掉，所以有我見的存在而不樂涅槃；第二個原因是一念之中就具足了生死，所以一念之中具足了十二因緣，十二因緣就是生死法，就是流轉法。有流轉、有生死，才會由最後的老病死憂悲苦惱而向前推溯，終於能推溯到無明。聲聞人推溯到無明時，確認眾生由於不知蘊處界的虛妄性而產生了自我執著，這就是無明；然而斷除我執時，若不是因爲　佛陀開示無餘涅槃中有本際實存、常住不變、眞實，二乘聖人就會因內有恐怖，我見與我執是無法斷除的;但是菩薩不但要斷我見、我執,還要推溯無明是從哪裡來的?對聲聞人來說,解脫道的修行是在了知無明的內容,也從 佛聞知涅槃中的本際常住時,我執斷盡就結束了。可是菩薩不然,菩薩還得推溯無明的由來;無明總不能無因而有,一定有一個所依心,那就是如來藏——本識,就是四阿含諸經中所說的本際識,但是還得要親證這個本際識的所在,才能發起般若實相的智慧。

二乘聖人也曾懷疑過:十八界我滅盡後是否成爲斷滅境界?所以佛陀特地爲阿羅漢們說明:無明依附於第八識心體而存在。所以因緣法推溯到這個本際識時,就不能再往前推了,所以說「齊識而還,不能過彼」。一切煩惱的根源,譬如我所執、我見、我執、善惡業、心所法……等種子,其實都存在第八識中,所以緣覺所觀的因緣法只能推溯到這個本際識,就是最終法了,到此就只能再退回來而無法再向前推溯了。這道理在四阿含中曾經密意說過,可是到末法時的現代已經沒有人懂得了,那些自稱已經證得三果、四果的大法師、大居士們也都不懂,可見他們的證果都是因中說果。這道理,我們在書中已經引述出來說明過了：無明依名色而現行、存在，但是從名色再往上推時，結果是齊識而還、不能過彼。所以一念無明十二因緣法，不會有十三因緣、十五因緣、二十因緣，不會無窮無盡；若有超過十二法的，那是爲人悉檀中的增說，是爲某些人單獨的方便說，不是究竟說，所以不論增說了多少法，仍然是齊識而還、不能過彼（編案：詳見《阿含正義》對十因緣與十二因緣的關聯所作的細說）。在十因緣法中推究名色的由來時，逆推到出生名色的本際識的開示中，　佛其實已經密意告訴我們有第八識了！可惜的是印順法師他們都不願意遵照四阿含諸經的法義來弘揚，專門執取密宗應成派中觀的邪見來弘揚，所以他們都根據宗喀巴的邪見而主張只有六識；現在我們寫了很多本書證明原始佛法中就已經說有八識了，他們至今都不願意回應我們，我想是沒有能力回應，因爲理證和教證都擺出來了，而他們全都違背理證與教證，又如何能回應？

菩薩不但要探究無明之前是什麼？無明從哪裡生出來的？結論是從阿賴耶識而來。但是聲聞聖人不必推論，　佛已經爲他們明說是從這個本際識來的；但在無佛之世，辟支佛們卻是單靠自己的推斷而了知有

世捨報之前，就同樣會有過去世的意識；而過去世意根及意識的心行，都一定會緣於名色：也就是緣於受想行及前五識的名、緣於有根身的色，也反緣於意識心自己，這就是十二因緣所說前世的識緣名色。由於前世的識緣名色的種種行而熏習的結果，當然就會有這一世的名色出現；有此世的名色，就有意識緣於名色，由此緣故當然就會有六入：色入、聲入、香味觸法入。有了這六入，識當然就一定會觸六塵。有了六入的觸心所，就一定會有六塵的領納，那就一定會有苦受、樂受、憂受、喜受、捨受。有了受支以後，眾生就起貪愛；貪愛我所：我所接觸到的六入與有根身，特別是貪愛六塵覺受的苦受。有人也許會抗議說：「哪兒有？我只貪愛樂受，我都不喜愛苦受。連捨受我都不喜愛，因爲我最怕無聊了，所以我不喜歡捨受。」你眞的不喜歡苦受嗎？苦瓜爲什麼吃得津津有味？爲何不願意捨棄苦受的受覺呢？至於捨受，也是一樣貪著的，愚痴眾生只是不喜歡意識的捨受，其實是仍然執著的；特別是意根在某些情形下對捨受特別貪著，譬如夜晚身體稍微累了，意根就想要睡覺了，但那是意根的捨受啊！所以說「意根相應爲捨受」，除非有意識同時存在運作，才會與苦、樂受相應。

也許有人說：「這雖然有道理，可是苦受是意識的，我還是不喜歡。」你眞的不喜歡嗎？不然！因爲如果有一個方法能使你完全不感受到痛的感覺，請問你要不要？要的請舉手！（無人舉手）你們看，沒有一個人舉手。因爲如果不知道痛與累的感覺，不能感覺到苦受的話，那你一定活不過二十歲！才二十歲就會如同八十歲的老人一般，而且身體哪裡損壞了也感覺不到，都得靠眼睛一一檢視才會知道，所以沒有人願意放棄苦受的，所以眾生還眞的是貪著苦受。正因爲貪愛三受、五受，所以會攝取受與諸法的種子，攝取苦樂憂喜捨受及一切諸法的種子，執取了種子就是取，執取了我見與我執種子，當然就一定會入胎，就成爲後有。有了後有，還能不生嗎？有了後有種子你當然要去投胎，只要我執、我所執著不斷，死後一定要去投胎的；因爲中陰身只有七天，並不好玩；七天到了，見聞覺知都消失掉了，那還得了？看看中陰境界並不好玩，只好趕快去投胎，下一輩子就會有新的見聞覺知了！投胎十月滿足，當然就呱呱墮地，就有「生」了。有了生，難道還能免掉老、病、死、憂、悲、苦惱嗎？這就是一般的十二因緣，就簡單的說明完了。若要詳細的說明，當然還有很多法，不是這裡可以說明的。

接著說明一念之中爲何也有十二因緣？譬如說，由於不斷的作錯誤的熏習，不知道應該斷我見與我執，乃至於想要斷我見與我執，卻對我見與我執的內容都不知道；這是現在末法時的平常事，諸方大師們，你們去看看，有誰眞的懂得我見與我執？從四大山頭探討，包括印順法師，都沒有斷我見，更不要說斷我執了！因爲我見、我執不斷，縱使斷了我所的執著也沒有用，仍然要輪迴生死。這種不知我見與我執內容而熏習佛法的人，都是一念無明的熏習者；這種無明是屬於煩惱障所斷的無明，由於這種無明存在的關係，意根的心行就無法斷除；意根的心行不斷時，意識就無法永遠消滅，縱使你很累而不得不睡著，那還是由於我見和我執而使意識暫時斷滅的，因爲意識感覺到很累了，知道應該要睡覺了，或者應該要打個盹、休息一下，意根就讓意識消失掉，可是意識覺知心的消失只是暫時的，只要覺得不累了，又爬起來四處執取六塵了，所以意根的無明、行，會導致意識不斷的滅了又生、生了又滅，始終無法永遠的斷滅，所以就不可能入無餘涅槃。

至於意根會導致意識的現行，主要在祂的兩個心所法，就是意根的五遍行中的作意和思心所，由這兩個心所有法而導致意識有時暫斷、有時再起，所以無明與意根的心行會導致意識的現起或暫斷。但這樣還沒有具足一念，仍只是意根的心行與無明而已。意識現起又開始緣於名與色：我有受想行識，我有苦樂憂喜捨受，我有心行的存在。眾生雖然不知道意根與阿賴耶識的心行，卻把意識與阿賴耶識的行爲能力據爲己有，藉意識來了知自己正在作事：我能夠享受、我正在受苦……等等。意識現起貪著，攀緣於名中的受，也攀緣於第八識的心行及名中七識心王的行；繼而攀緣於了知性，那就是攀緣於想蘊；七識心王對六塵的了知性也是名所攝的想蘊。同時又攀緣於意識的自己的存在，如同存在主義的想法一般：我思故我在、我想故我在、我知故我在……。也有法師用這個想法在弘法，但這只是哲學家講的三界世俗法，都是意識層面的法；「我思故我在」只是執我眾生的想法罷了！以後再有人告訴你：「我思故我在。」你就罵他：「凡夫我見。」

意識現起時就緣於名：受想行識。緣於名時也同時緣於色，因爲若無五根色身，識蘊還眞的無法在人間現行，所以識就緣於名色。當某人一念起心要殺眾生時，就有意根的無明行緣於名色：緣於自己的名色，也緣於眾生的名色。他爲什麼想要殺眾生？因爲「我要吃牠」嘛！殺鴨、殺豬就是要吃鴨、吃豬啊！緣於眾生的名色，是怎麼緣的？如果牠的六識不斷，人就不會吃牠；只有極少數的人，譬如有人生吃猴腦，但那是極少數人；一般都是殺死眾生以後再吃，不是屍體就一定不肯吃。肉食動物也一樣，一定會等獵物死了才吃，這就是緣於眾生的名與色。到這裡，才只是一念剛開始而已：先緣於獵物的名與色而起殺心。緣於獵物的名色，主要還是爲了自己的名色，仍然是我執。緣於自己的名色時，當然會有六入：由外六塵而有外六入，由外六入而產生了內六入，如果不緣於名色就不會有六入；若不緣名色，意識就不能現起。

一念起殺時，緣於六入、六塵，就會有觸：觸到自己所了知獵物的色聲香味觸法。當人想要殺害一條魚時，一定會先緣於魚的名與色，六入一定會從那條魚的色身而緣；當某人起一念殺心時，一念生起就已經以六入緣於魚身了；若沒有六入就無法具足起心動念，一定要先眼根去看，乃至嗅到……等等；再由六入中產生了觸，再由觸六入而有了覺受；受樂受：肚子正餓時剛好這條魚可以吃。這雖然都沒有語言文字，但是受已經存在了；接著就產生貪愛了，當然接下去就要取了，心中生起想要取牠的作意了，這個取仍然是在一念之中所包含著的；想要取牠的時候就產生了後有的種子，就是我所的貪著，後有的種子就已經存在了，所以菩薩恐懼自己虛妄的起心動念。菩薩克制自己，是在起心動念上克制，而不是在身行上克制的，這與二乘人是大不相同的。

有了我所的貪著時，接下來另一念就出生了，意根作意要實行殺生的動作了！意根的思心所就出現了，這一念出生時就叫做一念無明的生。這都是一念十二因緣中的生嘛！前面一念過去時才會有後面決定要殺的一念出生；所以決定要實行殺生的動作時，前面起一念欲殺的念就已經死了！所以說「眾生一念貪心欲殺眾生時，這一念就已經具足十二因緣生死了」，這一念的生死就是變異生死。所以一念中具足十二因緣。

也可能有人質疑說：**「哪兒有？你剛才說這一念出生結果就死了，可**

是老與病怎麼沒有看見？怎麼有生而沒有老病？」怎麼會沒有老與病？請問：一念之中有多少剎那的變異？在一念之中經歷了許多剎那的變異，那不就是生住異滅？不能維持在一念初起之時的狀況中，正在變異中，不就是病嗎？當這一念快要過去時，不就是老了嗎？這一念老了，過去了，被後一念取代了，這一念不就死了嗎？所以一念之中具足十二因緣。諸位已經了知一念之中有十二因緣，一念起心貪眾生的肉而想要殺牠時，都是緣於眾生的名色，也是從意根的無明熏習導致的心行而來的，所以一念之中具足了十二因緣。

同理，菩薩起心動念想要布施時，一念之中也是具足六度的。所以菩薩一念欲施之時具足十二因緣，也具足六度。菩薩一念心起想要布施，在這一念施心中就已經把慳心布施出去了，布施到解脫的彼岸，這布施度已經成就了。能起這個心念去布施，是奉持 佛所開示、傳授的菩薩戒來利樂有情，所以在這一念之中就具足了戒法。起這一念布施之心而能安忍無失，就是忍波羅蜜；能如教而行，常常起一念施心而施，就是精進不退；能夠心得決定而不反悔、也不退轉，永不會起慳，這樣一念施心的決定不移，這也是禪定到彼岸。心得決定，了知因果，所以一念起心樂於布施，就是懂得實相智慧的人；知道一切因必有其果，因果昭昭不爽，自己種的福田還得自己收割，別人都搶不去，這就是有智慧的人；所以起心布施的一念之中就具足六度了，所以能夠一念之中具足六度的人，就是有功德智慧莊嚴的人。所以說，懂得布施的人不要只是在福德上面修，還得要有智慧的修集而修行布施度。

菩薩的布施與世俗人的布施不同，世俗人的布施只有福德而無功德，來世可得福報，但是於解脫不相應，也與般若實相智慧不相應，所以沒有智慧莊嚴。菩薩一念布施，有功德智慧莊嚴，因爲了知施的因果，所以根本就不去掛念它，反正種在我的心田裡，誰也拿不走；既然誰都拿不走，我牽掛它幹什麼？又何必心心念念想著：「**我這一世布施下去，我來世得多少回報。**」完全不必牽掛這件事情，所以就得到了解脫的受用，有受用就是功德。菩薩瞭解這些正理，就是有布施的智慧來莊嚴自己的布施行了。所以眾生起心貪著欲殺時，一念之中具足十二因緣，菩薩起歡喜心要布施時，一念之中也是具足十二因緣及六度的。懂得這個道理，回家以後好好思惟整理，就不必再回溯：「我來正覺同修會到現在已經修了多少福。」種了多少福田都不必再罣礙了，因爲已經了知布施的因果與六度關聯了嘛！那你從此以後布施時不但會有福德莊嚴，還會有智慧的莊嚴，這就是福慧雙修啦！若是沒智慧的布施，將會只有福德，來世恐怕一不小心就會變成帶著瓔珞的大象。所以菩薩不但未來世要有福報，可以藉那些福德資糧來利益眾生，還得要有智慧來配合，才能究竟的利益眾生：要有自受用，也要有他受用，這才有功德。所以菩薩在布施時，一念之中具足福德莊嚴，也具足功德智慧莊嚴。

【「復次善男子！菩薩摩訶薩造作不共法之因緣，名福莊嚴；教化眾生，悉令獲得三種菩提，名智莊嚴。復次善男子！菩薩若能調伏眾生，名智莊嚴；同於眾生受諸苦惱，名福莊嚴。菩薩能令一切眾生離於惡見，名智莊嚴；能教眾生住信、施、戒、多聞、智慧，名福莊嚴。」】

講記 成佛之道在於福慧兩足，修福是一般學人比較能夠了知的，雖然還不知道修福布施的因與果，但是從一般人來觀察，都比較願意修福；至於修慧，通常心中多少都會有恐懼感。這都是因爲聽那些凡夫大師們說：「修慧、證果是利根人所學、所證的，我們算老幾？怎敢想要開悟、證初果、當菩薩？」一般人被凡夫大師這樣教導以後就不敢修慧了，所以眾生修福比較容易，修慧比較難。在你們還沒有到正覺同修會來之前，如果說修學佛法可以證得初果，一般人聽了就會說：「你別嚇我好不好？」想都不敢想啊！如果不只取證初果，還要讓你證得法界的實相而成爲實義菩薩，也就是明心見性，那就更不敢想了。所以一般人修福容易，教他修慧就很困難。可是菩薩不然，菩薩有造作不共法的因緣可以成就福德的莊嚴，這是因爲大乘法的慧學通於福德。關於福德，且先不談大乘法，先說二乘法好了；二乘法的修行與福德的關係不大，若是偶然遇上了二乘法，往往隨緣而修就可以證果，不需努力修集廣大福德來作爲證果悟道的資糧，所以他們不必勤修福德，只需經由觀行世俗法的蘊處界而斷我見和我執，成爲慧解脫的阿羅漢以後也可以成爲人天應供；但是當他們證得阿羅漢的粗淺智慧時，就因爲斷了我見、我執而成爲人天應供了！那當然是有福德了，但這個福德是證果以後才有的，想要取證聲聞初果到四果都不必有廣大福德來作證道的資糧的。

但是大乘菩薩不但可以使人證得聲聞果，也能使人證得阿羅漢所不知道的法界實相，當然他悟後的福德就更大了！所以諸地菩薩當然更是人天應供。菩薩若是證悟而出家了，當然也是人天應供啊！即使菩薩只是初果人而同時是大乘別教七住菩薩，但他所證的實相智慧是阿羅漢所不能知的，這樣的比丘、比丘尼悟後的福德當然勝妙廣大於阿羅漢，當然更是人天應供啊！這就是菩薩造作了不共二乘法的因緣，成爲菩薩摩訶薩了，就成爲菩薩的福德莊嚴。所以明心以後你也許覺得似乎沒什麼；也眞的是沒什麼，而且在同修會中明心是基本的修證，確實是沒什麼；但是在破參之前，怎麼想也想不通的般若經義，就只是一個不起眼的破參明心，《心經》所說的卻變成只是在講你心中的事，親切得很！已經不是 佛講的《心經》，而是你自己的《心經》了！這是二乘聖人所不知道的，所以就有了福德莊嚴，應受人天尊敬了！

什麼是智慧莊嚴呢？這是說破參之後不但要爲人講大乘菩提，你還得要爲人講二乘菩提；因爲大乘菩提所修證的法界實相證實以後，漸漸就可以通達二乘菩提了！我們在許多書中已經證明了這一點。所以《優婆塞戒經》講得很正確：說菩薩造作了不共法的因緣而能教化眾生獲得三種菩提的實證。實際上我們也證明了這一點。沒有人教我二乘菩提的佛法，但是我破參之後，也可以把阿羅漢所不知道的涅槃實際講出來；你們只要破參了，就知道我講的涅槃實際境界了！不但我知道實際，你們悟後也知道了！所以二乘法我們也可以講。阿羅漢所不知道的般若與種智都可以講了，二乘法就會覺得很粗淺了。正因爲覺得很粗淺，所以目前還沒有想要講它，只想先註解阿含（編案：《阿含正義》已於2006年八月底出版第一輯了，以後每二個月將出版一輯，總共七輯圓滿），目的只是想要證明 佛在四阿含中，早已密意隱語而預先埋下了後來將接著宣說的大乘法伏筆，也已經早就說過有意根、有阿賴耶識、有七八識了！乘便幫助南北傳佛法的修行者確實斷除我見；註解阿含的目的，只是爲了達成這兩點而已。但是並沒有人教我阿含，也沒有人教我怎麼開悟，甚至於以前大師教我的開悟方法還是與事實顚倒的；但是我們破參之後造作了這個不共法的因緣，卻可以爲人演說三種菩提，這就是菩薩的智慧莊嚴。

所以三乘菩提有互通之處，不是完全不通的。聲聞菩提若異於緣覺菩提，緣覺菩提也將會異於大乘菩提，那麼大乘菩提又如何能函蓋聲聞、緣覺菩提？正因爲大乘菩提有與二乘菩提相通之處，所以我們漸漸的寫出來二乘菩提的深妙法來了。如果你們也跟著我這樣走，悟了以後就有福德莊嚴，慢慢的再往通達位進發，在這個過程中若能教導眾生，讓眾生也能取證三種菩提，那你就同時有智慧莊嚴了，這就是我們同修會的親教師們所做的事啊！若是擔任各班級的義工、擔任助教，就是在爲自己將來成就這個智慧莊嚴而做準備。假使這一世做不到，也不會唐捐其功的，未來世還是可以幫助你累積起這個資糧，讓你未來世可以成就智慧莊嚴的。菩薩有福德莊嚴，那就是自己證悟實相而有不共二乘菩提的實相智慧；悟後必定會有福德莊嚴，但是也要有智慧莊嚴來教化眾生一樣證得三種菩提。

佛又開示：善男子！菩薩如果能調伏眾生，就是智莊嚴。調伏眾生並不是壓迫眾生而調伏之，而是讓眾生心悅誠服或心服口服，如果心服口服做不到，至少要讓眾生心服口不服；眾生嘴裡不服氣倒也沒關係，只要心中暗暗服氣就夠了；因爲有的人很重視面子，所以會心服而口中絕對不服氣。特別是中國人，從小就被教導面子最重要；若是洋人，只要證明他錯了，多數人會當下認錯。但是我這個人沒面子、沒有臉、不要顏面，所以人家怎麼罵都沒關係，只要不妄謗正法就好；所以私下流傳的無根誹謗雖然很多，也都聽過就算了，除非有什麼特殊的因緣必須講明，不然就懶得談啦！現在倒是變成聽都懶得聽了，那些無根誹謗總是千篇一律、可想而知，又何必聽呢？可是中國人特重面子，往往不重視內裡，所以在歐美先進國家，想讓眾生心服口服並不難；但在中國，能做到讓眾生心服口不服，就算很不錯了！只要二十年、三十年後他們認清事實，終於接受正法，就算是調伏成功了。在中國地區要能這樣調伏眾生，就表示你有智莊嚴了。

關於心服、口不服，譬如說某某大師講錯法了，你把它寫出來，公開印出去，而他不敢以文字公開反駁你，這就是心服口不服，他已經知道自己錯了，但是顧及面子所以沒有反應。如果有反應，認爲自己的法錯了，那就是心服口服了。但是在中國，你不要冀望大師們會認錯，他們永遠都不會認錯的；但是當他不敢反駁，其實已經知道自己錯了，只是放不下名聞與利養，所以死不認錯，這正是心服、口不服。在中國地區能這樣調伏眾生，就算你有智莊嚴了。可是你雖有了智莊嚴，卻不會輕視眾生，也不會落在煩惱中；但又無妨和眾生一樣示現受種種苦惱，這就是四攝法，能這樣與眾生同事，就是修福莊嚴。

一般人是說，上等人不屑於跟下等人混在一處；菩薩不是這樣，菩薩雖然有實相的智慧，無妨跟世俗人談天說地，但是談天說地的時候，三句不離本行，總是會把佛法帶進去，這就是菩薩。能夠同於眾生受諸苦惱，這叫做福莊嚴，那麼菩薩能夠教令眾生離開惡見，並且不是只有教令少數眾生離開惡見，還要教令一切的眾生離開惡見啦！換句話說破法的人你也要教他離開惡見，破法的大師，誤導眾生的大師，你也得教他離開惡見，那麼你要教他離開惡見怎麼辦？你要去求他嗎？你越求他，他越發不肯離了，他越發告訴你，說是你錯了。那就只好提起金剛寶劍來斬嘛！要把他們的惡見斬光，讓他心服、口不服，你就算令一切眾生離惡見了。能夠這樣教就是智慧的莊嚴，你有智慧來莊嚴自己，那麼能夠教眾生住於不退信，能夠修檀波羅蜜，就是布施波羅蜜，能夠持戒，能夠多聞乃至最後生起智慧，能夠這樣教化眾生達到這一些層次，那就是菩薩有了福莊嚴了。

【「復次善男子！菩薩摩訶薩具足五法，則能莊嚴無上菩提。何等爲五？一者信心、二者悲心、三者勇健、四者讀誦世論不生疲厭、五者學諸世業亦不厭之。善男子！菩薩具足二種莊嚴，則有七相。何等爲七？一者自知罪過、二者不說他過、三者樂瞻病人、四者樂施貧人、五者獲菩提心、六者心不放逸、七者一切時中常至心修六波羅蜜。」】

講記　證悟的菩薩摩訶薩如果能具足五法，就能莊嚴無上菩提：第一要具足信心：對三寶具足信心，於三寶不退信。不退信心很不容易，如果不具足信心，明心以後還是會退回凡夫我見中，不能安忍。第二要有悲心，視一切眾生猶如自己的獨生兒子一樣看待；只要眾生有因緣可以證悟，就該幫助他。縱使這個眾生是你不喜歡的人，但只要他的證悟因緣熟了，你就得要幫他，這個叫作悲心。

第三要有勇健之心，勇健之心很不容易得，一般人初學佛時都很勇猛、雄健，但往往因爲懈怠而退失了！淨土門中的念佛人不是常有這麼一句話嗎：「**念佛一年，佛在心田；念佛三年，佛在眼前；念佛五年，佛在西天。**」越念越遠了！學禪也一樣：原本想要求悟，學上一年半載就認爲自己開悟了；再過三年，認爲自己的開悟不正確，趕快去懺悔；再過十年，認爲開悟是不可能的，所以到後來就不敢求悟了，只求往生極樂世界。前幾年不是有人自稱證悟了嗎？後來不是也說證得是阿羅漢果了嗎？可是後來爲什麼又去學東密？最後又變成念佛人，不再談開悟證果了！這就是不夠勇健。如果眞的勇健，心中一定會堅持信念、非悟不可，永不放棄。從這裡就可以看出一個人有沒有證悟的因緣了。所以勇健心很難得，大部分人是剛開始時一頭栽進去，成爲狂熱的佛教徒，但是五年、十年後又回到世俗法去了，這就是不夠勇健。菩薩摩訶薩除了信心、悲心，還得要有勇健之心，以能莊嚴無上菩提；若無勇健之心，不必多久就退轉了！即使見地沒有退轉，他也不願意爲眾生做事，更不願爲眾生任勞而又任怨。任勞容易，任怨難，如果能任勞也任怨，這人才是眞的菩薩，但這都是由勇健心而來。

第四要能讀誦世論、不生疲厭，菩薩並不是爲了學禪開悟而一個人躲到深山中，反而是在鬧市之中好參禪，想要證悟也是鬧市之中最容易，悟後才會知道祖師們說的「十字街頭好參禪」。如果禪三參不出來，我告訴你：菜市場最好參禪。維摩詰大士也說：高原之地不生蓮花，卑溼淤泥之際，蓮花卻長得最漂亮。這意思是說：煩惱之中才有菩提。這跟二乘法是不同的，所以大乘法的證悟，得要在煩惱中去尋覓。如何是煩惱？這不是指一念不生時因爲不斷生起妄想而叫作煩惱，而是爲了生活奔忙，這就是煩惱；爲了食、衣、住、行而忙個不停，這些都是煩惱，在這些煩惱之中才會有佛菩提可證。那麼學習世論，算不算煩惱？（大眾回答：算！）算啊！爲了要謀得一技之長，得要去學啊！學得一技之長來謀生活，得要在社會上奔忙，因此是煩惱。世論的讀誦，在二乘人來講是嚴禁的，但在大乘法中，世論的讀誦卻應該不生疲厭，因爲這會關係到你將來入地以後種智的證量，但是對一般的人來說，是不容易的；可是菩薩要能讀誦世論而不生疲厭，才能漸次具足一切種智。

第五要學諸世業，就是學習世間法中的種種事業。如果厭倦於世業，工巧明一定不好，因明、醫方明也都不好，可想而知：內明當然也不好。悟後將會始終停留在總相智中，不能發起別相智及種智，所以說「菩薩當於五明中求」。工巧明也很重要，有一些人，我一看他做事，我就知道他這一世沒辦法看見佛性。菩薩想要眼見佛性，還得要多為眾生做事，工巧明才能出來，才會有眼見佛性的因緣，所以菩薩學諸世業亦不厭之；二乘聖人是看不見佛性的，因為偏定而少慧。一般菩薩是慧多而定少，所以來到我們同修會的第一步就是修習基本定力——無相念佛、看話頭，要讓你定慧等持。佛說菩薩若能具足信心、悲心、勇健、讀誦世論、學諸世業等五法而不退轉，就能莊嚴無上菩提——莊嚴大乘菩提。二乘菩提不是無上法，還有大乘菩提上於二乘菩提，所以大乘菩提才是無上菩提。因為開悟明心是證得法界的實相，這是唯一、獨一、絕對待的，世、出世間法中沒有一法能與如來藏實相作對待，祂是絕對待的；大乘菩提所證的正是如來藏絕待之法，因此說大乘菩提是無上菩提；必須具足以上五法，才能莊嚴祂。

菩薩若能具足福莊嚴與智莊嚴，就會有七種相，這七種法相在這種菩薩身上一定可以觀察出來：第一、他自知罪過，如果他有什麼事做錯了，他會承認而不會狡辯。如果你證明他某一個法錯了，他會公開聲明及更正，不會遮掩或置之不理。第二、他不會閒著無聊、常常串門子說是非，所以你想要找大菩薩泡茶閒聊是很難的，菩薩認爲那都是所言不及第一義——言不及義。菩薩說法時不會稱說某人事相上的事，所以不會有自讚毀他、說四眾過等事。如果具足福莊嚴、慧莊嚴了，他還會有一個現象——樂瞻病人。如果你告訴他：「**我病了！你能不能來看我一下？**」他一定會允諾，不會跟你拒絕。具足福慧莊嚴的菩薩還會有第四個現象：樂施貧人。不會對貧窮人拒門不納，除非是來要錢去亂花。第五會有很明顯的現象，就是已經證得實義菩提心了，因爲他能爲大眾宣說般若了。菩提心有二：世俗菩提、實義菩提。世俗菩提心是說，以覺知心在佛前發四弘誓願，這種發心就叫作發菩提心，這是世俗菩提心；實義菩提是說已證得實相心，就是獲得實義的菩提心了，是菩薩摩訶薩之所獲得。

第六個現象是不放逸，若有人邀約他去看電影，他一定跟你拒絕，除非看那場電影對他有特殊意義。如果這位菩薩明心了，但還沒有看見佛性，你找他去爬山，他就會立刻答應你，因爲可以心不放逸的鍛鍊看話頭功夫。因爲想要眼見佛性的人，須有定力莊嚴、福德莊嚴、慧力莊嚴，缺少一個條件就看不見佛性了。有的人慧力很好，定力也很好，但是始終看不見佛性，我就很納悶：「**奇怪！他怎麼會看不見？定力這麼好，慧力也這麼好，就是看不見！**」後來才知道：原來欠缺福德莊嚴。我是從那個人看不見佛性時，才開始相信 佛的開示：「**沒有福德莊嚴，還眞的看不到佛性。**」菩薩摩訶薩明心以後，想要見性，要修集這三種莊嚴，當然要努力精進啊！所以他會有一個現象：心不放逸。但是見性以後就會放逸嗎？也不然！見性以後在五欲中，譬如他吃冰淇淋時：冰淇淋很好吃，佛性很好吃。夾起菜來說：「**佛性很好吃。**」因爲六入當中佛性都分明顯現啊！所以他住在這個情境中時當然不放逸：心得決定。最後一個法相也一定會在他身上出現：一切時中常常都是至心在修六波羅蜜，不會放逸。

【「善男子！復有七相；何等爲七？一者樂化怨讎，二者化時不厭，三者要令成熟解脫，四者盡己所知世語世事以化衆生、心不貪著，五者能忍一切惡事，六者終不宣說他人所不喜事，七者見破戒者及弊惡人、心不瞋恚、常生憐愍。善男子！菩薩摩訶薩知是七相，則能自利及利益他。善男子！菩薩二種：一者在家、二者出家；出家菩薩爲二莊嚴，是不爲難；在家修集，是乃爲難；何以故？在家多有諸惡因緣所纏繞故。」】

講記　菩薩摩訶薩具足福莊嚴與慧莊嚴時還會有七個現象：第一、樂化怨讎。樂化怨讎是說，菩薩假使有徒弟無根誹謗他之後離開了，後來徒弟知道自己做錯事了，回來懺悔隨學，菩薩仍然會接納他，不會因爲以前誹謗菩薩而拒絕那個徒弟，會接受他，這叫作樂化怨讎。樂化怨讎，在菩薩而言不是難事，一定會伸開雙臂歡迎，問題是徒弟們做不到，所以菩薩常常想：「這個徒弟怎麼還不懂得悔悟，不懂得趕快回來？」他卻很難等得到，因爲徒弟一定會用自己的境界來判斷他的師父：「我誹謗了師父，師父一定不會再接受我。如同別人誹謗我，我會把他記一輩子，所以師父也一定也會記恨我一輩子。」他卻沒想到，師父根本不記恨他，而他卻不相信，這就是菩薩在弘法過程中常常遇到的現象。有些人離開道場以後想要再回去，道場大多不願接受；像我們這樣的道場很少，我們一直都是來者不拒、去者不追，不論誰人，隨時都可以回來，都不拒絕，我們會當作他們從來都沒有離開過。但在一般道場，離開了要再回來，大部分都不容易，除非是和和氣氣的請了長假離開的。但是對菩薩來講，樂化怨讎只是本分事。

第二、化時不厭。菩薩度化眾生，不會厭倦，有的菩薩遇到恩將仇報的眾生時，心灰意懶，但他不會永遠厭倦，如果大家又去找他：「不要心灰意懶吧！我們大家都需要你。」他又會出世弘法了，菩薩這種習性是改不掉的，而且是不應該改掉的，所以菩薩摩訶薩度化眾生心不厭倦。我們會裡親教師也是這樣子啊！南北奔波為眾生，或者事業很忙、家裡也忙，卻仍願意多兼一班或多兼兩班的課，這就是「化時不厭」。

第三是老婆心切，度化眾生時都想要讓眾生善根成熟證得解脫。我們的親教師們也一樣，他們講課到即將二年半時，在後來都不得不開快車，因為講不完該教的課程；這都是因為恐怕大眾聽不懂，所以一一詳細的講解，到後來講不完，就變成要開快車了，都是老婆心切，想要令大眾成熟解脫，所以就有第四個現象出現了：盡己所知，以世間語言、世間事相方便，做種種譬喻和說明，希望大眾都能理解；這樣度化眾生，卻對眾生沒有貪著之心——沒有眷屬欲。所以我們的親教師們，不會下了課以後，今天打電話給某甲，打完又打給某乙、某丙，明天再打電話給某丁、某戊、某己，總是不攀緣。如果會一天到晚以電話聯絡學員感情的，他不久就會退失離開了，因為那不是眞正的菩薩心境。菩薩的心境都不貪著眷屬，既不貪著就不需要常常打電話給學員聊天、聯絡感情。

第五、能忍受一切惡事，譬如他明知某些人心性很惡劣，但是當他們願意學法時，菩薩仍然願意接受；當退轉者造作惡業乃至謗法、謗佛以後，親教師們也都願意接受他們回來，這就是能忍一切惡事。對學佛人與菩薩而言，最重大的惡事就是謗法；但是知道懺悔而願意回來的人，菩薩還是張開雙臂去歡迎，當作他從來都不曾離開過，大家都不尷尬，總是以平淡而不特地歡迎的方式表示歡迎。你如果開口說：「歡迎！你終於回來了！」他會覺得尷尬的，所以應該當作他根本就沒有離開過，就不必特地表示歡迎而彰顯他曾經離開的事實。

第六、具足福慧二種莊嚴的菩薩們，終不宣說眾生所不喜歡的事情。菩薩不會特地問：「你以前爲什麼要誹謗這正法呢？」不必問，這是謗法者不喜歡聽到的事。只要默默的接納他回來就好了。

第七、看見破戒者、心性惡劣者、或心中有私心的心懷鬼胎者，不對他們生氣，反而常生憐憫心。菩薩看見破戒、心惡等人，不會生氣斥責，常常以憐憫心來看待他們，總是覺得可惜與憐憫；即使爲了救人而破邪顯正、不得不寫書時，絕對不會一面寫、一面氣得發抖。當菩薩寫書在破邪顯正時，他是歡喜的寫書破斥，心中無瞋。講個現成的事例給你們聽：大陸有一位教授來台灣參加佛學會議，特地來聽我們講《優婆塞戒經》。其實他兩天前就遇到我，我剛好來講堂取一些書，碰巧他在講堂門口等人來開門；他的運氣好，我們白天是不會有人來的，他剛好就碰上我。他是從湖南（湖北？）來的，我想：「這麼遠的路來此，也不容易。」就讓他上香、禮佛，又幫他準備一些書，幫他用大紙箱包裝好。那麼遠一趟路，眞難得！能夠遇見了，算是很有緣。他看我熱心，就問：「請問你是蕭老師嗎？」我說：「我只是義工。」（大眾大笑！）他又說：「我什麼時候可以見到蕭老師？」我說：「那你就後天來，禮拜二蕭老師有講經。」他就提早來，坐在我眼前那個位置（蕭老師指著面前一個座位），我上座說法以後，他把眼睛瞪得大大的，可能覺得很有趣吧！聽說他後來回到家鄉時說：「蕭老師破邪顯正時都不生氣，都很和顏悅色的在破邪顯正，我覺得很奇怪。」因爲一般人破邪顯正時通常是很生氣的，氣人家誹謗正法，破斥時心中也會生氣，沒想到我們針對誹謗正法的人摧伏邪說時是歡歡喜喜的在講，讓他覺得很意外。諸位也要養成這個習慣，破邪顯正是以歡喜心去破的，不是以瞋恚心去破。

但是如何能以歡喜心來破邪顯正而不會生氣，這裡有個小秘訣，請第二、第三講堂的師兄、師姊們，一起注意聽了：寫書或說法破邪顯正時，心中要存著一個歡喜心，歡喜自己有能力破邪顯正，所以你辨正法義時當然是歡喜辨正的啊！就不會有瞋恚心生起，大眾聽了也會歡喜而不會引生瞋心，你也不必講得聲嘶力竭、臉紅、脖子粗，大眾聽法時也會覺得順心。所以菩薩摩訶薩有智慧，不以瞋恚心來破邪顯正，而是以歡喜心、憐憫心來破邪顯正。因爲破邪顯正的目的是想要救度對方，不是爲了破斥他或爭勝而破他，所以無妨在破邪顯正時引盡其理，破斥到令他沒有辦法反駁，但是未來十年、十五年後卻會信受而歸順修學，終於親證實相；所以菩薩是以歡喜心、慈悲心、憐憫心來破斥邪說，這才是常生憐愍。諸位若想觀察菩薩摩訶薩的證量時，可以提出一個法義來質疑，他不會生氣、臉紅，不會脹紅了臉而爲你說法；反而會歡喜的爲你說法，多數是你問一個問題，他卻詳細的把相關的法義也一起詳細的爲你解說，是你聞所未聞的法，由這件事，就知道這位菩薩是有福莊嚴、也有慧莊嚴的人，他一定是具足了七事的人。

如果懂得從這些法相去觀察菩薩摩訶薩，大概就可以了知他的證量如何了！當你提出質疑時，他不是以瞋恚心來破斥你，而是純粹爲解說法義，希望你明白；也不是狡辯扭曲而說，那你就知道這個人證量很高。由這裡所說兩類的七種法相，就可以判定你所質疑的菩薩證量高下了。如果菩薩摩訶薩悟後善知這七相，他一定能自利，因爲他發覺這七相中若一相不具足，他就會修正改進，就可以自利。能這樣自利的人，當然也能勸導別人修正身口意的行爲，就可以利益他人，所以知道這二種的七相，是菩薩所應注意的。

接著 佛作了一個結論：菩薩有兩種：第一種是在家菩薩，第二種是出家菩薩；出家菩薩修集福莊嚴和智莊嚴，困難比較少；若是在家菩薩來修集福德莊嚴、智慧莊嚴，就有困難了！譬如有人想要修集福莊嚴、求證悟，在辛苦參禪學法過程中，家人不會阻礙；若是悟了以後想要出來利益眾生，家人可能就開始遮障了：「你說想要求悟，現在既然開悟了，就可以停止共修了，又何必繼續爲眾生忙個沒完？」他們會遮障，不讓你做了。有不少人在求悟的過程中，家人並不遮障他；悟了以後發大心做義工時，家人就開始遮障他；每一次臨出門時，家人臉色就不太好看，所以在家之人要修集二種莊嚴，常常是不容易的，因此說在家人多惡因緣所纏繞，不容易具足福莊嚴與慧莊嚴。

《菩薩優婆塞戒經》卷三

〈攝取品〉第十三

【善生言：「世尊！菩薩具足二莊嚴已，云何得畜徒衆弟子？」「善男子！應以四攝而攝取之，令離諸惡，增諸善法；至心教詔猶如一子，不求恩報；不爲名稱，不爲利養，不求自樂。善男子！菩薩若無如是等事畜弟子者，名弊惡人、假名菩薩，非義菩薩；名旃陀羅，臭穢不淨，破壞佛法。是人不爲十方諸佛之所憐念。」】

講記 善生菩薩又爲我們請問 世尊：「菩薩具足了福莊嚴和智莊嚴以後，要怎樣收受徒眾？要怎樣畜養弟子？」這是菩薩證悟以後，特別是出家菩薩證悟以後的切身問題。 佛開示說：「善男子！應該要以六種法來攝取、來收徒。」第一、用四攝法攝取徒眾，以布施、愛語、利行、同事，來攝受徒眾出家或修行；用這四攝法令徒弟可以離開種種惡心、惡想、惡行、惡口，使他們增長種種善法。第二是要求菩薩摩訶薩攝受徒眾以後，應該要以至誠心來教導及告誡弟子們；要把所有弟子都當作是自己親生的獨生子一樣至誠教導、詔誡。

第三、對徒弟們不求恩報，心中不期望徒弟們對他感恩、回報；只認爲說攝受徒弟以後，教導徒弟是自己應當做的本份事，從來沒有想過要弟子們來回報他、感恩他。第四、攝受徒弟、剃度弟子，目的不是爲了增長自己的道場徒眾勢力，不是爲了追求社會上的名稱與影響力。第五、不是爲了利養的關係而收養徒弟，爲利養而收徒弟，在古時或現在都有；譬如西藏密宗的密勒日巴，爲了想要出家學法，就準備了許多黃金供養馬爾巴，可是密勒日巴因爲供養的黃金太少而被馬爾巴刁難，不想教導他；後來是看他求法心切，眞的很虔誠，才被感動而改口說是磨練他，幫他消業障，其實當初是嫌他黃金太少。但是眞正的菩薩們，根本就不求黃白二物，反而自己拿錢出來利樂眾生。台灣的子孫廟一直都有一個陋規：如果你四十、五十歲了，想要出家清淨生活，大約要捐六十萬元給寺廟，就可以當常住，住到老、死。現在不曉得有沒有調整？我在八、九年前聽到的行情是六十萬元，像這樣的師父是爲了利養而畜徒、剃度弟子；但是菩薩摩訶薩不該如此，剃度以後的弟子就同樣是常住，常住是利和同均的，爲什麼還要規定他先拿六十萬台幣來呢？爲什麼要求弟子先送幾十兩的黃金來呢？尤其是在西藏那種不毛之地，十幾兩、二十幾兩的黃金往往是一個人奮鬥一生的家當，不覺得太貪心嗎？眞正的菩薩都不會爲了利養而剃度弟子啊！

第六，菩薩不會爲了想要有人服侍、奉侍他而剃度弟子。有些寺廟住持想：「**這間廟宇現在沒有人來接，我辛苦一生建了起來，沒有人接受住持，眞的很可惜！**」因爲這個想法而剃度弟子接掌寺廟，這是合情也合理的。但是如果年老了，希望有人服侍，因此而剃度弟子，就成爲求自樂而攝受弟子了。菩薩摩訶薩畜養徒眾、弟子，不能是爲了求自樂而畜養徒眾弟子；菩薩畜養弟子時，應該具足以上六法，才算是如法。

菩薩若不具足這六種心態與行爲而畜養弟子，這人就是弊人、惡人，名爲假名菩薩，不是眞實義菩薩，佛斥責這種人是旃陀羅——殺豬屠狗的下賤人——不是光鮮清潔的菩薩，是臭穢不淨者，正是破壞佛法的人。這種心地不清淨而爲自己打算的人，剃度弟子、畜養弟子以後，不被十方諸佛之所憐念。換句話說，十方諸佛希望比丘、比丘尼剃度弟子時，心態與行爲應該合於這六法。

【「善男子！菩薩若能隨時教戒，所言時者貪恚癡時：起貪結時，當爲種種說對治法，令得除貪；餘二亦爾。次當教學十二部經，禪定三昧，分別深義，調其身心。令修六念不放逸法；瞻養病苦不生厭心。能忍惡口誹謗罵辱，苦加身心，亦當堪忍。設其有苦，能爲救解；除其弊惡疑網之心。善知利根、中根、鈍根——教鈍根人，令生信心；中根之人，能令純淑；利根之人，令得解脫。若能如是勤教詔者，名『義菩薩』，是名善人、分陀利花、人中香象、調御丈夫，名大船師。」】

講記　菩薩如果能隨「時」教授戒法：隨著時節因緣來教戒，才是實義菩薩。教授戒法的時節因緣，是在弟子起貪、起瞋恚、起無明時，這就是教化弟子戒法的時節因緣，也就是利用時機而爲弟子解說戒法、教化弟子。何時是貪恚痴的時節因緣呢？譬如弟子起貪心結使時，應當爲弟子說種種對治貪心的戒法，使弟子可以除掉貪欲心；當弟子產生了瞋恚心時，乃至生起無明時，都應當解說種種對治的戒法，令弟子除掉瞋恚心和無明。除了如此隨「時」教戒以外，還要教導弟子修學十二部經及禪定三昧，還要爲弟子們分別講述深妙的佛菩提義理，要幫助弟子們調柔身心，也教導弟子們修學六念不放逸法（六念，在前面講過了，這裡不再重講）。弟子們如果有病苦時要能瞻顧、養護，不會生起厭惡之心；並且要能忍受弟子有時私心不遂而惡口、誹謗罵辱。弟子們若有種種困苦加於自己身心時，菩薩摩訶薩也應當堪能忍受；換言之，如果不堪忍受，就不要剃度弟子。假使弟子們有了病、苦，要能爲他們解除或救濟；還要除掉他們心中下劣、惡劣的懷疑無明之網。還要善於了知弟子眾中的利根、中根、鈍根差別；若是遲鈍根性的弟子，應當要教導他生起對佛法的信心，因爲遲鈍的弟子想要開悟是不可能的，所以這一世中至少要讓他達到具足信心的地步。對於中根的弟子們，則要使他善根日趨純熟：要他們日趨單純而使善根漸漸成熟，最後成爲利根人。對於利根的弟子們，菩薩應該教導他們三乘菩提解脫之道，譬如大乘的本來自性清淨涅槃、二乘的有餘涅槃、無餘涅槃，並且要使他們親證。

換句話說，根性遲鈍的人要教導他生起信心，轉成中根人；中根人要讓他單純化而使善根成熟，不會再有雜心而成爲上根人；對於利根弟子就應該教導他們斷除我見、我執，證得二乘菩提果；並且再教導他們證得大乘菩提果，就是明心而證得法界實相、諸法的本源，得分證解脫；也就是讓利根弟子們證得三乘解脫之道。如果菩薩畜養在家徒眾、出家弟子之後，能這樣精勤教導及開示，這人就名爲實義菩薩。實義菩薩就是善人，是清淨無染的蓮花，也是人中香象，又稱爲調御丈夫、大船師。

爲什麼他是實義菩薩？因爲能教導眾生證得三乘菩提的眞實義理與證境。善人，是因爲他所行純善，無所求於四眾弟子而教導弟子們證得三乘菩提。爲何他被稱爲蓮花呢？因爲他稟性清淨，心無雜染，純粹是爲了利益弟子四眾。爲何又是人中香象呢？因爲身行香潔，口行、意行香潔：不貪眾生身、財供養；而且是眾生中的大象，沒有人能破斥他的正法。實義菩薩也能調御眾生的心性，使眾生成爲丈夫的種性，不再是器量狹小、難受大法的人，所以是調御丈夫。菩薩能度眾生到達解脫的彼岸，所以又說他是大船師。

【「善男子！寧受惡戒——一日中斷無量命根——終不養畜弊惡弟子、不能調伏；何以故？善男子！是惡律儀殃及自身；畜惡弟子不能教誨，乃令無量衆生作惡，能謗無量善妙之法，破和合僧；令多衆生作五無間，是故劇於惡律儀罪。善男子！菩薩二種：一者在家，二者出家。出家菩薩有二弟子：一者出家，二者在家。在家菩薩有一弟子：所謂在家。出家菩薩，教出家者十二部經；隨所犯罪諭令懺悔；教習八智，何等爲八？一者法智、二者義智、三者時智、四者知足智、五者自智、六者衆智、七者根智、八者分別智。」】

講記　學佛的人，寧可接受外道的惡戒——在一天之內殺害無量無數眾生性命，斬斷無量眾生的命根——也絕對不可畜養心性弊惡的弟子之後卻不能調伏他。一天之內殺害無量眾生，斬斷無量眾生的命根，譬如阿含部的《鴦掘魔羅經》中，鴦掘魔羅菩薩殺害九百九十九人，正是惡性重大的事件；雖然這只是一種示現，那九百多人也是惡業滿貫、合該受誅。但是那九百餘人的性命，比起無量眾生的性命來，卻是少之又少了；可是一切眞實義菩薩、凡夫菩薩們，都應該有正確的認知：寧可接受比鴦掘魔羅的外道師父所設的更惡劣戒法，而在一日之中殺死無量無數的人，也不願意畜養一個心性惡劣的出家、在家弟子之後，卻不能教導他向善、護持正法，不能使他調伏於善行中、正法中。

爲什麼 佛陀要這樣子講呢？這是有緣故的，所以 佛陀接著說：善男子啊！畜養弊惡弟子而不能調伏他，其實是一種惡劣的律儀；由這種惡劣律儀所產生的災殃，將來會使自己同樣的感受到災殃。假使畜養惡劣的弟子而不能教誨他向善，不能教誨他住於正法中，總是在惡法中不斷的造惡，總是在誹謗正法，影響所及，將會漸漸鼓動無量無數的眾生造作惡事，也會鼓動無量無數眾生，跟著他誹謗大乘法中的無量淳善勝妙之法，並且還會破壞本來和合共住的僧團；這樣一來，將會使得很多的眾生跟著他共同造作五無間地獄罪，捨壽以後都會同樣的墮入無間地獄中受苦無量；由此緣故，畜養弊惡弟子而不能教導、調伏的爲人師者，是比親自殺死父母、阿羅漢的地獄罪更重的，也是比邪淫眾生妻女、奪取眾生財產的地獄罪更重的。所以 佛陀說：寧可接受外道惡戒的規定而在一日之中殺死無量無數人們，也不可以畜養出家或在家弟子而不能教導及調伏他。

佛陀說這段話時，眞是語重心長啊！大家想想看：佛陀這段話有沒有道理呢？事實上有沒有應驗了呢？我想大家都已經很清楚的看見眼前佛教界的事實了！譬如星雲法師被度出家以後，他的師父有沒有教導他遠離西藏密宗邪法？如今他修習藏密邪法少說也有二十年了！他以這種身教來教導徒眾們，所以從佛光山告長假而出來「弘法」的法師們，同樣以藏密邪法在「度人」的，恐怕也不在少數。台灣北部靈鷲山的心道法師正是他的徒弟，也以藏密雙身法在度人，這不就是現成的例子嗎？現在的台灣佛教界，不論是供佛齋僧、或是迎請佛舍利……等大型活動或法會，不都是邀請藏密邪淫的喇嘛們共同參加的嗎？這樣把顯教清淨的僧寶，與藏密常常與女人合修邪淫雙身法的喇嘛們放在一起禮拜供養，是不是公開的認同藏密暗中專門廣修雙身法的喇嘛教是眞正的佛教？那些大法師們，難道眞的認爲佛教是以雙身法的淫樂觸覺作爲究竟修證境界嗎？難道佛教眞的要以邪淫、亂倫的淫樂境界作爲教義嗎？那種邪淫而且是師徒亂倫的淫樂境界「修證」，其實是與蘊處界空的二乘解脫道修習完全違背的，也是與大乘法因如來藏修證而生起般若智慧無關的，也是與如來藏所含藏的一切種子智慧的修證完全無關的，但是眼前海峽兩岸的佛教界法師們，卻不斷的與藏密淫人妻女的喇嘛們互相酬酢往來；也有人暗中跟著藏密邪淫亂倫的喇嘛們修習淫樂藝術，所以有一段期間，台灣的藏密雙身「佛」像，被顯教法師們買到缺貨，令人對佛教的未來前途不禁要感到無比憂心。

這些藏密喇嘛們，專門在暗中作種種師徒亂倫、五倫亂倫的卑劣惡行，但是佛教法師們卻不肯遠離他們、拒絕他們，卻仍然一而再、再而三、三而四、……九而十的不斷與他們共同出現在佛教法會中；等於是公開承認邪淫的藏密喇嘛也是佛教中的僧寶，使得不明究裡的佛弟子們一再以大量錢財供養他們，讓他們更有資源、更有力量以外道法來取代原本清淨、了義、究竟的佛教正法；這讓人不免合理的懷疑：他們是否因爲以前邪淫過、或是與女人合修過雙身法，才故意支持藏密喇嘛，想要使知道內情的人誤以爲他們那樣做是沒有犯邪淫戒的。這些法師們被他們的師父剃度了以後，都沒有被教導、被調伏，所以才會欣樂於藏密的邪淫境界而暗中實修它，所以一直不願捨離及破斥藏密外道法。這不正是**畜養弟子而不教誨**的現成例子嗎？不也是縱使弊惡弟子轉令無量眾生作惡、能謗無量善妙之法的現成例子嗎？

又如印順法師被剃度出家之後，他的剃度師父也沒有好好的教導他，使他不能分辨藏密應成派中觀的破法邪惡本質；而他後來依止的太虛法師雖然指出他的錯誤，他卻又大膽固執的不肯接受指正；所以他雖然否定了西藏密宗的雙身法，說藏密「淫欲爲道」的思想錯誤，又說藏密「索隱行怪」，專門蒐羅外道的奇奇怪怪法門，實行怪異而不合佛法的修行方法，表示不認同，但是他卻完全認同藏密的應成派中觀邪見，大力弘揚起來。可是藏密的應成派中觀見，都是以意識心爲中心的思想，都是以意識覺知心對法界實相而作的想像法，所想、所知的見解都是意識心想像出來的境界，並不是法界實相的如來藏境界。他的見解其實是宗本於藏密黃教宗喀巴的《菩提道次第廣論》，但是宗喀巴的思想都是否定第七識意根、也否定第八識如來藏的；如此否定了以後，就只剩下前六識了，而前六識卻是以第六識意識爲最究竟法，所以印順與宗喀巴都同樣以意識爲最終心、究竟心。

可是印順比宗喀巴聰明一些，他恐怕別人提出原始佛法的教證來反駁他：「**佛說意識是意根、法塵、觸心所三法爲緣而生，是緣生緣滅法，不是常住法。**」所以就發明了意識細心說，認爲意識細心是常住不滅心，不承認另有第七心末那識；但是因爲原始佛法中說有十八界法，他不能否定十八界而變成只有十七界，所以就把意根判定是頭腦而符合十八界。可是 佛說意根不是色法，當然不可能是頭腦，頭腦只是五色根中的勝義根而已，正是色法； 佛又說意根能緣法塵，才能促使意識覺知心的種子從如來藏中生起現行，這不是色法的頭腦所能做到的，色法的頭腦只是意識在人間現起時的俱有依而已，所以頭腦顯然不是意根，而色法的頭腦自身也不可能觸知法塵而喚醒意識覺知心，否則死人的頭腦若是完好的，就應該死後仍有意識的覺知性存在，而悶絕的人也一樣會有意識覺知性繼續保持著，可是現見不是如此，所以意根絕對不可能是頭腦。而且 佛說意根是會作意、會作決定而能牽引如來藏入胎的心，人死後是由意根與如來藏藉著中陰身而入胎的；若意根是印順法師所說的頭腦，則所有人死後都不該留下頭腦，而應該持著頭腦去入胎，這可就會使天下所有的媽媽都不免噴飯的，所以印順把意根認作頭腦的說法是很荒唐的。既然意識是生滅的，他只好新發明意識的細心說，認爲這樣就可以否定七八識而又不違背佛經聖教。

可是他新發明的意識細心說，仍然與佛經的聖教違背，因爲 佛陀在原始佛法中已經明文說過：「**諸所有意識，彼一切皆意法爲緣生。**」意思是一切粗細意識都是緣生法，所以細意識常住而能執持六識心種子的說法，也不可能成立了！因爲所生的意識心絕無可能具備執持種子的功德，只有不被生而且是本來就自己已經存在的法，才能有執持六識心種子的功能；而且意識細心說，也不能符合般若諸經所開示的道理，所以他就另外發明「滅相不滅即是眞如」新創佛法。但是這個「滅相眞如」卻是與三世因果完全無關，也與執持法界萬法種子的功德完全無關，這就成爲把佛法強行分割爲互不相關、而且支離破碎的狀態了！所以太虛法師才會說他把佛法割裂成支離破碎了！至於 佛陀說的眞如法性，是第八識如來藏自性所顯示出來的清淨性、眞實性、如如性。因爲第八識有這種眞實與如如的法性，所以有時以眞如這個名稱來指稱第八識心如來藏，所以眞如心是具備持種功能的，也是另有種種功德性存在而不斷運作著的，這與印順新發明的「滅相眞如」沒有任何功德，只是蘊界處消滅後的空無大不相同，所以他對究竟法界實相的思想，其實也是一直在修改、變異的，不是從剛開始就一直都一樣的；而他新創的滅相眞如，與法界實相心的執持萬法種子而成爲萬法根源的本質，完全不同，所以都是虛妄想，都不是佛法。我們探究印順這些扭曲佛法的邪知邪見時，證明是因爲他的師父剃度了他以後，沒有先爲他說明密宗應成派中觀見的邪謬；後來他又不接受依止師的太虛法師指導，所以使他走入破法的不歸路，也使得跟隨他的徒眾們，共同造作了否定法界根源第八識的謗法大惡業。

　　四十年來廣爲弘揚之後，如今在海峽兩岸已經影響了千千萬萬人，共同在否定七、八識正法，都成爲誹謗無量善妙之法的人。本會在今年初退轉的那批人，也正是被印順的《大乘起信論講記》所影響，而又回歸到意識心的離念靈知心上面去了，但是因爲已經親證了第八識心體，不便否定，就另外發明一個能生第八識心體的「佛地眞如、眞如、如來藏」的說法，宣稱已經親證佛地眞如。如此頭上安頭，若不是被我們引經、據理駁斥的話，他們將會堅決的繼續否定如來藏阿賴耶識心體，說是有生可滅的虛妄心。好在他們不是出家身，出家法師二十餘人追隨他們至今，也已經所剩無幾了，已經不能爲患於究竟勝妙的佛法了。所以出家菩薩剃弟子出家以後，必須要善於教誡、調伏；若不能在剃度之後善加調伏及教誡，將會使被剃度的出家弟子如同印順、昭慧、性廣……等人一般，不斷的破壞三乘經典中所說的究竟義理，成爲破法、謗法者。看看如今海峽兩岸有多少人在修學印順及宗喀巴的應成派中觀邪見，勢力有多大，就可以知道這個嚴重性了。上面所說的事實，都可以作爲現成事例，證明　佛陀的說法眞是先知先覺：寧可接受外道施設的惡戒——在一日之中殺死無量人——也不要剃度了弟子出家以後卻不能教導他、勸誨他。否則這些破法、謗法的出家弟子們造作了五無間地獄的大惡業以後，佛法被破壞了，世間的福德將會日減，難道剃度師都能自外於徒弟所造的大惡業嗎？又對學佛的善心眾生於心何忍？而縱令他們這樣嚴重的誤導眾生、再共造破法壞法的大惡業？

破和合僧，也是菩薩戒十重戒中的大罪。和合僧有二種：聲聞和合僧，菩薩和合僧。聲聞和合僧都是出家人，沒有在家人，因爲聲聞和合僧都是依聲聞戒（比丘戒、比丘尼戒）而住的，依六和敬的戒法同住，都不住在世俗家中。菩薩和合僧的範圍是很廣泛的，因爲菩薩有出家與在家二種，不是只有出家人一種；菩薩僧有凡夫及賢聖位的不同，譬如受了聲聞戒以後再加受菩薩戒，從此以後是以菩薩戒爲主、聲聞戒爲輔，這是出家的菩薩僧，屬於凡夫的菩薩僧；若是加受菩薩戒以後，仍以聲聞戒爲主，而以菩薩戒爲輔，或者根本就不理會菩薩戒中不許依止聲聞法的教誡，那麼他雖有菩薩僧的表象，但其實仍是聲聞僧。若是證悟以後，位階三賢位的七住不退以上者，從廣義來說，也可以算是菩薩僧，不論他是在家或是出家相，因爲在《楞伽經》及《大般涅槃經》中說，證悟如來藏的明心者，或是眼見佛性的十住菩薩，也是菩薩摩訶薩；若是從較爲嚴格的定義來說，則是要入初地心開始才算是菩薩僧。在大乘法中，只從般若及種智法義的親證而論菩薩的位階，不在出家身或在家身的表相上著眼的，所以七大菩薩中只有 地藏王菩薩示現出家身，至於眾人所膜拜供養的 觀世音……等大菩薩們，都是示現在家相而不示現聲聞相的。既然在家菩薩證悟後也是菩薩僧，那就一定會因爲和合共修而成爲菩薩僧團，但是不同於聲聞僧團全都共住於寺院中，而會以一個共修場所或寺院爲中心，容許出家菩薩們同住於共修場所或寺院中，而不妨同時有在家菩薩僧散住各處，仍然是菩薩僧團。

關於破和合僧的重罪，當然也有輕重之別；若是破壞聲聞和合僧，其罪極重，因爲是重戒所規範的緣故。若是破壞菩薩和合僧團，其罪就更重了，因爲菩薩和合僧團是紹隆佛種的希望所在，將來能否繼續有佛種發芽滋長，能否有眾生繼承佛道而使人間成佛之法綿延不絕，都靠菩薩僧團的存在與弘揚；聲聞僧團的存在與弘法，是不可能紹繼佛種不斷的；破壞了聲聞和合僧團，只是使聲聞解脫道的聲聞種無人紹繼而已；所以破壞菩薩和合僧團的戒罪，一定遠甚於破壞聲聞和合僧團的重罪，這是學佛人都應注意的。

「菩薩二種：一者在家，二者出家。出家菩薩有二弟子：一者出家，二者在家。在家菩薩有一弟子：所謂在家。」菩薩有二種，第一種是在家菩薩，第二種是出家菩薩。出家菩薩可以畜養出家弟子，也可以畜養在家弟子，由出家與在家弟子共同組成菩薩僧團。若是在家菩薩，則只能畜養一種弟子，就是現在家身的菩薩弟子。

關於畜養弟子，這與歸依是二種不同的意義，不可混爲一譚的。歸依只是信受某人，願成爲他的弟子，護持他或追隨他學法；若是成爲他的師父所畜養的弟子，則是以師父提供的飲食作爲日常飲食，舉凡日常食衣住行等事，都由他的師父提供，乃至保健醫藥都要由他的師父提供；即使被在家菩薩畜養的在家弟子並不與畜養他的在家菩薩同住，但若是食衣住行病瘦醫藥都由在家菩薩師父負擔，那就是被畜養的在家弟子，所以畜養弟子與歸依是完全不同的二件事，不可以把歸依與畜養當作同一回事。如今畜養與歸依的不同，已經被混同了。

佛說出家菩薩可以受弟子歸依，並且畜養出家、在家二類弟子；但是在家菩薩受出家、在家弟子歸依之後，卻只能畜養在家弟子，不許畜養出家弟子。所以，一切示現在家相的諸地菩薩、三賢位菩薩，雖然因爲證悟而成爲菩薩僧以後，縱使可以受在家、出家弟子歸依，但卻不可畜養出家弟子；諸地乃至等覺位的在家菩薩也都如此，可受四眾佛弟子歸依，但不可畜養出家弟子，只能畜養在家弟子；因這個律法的規定，文殊、普賢、觀音、勢至、彌勒、維摩詰等大菩薩們，因爲都示現在家相，都可以受出家弟子歸依而不可以畜養出家弟子；若想要畜養弟子時，則只能畜養在家弟子，除非後來示現了出家身。這是說明畜養出家弟子的條件，因爲人間的正法住持表相仍以出家人爲主、在家人爲輔，所以人間的諸地及三賢位中證悟的菩薩們，若是示現在家相時，雖可受出家、在家弟子的歸依，但只能畜養在家弟子而不許畜養出家弟子。這一段經文說的是畜養，不是說歸依，大家對歸依與畜養這二件事情，要先分別清楚，因爲前一段經文中已經說明是畜養的意思了。

「出家菩薩，教出家者十二部經；隨所犯罪諭令懺悔；教習八智，何等爲八？一者法智、二者義智、三者時智、四者知足智、五者自智、六者眾智、七者根智、八者分別智。」出家菩薩畜養了出家與在家弟子時，對於出家弟子的教導，偏重在法義智慧上面，所以應該教導出家弟子們十二部經的意義，所教導的包括長行、偈頌、短頌、……等全部經義；若出家弟子戒行不清淨而有所違犯時，爲師的菩薩應該有所指正及教導，並且要教導出家弟子如法發露及悔過。懺者名爲對眾發露，悔者名爲後不復作；爲人師而畜養出家弟子，在弟子違犯戒律、行爲不清淨時，當然要指正及勸導他，並且教他發露懺悔，以後不要再違犯。

除此以外，出家菩薩既爲人師，還得要教導出家弟子學習八智：第一是法智，第二是義智。法智是總持智，也是總相智；義智是了知法智的內涵，發起別相智而能爲人解說。譬如二乘菩提解脫道的法智，是說五蘊空相，又說十二處空相、十八界空相，這就是緣起性空的法智。又譬如說，觀行的方法是四聖諦、四念處，這也是總相智，都屬於法智；換句話說，只要是屬於二乘法的蘊處界緣起性空的智慧，都屬於法智。又譬如說修行時的實行方法是八正道，以八正道而含攝緣起性空的法智，則屬於總持智，總持智是將法智編成偈頌而容易記憶，以總持智含攝法智的法相總體。若能將總持中的法智一一加以演說時，就表示你已經有了義智，義智則是第二種智慧。

又如大乘法中證悟後的總相智也是法智，也就是證得如來藏了，知道如來藏的所在了，但是對於如來藏的種種自性仍然不明了，也對如來藏中的無量種子不明了，但是卻已經有了般若的初分智慧，這就是總相智，這個總相智也屬於法智所攝。有了法智時不一定能爲人分別宣說，只要他的法智還停留在總相智的階段時，都無法爲人說法；要有悟後進修及深觀如來藏的種種別相而產生別相智慧以後，才有能力爲人分別宣說，那就是義智了。又譬如有人初悟如來藏而明心時，只能宣說自己如來藏的總相與別相；但是後來忽然起念觀察到一切眾生的如來藏，發覺不論是多麼高貴、多麼低賤的眾生，各自的如來藏都與自己相同，都具有種種功德，也都同樣的自性清淨而無染污，卻又同樣的含藏著七識心相應的不淨種子，這時就生起類智了！

但是法智與類智的存在，卻是由法智忍與類智忍而來的。也就是說，先要有法智的最初分生起，也就是證得如來藏而明白眞心心體的所在，現前觀察祂的清淨自性而有染污種子；觀察之後有了法智時，要能認定不疑時才會有法智忍；有了法智忍時，法智才不會退失；若是退失法智忍時就不會有法智了，就會另外尋覓另一個想像中才會有的眞心，就不免會把意識心的變相誤認爲更勝妙的眞心，並且自以爲是增上修而更勝妙，其實已經是退失法智忍了；從此以後就會改以錯誤認知的想像法所墮的意識變相，認定是更高的修證，就沒有法智了；所以法智的繼續存在，前提是法智忍。類智也是一樣的道理，要依於法智而有；而且類智自身也是要先有類智忍，才會有類智的繼續存在而不退失。不過法智與類智都仍然屬於般若中觀智慧中的總相智與別相智所攝。

咒就是總持，爲了容易受持而編爲總持咒，總持咒也是法智所攝；譬如對諸法有所了知：了知般若或種智中有多少法相，而且記持不忘，這也是法智。這是因爲容易遺忘的緣故，所以編爲總持而誦唸到極爲爛熟，並且每天至少誦唸一次，就可以保持不忘，這也是法智的一種。但因爲法智的總持是智慧的一種，所以在誦唸時會發出智慧光明，鬼神或具有天眼通的人都可看見，所以邪鬼惡神遇見了唸咒不斷的人，怕被光明所照耀而痛苦，就不得不遠離；而護法善神看見唸咒所顯現的光明時，樂於光明及護法本願的緣故，就來親近，就不會容許邪神惡鬼爲害持咒的人，這也就是後來有人專門持誦咒語藉以避邪趨吉的因緣。所以咒就是總持諸法的偈頌，總持咒就是法智中的一種，專門用來記持諸法。

第三是時智。時智就是對於何時應該說什麼法，何時應該度什麼人，何時不該說什麼法、不該度什麼人，都有所了知，有智慧判斷說法與度人的時節因緣，這就是時智。我剛出來弘法度人時就是沒有時智，所以常常親自上門想要把實相般若智慧送給認識的人，但是常常被客氣的拒絕，這就是沒有時智。這是因爲我沒有人教導，從證悟到弘法，都是自己摸索；而且又因爲還沒有離開隔陰之迷，胎昧所障而忘記了往世的度人經驗，所以這一世的早期弘法時，總是一廂情願的想要趕快把了義法的般若智慧送給別人，就是不懂得觀察時節因緣成熟了沒有，所以常常被人婉言拒絕。因爲對我來說，明心與見性都是很簡單、很單純的事情，沒想到對於眾生而言卻都是非常困難、非常難信的法，所以早期辦理禪三時，到了最後一天若還是有許多人參不出來，就把他們集合在一起而爲他們明說；這才會有後來總共三批退轉的人出來否定我，如同絲毫沒有警覺的情況下被人在腋下狠狠的咬一大口，所以每一次都是傷勢慘重。後來推究這些人爲何會退失的原因，才終於了知時節因緣的觀察的確很重要；所以後來才會有觀察時節因緣而對出書的內容與次第作了安排，也因爲觀察學人證悟的因緣而有了不同的作法：不再於禪三時統統有獎的明講如來藏的密意了。寧可把因緣還不具足的人留到下一次的禪三再讓他悟入，絕不再因爲學人的痛苦啼泣就心軟而明說；從此以後，退轉的情況就有很明顯的好轉了，證悟之後也就不容易再退失了！這就表示後來我已經生起時智了，所以時智就是觀察時節因緣的智慧。

第四是知足智。知足智，不但在世間法中應該知足，在佛法中也是一樣要有知足的智慧；如果在世間法中不懂得知足，就會在想要獲得自己分內不該擁有的財物時，開始造作惡業，以不正當的行爲來獲取財物，最後就被不知足的貪愛心所害，這就是沒有世間法中的知足智。在佛法中也一樣，若是沒有知足智，就是逾越本分而作不正當的求取行爲，然後就會產生嚴重的問題而使自己受害。譬如我們會中常常有人自認爲可以眼見佛性了，就向我提出見性引導的要求；可是我觀察他見性的因緣還沒有成熟，因爲他的福德還差很多，根本就不可能會有見性的因緣，但是他不信受，堅持要我爲他引導；可是引導出來的結果是成爲解悟，他這一世就幾乎不再有見性的機會了。在早期，我對見性的勘驗經驗不夠，總以爲大家都和我一樣：在參出佛性名義時就可以看得見。因爲我正是如此，而當時也沒度人及勘驗的經驗，所以總是認爲大家都和我一樣的參出佛性名義時就可以看得見，沒想到大家和我不一樣。

在早期，只要有人參出佛性名義時，我就印證他見性；所以早期有些人——譬如元覽居士等人——都是在這種情況下被印證的，但都只是解悟佛性而沒有眼見，所以不信受而退失了。以前我對 佛在《大般涅槃經》中說的見性三個條件是不太信受的，我認爲見性一定要具備定力與慧力，但是福德似乎與見性無關，所以我當時對福德這個條件不太信受；因爲我自己這一世對佛教的付出，在見性當時也不過才付出了百來萬元，不是很大力的付出，照說福德是不夠的，不也是見性了？當時不知道在過去世不顧生命的爲法付出，也不知道過去世就已經看見佛性了，所以對福德這一項條件就不太相信。後來發覺有很多人參出佛性名義之後，卻都不能看得見，那時才相信 佛在經中說的，必須三個條件

也有人連續報了很多次禪三，我看他很護持正法，福德應該是可以的，慧力也還不錯，所以每次都錄取他。可是去到禪三時，看他禮佛時功夫還是很差，就不敢動手引導他，怕誤了他這一世見性的因緣。等到下一次再報名時又錄取他，原以爲他解三之後回家，半年之中都會努力作功夫；沒想到在禪三時觀察他的定力，仍然沒有進步，還是很粗糙，只好又讓他空手而歸，仍然沒有引導他；這樣總共七次報名都連續錄取他，可是他每一次都沒有具足三個條件，所以都沒有引導他。這本來是保護他，不是刁難他；因爲在不具足見性因緣的情況下引導出來的，一定看不見佛性；而且解悟之後，想要再看見佛性的機會就沒有了；即使後來再補足定力時，也一樣是看不見的。所以這是保護他而不是刁難他，但他卻以爲我是在刁難他，所以後來跟著楊先生走了，就說我刁難他而不肯爲他引導，眞是天哉枉也！想想看！我們同修會成立以來，有誰被連續錄取七次禪三的？能連續被錄取四次就已經是分外了，至今也只有兩、三個人而已，何況是連續七次禪三？但是他完全不懂得我保護他的用心，反而出去妄說我不肯爲他引導見性。這就是在法上沒有知足智，所以跟著楊先生退回去執取意識心的離念靈知境界，當作是親證佛地眞如，當作是獲得更高的修證。所以知足智是很重要的，而見性的因緣也是很難具足的，要有極大的福德以及足夠的定力與慧力，才有可能眼見佛性的；若沒有法上的知足智，妄想一悟就獲得佛地眞如，妄想一悟就可以成佛，而不知道總相智、別相智、種智的進修內容，也不知道般若眞見道時只是根本無分別智，後面還有後得無分別智等著他進修，就自認爲可以一悟而具足佛地眞如的證量，那就是沒有法上的知足智。所以大家都應該有智慧觀察自己的福德……等條件是否具足了，再來進求更上層樓的證量；若是逾越了自己的福德而想獲得上地的證境時，將會產生嚴重的後果與不正當的行爲：逾越本分而強求，落入妄想境界中，成爲大妄語者，修善反而成就惡果。

第五是自智。自智就是了知自相的智慧。自智與類智正好是相對而相關的智慧。自相智就是對自己身中的蘊處界緣起性空，有了確實的觀察而斷了我見乃至我執；在大乘法中則是更進一步親證了自己身中的如來藏，現前觀察祂的無我性、清淨性、涅槃性、眞如性而又能生萬法，這是從自身中的如來藏觀察而獲得自相的智慧。若是由這個自相智慧而觀察別人，證實別人也和自己一樣是蘊處界緣起性空，證實別人也一樣有如來藏而自性完全相同，就是類智。所以自智是現觀自身而產生的智慧，類智則是依自智來現觀別人也一樣有同樣的情況。

第六是眾智。眾智就是了知眾生根性及共相智。共相智就是類智，前面已經說過了。了知眾生根性，是比較困難的智慧。我以前就是不先觀察眾生的根性與因緣，就一心想要把了義而且究竟的妙法傳給別人，所以在禪三時統統有獎，也發生了總共三次退轉的事件，而且都反咬我一大口，特別是這一次，比以前兩次更嚴重，那眞是慘痛的經驗。所以我後來就開始觀察眾生的根性，特別是在禪三小參時，藉著你們小參時的專精一心而體會各人的根性與因緣。眾生的根性是千差萬別的，有的人是凡夫根性；凡夫根性倒還好，怕的是貪瞋的根性，那是很難轉變的，即使幫他證悟了，他過了一段時間以後，還是會再發起貪瞋的習性來，這就是智者大師講的「初果人貪瞋轉重」的意思；但是二乘法是煩惱障所攝的行門，解脫道中的異生性，體性是狹小的，所以在斷我見時就不會再對解脫道有所懷疑，就不會針對解脫道的法義有所質疑，也就不會誹謗眞正的解脫道。可是在大乘法中說，所知障所攝的異生性非常寬廣，要到初地的入地心時才算是斷盡了，所以異生性的內容有兩種不同。如果不知這個道理，就無法具足觀察三乘人及凡夫人了。

有的人是貪瞋性的凡夫根性，有的人則是愚痴性的凡夫根性，有的人是適合修學人乘的凡夫根性，有人則是適合修學天乘的凡夫根性，這些人都不適合修學解脫道與佛菩提道的佛法。前兩種人是不可能修學佛法的，乃至人天乘的善法都不可能修學；第一種是人間貪財造惡的眾生，或是貪財而不造惡，以正當的手段努力積聚資財而不肯行善。第二種人是愚痴無智而無法修學佛法的眾生，再怎麼教導都無法理解佛法的人。第三種人適合修學人乘善法，他們願意受五戒，但是心中對眾生並無悲心，不肯發願爲眾生的救度而努力，只想保住後世的人身而已。第四種人如同基督教中專門行善而求生天堂的教徒們，他們如果一開始就接觸到佛教而信受了，就會修學天乘的善法，在持五戒以外，更進一步修行十善業道，心中迴向來世生於欲界天中，但是卻不可能修學解脫道與佛菩提道。

能修學佛法的人有三種：第一種是聲聞種姓的自了漢，第二種是緣覺種姓的自了漢，第三種人則是可以修學佛菩提道的菩薩種姓。凡是出家以後只想自己趕快建立專屬於自己的寺院，一心想要大家出錢出力為他成就，但是對於佛法在人間的永續流傳，對於眾生廣被誤導的事情卻絲毫都不關心，這就是聲聞性的自了漢；在法上而言，若是只對緣起性空有興趣，當他聽到常住的如來藏心時，卻完全不信受，也不願意幫助眾生同證眞正的解脫道，這就是聲聞種姓的人。或者專在自己能否擁有世間資財上用心，不願在道場的共同利益用心而只注重一己的利益，老是希望別人供養他，這是凡夫性的聲聞種姓。或者是對僧衣身分有執著，而不樂於依大乘法五十二階位的修證內容來歸依、學法，這也是聲聞種姓的人，因為他是以聲聞戒的比丘戒、比丘尼戒為主，不是依菩薩戒的精神而改以佛菩提五十二階位為主，所以是聲聞種姓的人。

緣覺種姓的人則是不想擁有自己所有的寺院，也不想有人追隨他學法，他也沒有意願為眾生說法，獨自一人隱居而對因緣法有興趣；但是因爲還沒有智慧，所以努力修學因緣法以後仍然無法悟入因緣法的眞實智，這就是緣覺種姓的修行人。

菩薩種姓的人就不會專在身分上面用心，他可不管出家或在家，只要有正法，確定是正法，那就是他的老師、師父；如同 善財大士一生證得五十二個階位而成爲等覺大士，就是不在身分表相上用心的菩薩種姓人；所以歷經六位出家菩薩、四十六位在家菩薩總共五十三參之後，成爲等覺大士。他若是執著於聲聞身分（出家身分），而不依佛菩提道的法義修證爲依止，就只能隨從三賢位及凡夫位中的那六位出家菩薩修學到淺顯的法義，而無法獲得其餘四十六位在家菩薩的勝妙法義了。正因爲 善財大士沒有聲聞身分的執著，所以只要是有證得大乘法的菩薩們，都願意拜爲老師而登門修學之，才能迅速的成就等覺大士的修證，這就很清楚的爲我們舉示菩薩種姓的根性了：只以佛菩提的證量爲歸，以佛菩提的勝法爲歸，不管出家或在家的身分。《華嚴經》爲我們開示了佛菩提道的依法不依人的眞理，若是出家以後只願依止出家法師修學佛法，這個人就是依人而不依法；若是依法而不依人，又何必管他是出家人或是在家人呢？只要親近隨學以後確實可以證得佛菩提就夠了！對於前來修學佛法的人們，你要有智慧，能觀察他們的根性究竟是闡提性、凡夫性、聲聞性、緣覺性、菩薩性？才是有眾智的菩薩摩訶薩。

第七是根智。根智是說瞭解五根之智慧。五根有幾種說法，譬如五色根的扶塵根與勝義根，又如所斷的煩惱五根：苦根、憂根、樂根、喜根、捨根。但是這裡的根智，講的是信根、精進根、念根、定根、慧根。這五根的力量明顯的生起了，就是五力。根，是指種子，也就是功能差別。譬如信根，講的是眾生對佛法的信心是否具備？若是具備了對佛法的初分信心，就是發起信根了！信根漸漸圓滿了，就會開始出生信力。信根具足了以後，才會開始眞的進入修學佛法的熏習階段；否則的話，將會只在迷信的階段信受佛教而不修學佛法。當學佛人信根具足而發起信力了，開始修學佛法時仍然會常常懈怠而不精進的；必須在信力具足以後才會使精進根具足；精進根具足以後才會發起精進修行的心，不會再懈怠。當佛弟子精進修學佛法以後，精進力具足了，才會把所學正法深入思惟而理解其中的道理，才有可能念持不忘，能念持不忘時就是已經有了念根；有念根而具足時，念力就出現了。念力出現以後，心得決定而不會再退失於佛道的修行了，這就是有定根的人；有定根以後就會不斷的深入佛法中研求，當他確定佛法的內容以後，再也沒有人能以扭曲的說法來轉變他，無法再以種種巧妙言語或恐嚇的手段來退轉他、來使他轉入凡夫我見中，這就是有了定力的人。有定力的人，表示他的慧根已經生起了，再也沒有人能使他對邪慧產生認同，他已經有能力分辨法義的眞假與高下了，這就是慧根出現了；有了慧根以後，仍然沒有能力爲人細說佛法；直到進修而有了別相智以後，他才能自在的爲人說法，這時就是有慧力的人了。能了知這五根，能使五根具足而發起五力，就是能在人間弘法無障礙的菩薩摩訶薩；了知五根智慧的人就是眞實具備根智的菩薩摩訶薩了。

第八是分別智。分別智就是善知種種法的差別相，而有能力爲人說法。法有種種差別，同一個法中就有總相與別相的差別，別相之中又有許多差別；譬如四聖道的法相也有總相與別相的差別，四念處、八正道等法相也都同樣有總相別相的差別；可是聲聞道的種種法中又都種種差別不同，所以　佛在世時的諸大阿羅漢爲人說法時，也會種種差別說法而度化不同根機的人。同樣的道理，中乘法的因緣觀也一樣有總相、別相及種種差別相存在，大乘法中則有更多的差別相存在，所以才會有般若的總相智與別相智而區分爲根本智與後得智的差別；可是具足般若的總相智與別相智以後仍然不能入地，必須進修一切種智而發起道種智，漸漸深入進修無生法忍而具足一切種智，才能成佛，所以大乘法中的種種法相差別更多、更深。假使有人善知三乘菩提的差別而能爲人分別，善知三乘菩提法中的一一法相的差別，並能爲人廣作分別宣說，那就是有分別智的菩薩摩訶薩。以上八種智慧，出家菩薩對於他所畜養的出家弟子們，必須詳細的一一傳授，使他所畜養的出家弟子們都能因爲有這八智，而能在人間住持正法、爲人解說，廣度有情得入佛法之中修行。

【「善男子！菩薩摩訶薩若能如是教詔，調伏出家弟子，是師、弟子，二人俱得無量利益。如是師徒，能增三寶；何以故？如是弟子知八智已，能勤供養師長、和上、耆舊有德；能受善語，能勤讀誦，兼爲法

施；心不放逸，調伏衆生；能瞻病苦，給施貧乏。」】

講記　出家住持正法的菩薩摩訶薩，如果能像這樣子教導他所畜養的出家弟子，也能在戒法上注意出家弟子的身口意行，隨時加以調伏；這樣的出家菩薩爲人師時，就能使他自己與所畜養的出家弟子們，二方都能獲得世間、出世間法的無量利益。像這樣的師父與徒弟，可以增長三寶在人間的威德與勢力，使三寶在人間興盛而久遠不絕；是什麼緣故而這樣呢？這是說，像這樣善於教詔的師長，如此教導他所畜養的出家弟子具備了八智以後，就能殷勤供養師父、學法的長輩、住持和尚、久已認識的故舊及有德行的人；並且能接受師父教導的善妙言語，也能勤加讀誦，同時也能爲人作法布施，而他自己心常寂靜而不放逸，調伏衆生同入正法中；也能瞻顧有病或身遭痛苦的衆生，並以財物供給貧乏的人，因此而使三寶常住世間而利益衆生。

【「善男子！出家菩薩若有在家弟子，亦當先教不放逸法；不放逸者即是法行：供養父母、諸師、和上、耆舊有德，施於安樂；至心受戒，

不妄毀犯；受寄不抵，見恚能忍；惡口惡語及無義語，終不爲之；憐愍衆生，於諸國王、長者、大臣恒生恭敬怖畏之心；能自調伏妻、子、眷屬，分別怨親；不輕衆生，除去憍慢，不親惡友；節食除貪，少欲知足；鬥諍之處，身不往中；乃至戲笑，不說惡語，是則名爲不放逸法。】

講記　出家菩薩若是同時畜養在家弟子時，也應當先教導他們不放逸法。不放逸的修行法門就是法行：第一是應該供養父母、諸位師長、住持和尚、年老的故舊及有德行的人，施給他們安樂。第二是教在家弟子們以至誠心受持五戒、菩薩戒，不可妄自毀犯戒法。第三、若有時受託寄存財物時，不可以因爲委託寄放的人以前曾經欠款於自己，就把所寄放的財物用來抵償所欠的款項；世俗人往往會這樣作，可是身爲菩薩行者卻不許如此；因爲寄物者可能另有重要原因，而他積欠自己的款項可能會另外償還，所以菩薩不該把對方寄放的財物直接抵償所欠的款項。第四、看見應該生氣的場合，要能不生氣而安忍下來；有充分的理由可以生氣，但是卻不生氣而能安忍，這是世人做不到的，但是身爲菩薩卻應該能做到，這就是難忍能忍的意思。第五、菩薩凡有所說，都是

天下最困難的事情，有誰不想清楚的分別出怨家與親善者呢？可是往往都被矇蔽而不知。親善於我們的人，常常會因爲情誼而爲我們設想，假使我們不能接受時，他就會據理大聲爭執，希望我們不要做蠢事；可是怨家卻常常顯現溫和柔軟的態度，一步一步引導我們走向不利的境界中。在佛法中修行時也一樣，常常有善知識出來破邪顯正，顯示金剛怒目相，希望警覺眾生離開惡法左道，因爲眾生對他的溫言軟語絲毫都不重視，也因爲眾生已經被惡知識矇蔽太久而無力轉變了；可是惡知識總是故意顯示溫和的一面，常常婉言說道：「**大家都不要批評別人，各人修各人的法，各人弘揚各人的法。弘法應該要圓融，所以不要批評別人。**」故意引起大眾鄉愿的心態，混淆了法義的正邪，然後在私底下毀謗正法是邪法；眾生若無智慧，就會被引導到錯誤的知見與方向去了。又如惡知識往往以眾生所喜樂的意識境界，說成是佛法中的更高境界，引導眾生回歸到意識常見之中，並且又示現好意提拔的心態，常常前來親近示好，沒有智慧的人就跟著誤信爲善知識，就被引導而退回凡夫境界中，還誤以爲是更高的增上修證呢？可是我們從來都不會特地登門拜訪、好意解說惡知識的法有何錯誤，也不會故意以眾生樂聽的虛假言詞來誘惑人，只是辨正法義，把眞實法義呈現出來，靜待大眾簡擇，看來似乎是冷默而無情的，但卻是眞實慈悲的想要救護大眾回歸正道。可是看來似乎是怨家的善知識才是親者，看來似乎是親者的惡知識其實正是怨家；由此看來，不論是在世間法中，或在出世間法中，分別怨親這件事情，其實都是不容易的事。

第九種，要教導在家弟子們不要輕視眾生，也應該除去自己心中的憍心、慢心。爲什麼不要輕視眾生呢？因爲眾生的法緣不可思議，雖然佛法中說有三乘法，但是各人修證三乘法的因緣各不相同；於二乘法來說，經典中曾說過一個典故：有一個人希望出家，就去精舍求見 世尊，碰巧 世尊未歸，他就去求見阿羅漢比丘們，沒想到三明六通的大阿羅漢們一個個見了他都說他沒出家的因緣，最後他不得不哭哭啼啼回去了，正好在回家的路上遇見了 世尊正要回精舍，就問那個人：「你在哭什麼啊？年紀這麼大了，還在路上哭哭啼啼的。」他也不曉得遇到的正是佛，就說明事情的原委；佛以佛眼觀察，知道這人有因緣出家，就帶他回去，叫阿羅漢幫他剃髮，阿羅漢們反對說：「我們都觀察過了，他八萬劫以來都沒有與佛法結緣，所以沒有出家因緣。」佛說：「不然！你們只看到前八萬大劫，但這個人無量劫前曾經被老虎追咬，因爲沒地方逃而爬到樹上去了，他在樹上高聲大叫：『南無佛！』，就因爲有皈命佛的這個因緣，所以他今生有出家的因緣。」看！阿羅漢說沒有因緣，但他其實是有出家的因緣，連大阿羅漢都無法完全了知各人修聲聞法的因緣，何況是菩薩種姓等因緣呢？所以不該隨意輕視眾生的法緣。

又譬如說諸位好了！你們已經明心的人，乃至有人進而見性了，請問你們來到正覺之前有把握這一世可以開悟嗎？我想大概一百個人中只有一個人敢說有把握，但也是在讀了我的書以後才有了信心。這就是說，娑婆世界的眾生仍有胎昧，即使是俱解脫的大阿羅漢，如果他不修學五神通，不具有三明六通，也還是有胎昧的，所以他們也不知道自己往世的法緣，不知道自己在這一世是否有取證解脫果的可能，更何況是慧解脫的阿羅漢們，就更不知道了！菩薩亦然，未到三地滿心，還沒有發起意生身之前，也都是不知道自己的法緣，當然就更不知眾生的法緣了！所以出生在人間時還是同於一般凡夫，沒什麼差別；因此三地滿心前的菩薩摩訶薩還是要在這一世重新破參、重新見性，重新再修入地上的階位，一直要到滿了三地心而發起意生身以後，才能世世了知自己的法緣，否則每一世都因胎昧的緣故，無法在初入佛門時就知道自己的法緣，也不會知道眾生的法緣；除非他在當世又修得如夢觀時，才能了知自己的法緣。同理，我們要有這樣的見解：有些人這一世初學佛時看來似乎是初機學人，可是他在過去世可能已經修學無量劫了，這一世悟後將會很快回復往世的修證智慧，再繼續進修以後將會很快速的超越我們，所以不應輕視眾生，心中千萬不要有慢心於眾生。出家菩薩如果收了在家弟子，應當要告訴他們這個道理，教導他們不要輕慢眾生，不可對眾生說：「**證悟很困難啊！你沒希望的，老老實實持唸佛號吧！別求悟了！**」不該這樣講，因爲這會把眾生的信心打壞了，也顯示出他有憍心、慢心，輕視眾生。

第十、要教導弟子別親近惡友。這位在家弟子本身一直都沒有問題，但是若結交了惡友、親近了惡友，就會被引誘或人情難拒而被牽扯到邪路上去了；一旦走上了邪路，輕者違犯了律儀戒，重者謗法、謗賢聖乃至破壞正法，成爲破法的極重罪。千萬要小心提防你的在家弟子親近惡友。若在家弟子親近了惡友，菩薩見了就一定要指示他們趕快遠離惡友，以免被惡友牽累了。

第十一、要告訴在家弟子們：節食、除貪、少欲、知足。節食是遠離口腹之慾，有些世俗人一日三餐還覺得不夠，早餐之前要先來一碗雞湯，半個鐘頭以後再吃早餐；晚上睡覺以前還要加個宵夜，這就是貪求口腹之慾、貪愛色身。另外有人是貪求口味，一天到晚追求好口味；食物必須精妙，這些都是貪食。還要教弟子們減少世間法的追求，要能知足。人心總是不滿足的，賺到了一百萬，還想賺一千萬，接著希望再領個一千萬退休金，老年無憂，這是一般人的想法。但是我退而不休，不但沒有退休金可以領，退下來還要弘法而不能休息，成爲退而不休的義務奉獻，這可以說是少欲知足了吧！可是有的人賺到了十億，卻想要擁有一百億，賺到了一百億卻進而想要一萬億，無止盡的擴充貪念，在家弟子們在這方面應該注意。這是出家菩薩對他的在家弟子所應教導的，但是出家菩薩如果是日中一食，可別要求在家弟子也是日中一食，因爲他並沒有受聲聞戒，而且他要忙很多事，必須有氣力來做事。

第十二、要教導弟子保重色身，別涉身於是非場所中。這在家弟子既然懂得修學大乘了義正法，就應該懂得寶愛自身，因爲色身是道器——是修行的工具——如果學佛之後就一直糟蹋色身，弄到後來成爲夭壽而提前十幾年、二十幾年捨報，還能繼續修道嗎？還能繼續利益眾生嗎？所以應該要告誡在家弟子：凡是世間俗人在打殺時，千萬要遠離，以免被人誤殺，或者被人遷怒而殺，才能保住色身繼續修道。

第十三、要告戒在家弟子，當他在跟別人說話時，乃至開玩笑時都不該說惡語；惡語就是說指稱人家是豬狗牛羊等。在家弟子若能符合這十三個法，就是懂得不放逸法的人，道業就會進步神速。這是出家菩薩對他所畜養的在家弟子應該有的教導。

【「出家菩薩若畜在家弟子，先當教造不放逸法；受苦樂時，常當共俱；設在窮乏，有所須者，六物之外，有不應惜；病時當爲求覓所須，

瞻病之時不應生厭。若自無物，應四出求；求不能得，貸三寶物；差已，依俗十倍償之，如波斯匿王國之正法。若不能償，復當教言：『汝今多負三寶之物，不能得償；應當勤修，得須陀洹果至阿羅漢果；若能至心發菩提心，若教千人於佛法中生清淨信，若壞一人慇重邪見。』出家菩薩，能教在家如是等事，是師、弟子，二人俱得無量利益。」

講記 出家菩薩若是畜養在家弟子，他對在家弟子的生活與健康等事情就有照顧的義務，所以 佛陀補充說：出家菩薩如果有畜養在家弟子，譬如近住男（這是另一種在家弟子：住在寺院中而不剃度為僧，不同於前段經文中所說的在家弟子晚上住在自己家中，他是住在寺院中，一樣擔任職事而準備將來出家；但也有人終身當近住男而不出家的，這都是出家菩薩畜養的在家弟子），菩薩也應當教導他們不放逸法，也就是前面所講的十三種不放逸法。除此以外，當在家弟子受苦或受樂時，出家菩薩應當和弟子共俱——共同分擔或分享苦樂，如同一家人；假使在家弟子窮乏而有所需要時，出家菩薩除了不許離身的六件物品以外，其他所有的財物都不應珍惜，要供給所畜養的在家弟子。六物指的是大衣、上衣、中衣、缽、以及尼師壇、濾水囊。尼師壇是坐墊，濾水囊是古時出家人出門一定要帶的，平常也常帶在身邊；因爲古人喝水時往往是喝生水，從溪河中舀起來就直接喝了！可是喝生水時常常會有小蟲，古人腸胃比我們好，抗體比我們好，所以有人寶愛色身，就會藉故把蟲一起喝下去消化掉，多增加營養，往往故作不知就直接喝了，所以佛有規定：不可以把蟲吃下去當營養，必須要用濾水囊先濾過，這濾水囊是六物中的第六種。尼師壇也不可以丟棄，因爲出家人要常常處於靜慮的境界中，所以坐墊（臥墊）不該捨棄。至於缽是乞食用的，所以也不應該丟。大衣、上衣與中衣是出家人保持律儀的重要衣物，也不能捨。其他的物品，若在家弟子有所需要，就應該捨給他。

第三、在家弟子如果生病了，出家菩薩既然畜養了這個在家弟子同住，就要爲他尋找所需要的醫師與藥物，還得要看顧他的病情；在看顧在家弟子時，心中不可以有厭惡之心情。第四、如果出家菩薩沒有在家弟子所需要的醫藥等等事物，就應該外出四處尋求回來照顧他。第五、假使四處都尋求不得，沒有人布施，就必須以三寶所有的物品——也就是寺院常住共有的物品來供給他畜養的在家弟子。但是在家弟子病癒了以後，在家弟子應該依照俗例，在後來設法以十倍財物償還常住。當時波斯匿王法律規定：向三寶借用財物，在未來有能力時要以十倍償還。波斯匿王的法律規定世俗人借貸的償還也是十倍。如果使用了三寶物而度過了難關，將來有能力時莫說十倍、百倍，千倍也要還；因爲三寶是眾生的最後依止，也是三界中最勝妙法的所在，所以十倍償之並不爲過，除非沒有能力。如果出家菩薩爲他畜養的在家弟子而使用了三寶物，並不是這位出家菩薩個人所有的物品，這個弟子將來若沒有財物而無能力償還，這位出家菩薩就要教導他說：「你今天虧負了三寶的財物很多，可是你沒有能力償還，只有一個辦法：要精勤努力修行，努力聞法、思惟、觀行而證得初果乃至阿羅漢果，就可以抵消所欠的三寶物了。」

有人讀到這一段經文時，也許會想：「這段經文是不是有問題？在家人怎麼可能證得阿羅漢果？」但是不要懷疑這一段經文，這沒有錯！不但大乘律經中有這麼說，二乘經典的原始佛教經典，四阿含諸經中也有現成的例子，開示在家人證得阿羅漢果。有一些法師不懂佛法，信口亂講：「在家人不能證得阿羅漢果，最多只能證得三果。」那他們的意思是不是說阿含部經典講錯了？這是從教證上來說。另外再從理證上來說，如果說在家人不能證得阿羅漢果，那麼請問：「六地滿心時證得滅盡定，還特地保留一分思惑而潤未來世生，但他卻是在家身，算不算是阿羅漢？又如七地以上菩薩都有滅盡定，都是俱解脫的聖者，他們究竟是不是阿羅漢？又如八地菩薩斷盡思惑而仍然可以是在家身，他們究竟算不算是阿羅漢？」又如華嚴中的 善財大士五十三參，後面的十幾位大善知識都是地上菩薩，絕大多數都是在家相，請問：「文殊、普賢、觀音、勢至等大菩薩，都是長髮披肩、頭戴天冠、身穿天衣、胸佩瓔珞、臂有金釧，都具足示現爲在家相；又如彌勒菩薩在兜率天宮也是這樣示現在家身的，坐著天人的寶座，蓄髮、天冠、天衣、瓔珞莊嚴，他們有沒有解脫果的實證？算不算是阿羅漢？」如果不算是阿羅漢，顯然第三轉法輪的經典都得改寫，說他們是還沒有斷盡思惑的菩薩了。若眞是這樣，六地滿心以上的菩薩就不該有滅盡定的實證！所以這一段經文是正確的：證、不證解脫果，其實與在家身或出家身無關，而是看他的我見、我執斷了沒？沒道理說在家人不能斷我執的，因爲斷我執是與出家或在家無關的。

出家菩薩要教導他畜養的在家弟子：「你既然還不了三寶的財物，就趕快修證而成爲初果乃至四果人；若能證得初果乃至四果，也可以算是出家人了，是心出家的實義出家人，就不算是虧負三寶物了。」但我這個意思並不是說你們在同修會中斷三縛結、明心了，就可以用三寶物，在家之身最好是避免，所以我一向都不敢用三寶物。而且從菩薩修集廣大福德資糧來講，那是在耗用自己成佛所須的福德資糧，所以三寶物是一絲一毫都不應該去用的；所以我出來弘法至今，只有護持正覺講堂而出錢、出力，不曾從講堂拿任何財物回去，乃至小如一枝筆都不敢拿！因緣果報是恐怖的，既然示現爲在家身，就一定得要如此；除非哪一天重披僧衣，不然我絕對不受用三寶物。但是出家菩薩畜養的在家弟子，一生都爲三寶服務，所以他如果證果了，就成爲實義三寶之一，因爲心出家了！雖然所證的只是解脫果，卻已是聲聞教的實義三寶，雖然示現爲在家身，但已是聲聞教的聖人；對世間凡夫、對外教天主凡夫而言，他已經是聖人了！心出家了就可以算是三寶中的僧寶，以前虧負的三寶物就可以勾消！因此出家菩薩就教導他努力修行而取證解脫果。

可是如果努力修行而仍然無法斷結、證果，該怎麼辦呢？還有一個開緣的辦法，佛法中很慈悲，所以有時總是會有開緣的。這個開緣，是說如果能以至誠心發菩提心，然後想辦法教導一千人對佛法生起清淨信（清淨信很不容易生起，以大乘法來講，要十信位滿足；如果是二乘法，應該讓眾生獲得如同大乘法四加行中的煖法，才算是生起清淨信了），如果能這樣度一千人對佛法生起清淨信了，他就等於還清了所用的三寶物。如果連這個也做不到，最後一個開緣是：「壞一人惡重邪見。」譬如有人謗法，不論是謗二乘法的解脫道，或謗大乘法的菩提道，或謗根本法阿賴耶識，或謗無餘涅槃是斷滅境界，都屬於惡重邪見；如果有人這樣誹謗法寶，假使這個在家弟子能加以辨正，說明正理給謗法者聽，讓謗法者把惡重邪見斷除，只要斷一人的惡重邪見，所借貸的三寶物虧欠就算償還了。如果以現在來講，誰有惡重邪見？應該幫助誰斷除惡重邪見？諸位一想就知道了。能夠這樣做的話，就算是曾經虧欠了三寶物，也就不再虧欠了，因爲這是護持正法，讓破法者的邪見消失而改爲護持正法，讓正法可以久續弘傳，所以功德很大，因此也可以抵銷所虧欠的三寶物。出家菩薩應當這樣教導他畜養的在家弟子。出家菩薩如果能教導畜養的在家弟子去做這些事，這樣的師父與徒弟這兩個人都可以獲得無量的利益。

也許有人不信：「哪有可能這樣做就獲得無量利益？」那我們就稍微分析一下：這個在家弟子因爲有病而用了常住的醫藥，他又不是出家僧，要他以十倍財物償還，他又做不來；因爲有的藥很貴，不說西藥，說中藥好了，如果他正好要用到百年野山人蔘，常住又正巧有這種藥，那可就貴了，那該怎麼償還？這時只有求證初果乃至四果而成爲心出家的聖者了，他病癒後就努力去拼，也許病還沒好就斷了我見、斷了三縛結，他的師父因此而成就了大功德，徒弟也得到大受用，世間又多了一個聲聞教的聖人，功德當然很大！雖然聲聞教的初果人在我們會裡不算啥！但是對外道與凡夫來講可就不得了了！能斷我見就很不得了，今天的外道天主、佛門大師都還斷不了我見呢！功德當然很大，當然可以抵銷所用的三寶物了！

如果這也做不到，就去教導一千人對佛法生起清淨信心。請問：「這一千人在未來他成佛時，會不會成爲他的座下弟子？」（大眾回答：會！）當然會啊！而且這一千人在這一世就會努力擁護佛法，當然有大功德，所以師父這樣教導以後當然有得到利益，因爲增加了一千人來擁護這位師父，佛法的永續流傳就沒有困難了！三寶的弘傳就有資源及信受者而繼續弘傳，所以當然師、徒都得大利，這個在家弟子所用的三寶物就夠償還了！當然可以抵消所用的三寶物。

如果他有智慧去毀壞一個人的慇重邪見，從此以後那人座下的弟子就會跟著一起擁護正法，使破法的勢力消失了，度人就更容易，就會有更多眾生得到法利，佛種也可以紹隆不斷，所以這個師父與弟子兩個人都可以得到現世與來世的無量利益。所以 佛說話絕對沒有不實語的。接下來說在家人如果也想要畜養徒弟時該注意的事項：

【「善男子！在家菩薩若畜在家弟子，亦當先教不放逸法。不放逸

者：『供養父母、師長、和上、耆舊有德；復當供給兄弟、妻子、親友、眷屬。欲行之人，及遠至者，所有僮僕作使之人，先給飲食，然後自用。又復教令信向三寶。苦樂共俱，終不偏獨。隨時賞賜，不令饑寒。終不打罵鞭撻苦楚，應當軟言敦諭教詔。設有病者應當瞻療，隨所乏少當爲求索。世間之事，悉以教之。婚姻求對，無求卑下。教以如來五部經典。見離壞者，能爲和合；既和合已，令增善心。一切出家內外諸道，隨意供養，終不選擇。何以故？先以施攝，後當調故；以六和敬，而教詔之。若求財物商賈農作奉事王者，常當至心如法而作；既得財已，如法守護，樂爲福德；見他作時，心生歡喜。』是則名爲不放逸法。在家菩薩，若能教誨在家菩薩如是事者，是師、弟子，二人俱得無量利益。」

講記　佛說在家菩薩如果像出家菩薩也畜養在家弟子，一樣要先教導在家弟子不放逸法。請大眾注意：這裡只說是畜養在家弟子，沒有說是畜養出家弟子。這個開示必須遵守，若是現在家身相的話，即使有一天修到了等覺位，也不可以在家中畜養出家弟子；或者蓋起一家私有的寺院，自己住進寺院中來畜養出家弟子；你可以爲出家弟子學法的師父，但不可以畜養出家弟子，尊重 佛的教導故。因爲 佛弟子中有聖僧、凡夫僧，三乘聖凡弟子都有；如果你也畜養出家弟子，那你豈不跟 佛的位階一樣了？即使是等覺菩薩，只要是示現在家身相，都不可以畜養出家弟子，只可以是師、生的關係，不可以是畜養與被養的關係。換句話說如果你有一所大莊院，可以住上幾百人；譬如你有幾十億資財，買了幾十公頃土地，蓋起大莊院來，就開始收養出家弟子了，只因爲你有法、證悟了！其實你錯了，你若要把這個大莊園給出家菩薩們住的話，你就得要搬出去，你自己不能住在裡面，也不可以去干預出家菩薩們管理大莊院的事務。你如果沒地方住，就另外建一個別院自己住。但你可以常常去大莊院中教導裡面的出家比丘、比丘尼們。意思是說：即使你的證量很高，但若保持在家身相時，你與出家菩薩們的關係只可以是師、生，不可以是師、徒；這些已悟及未悟的法師們不是你的弟子，只是你的學生，所以你不可以畜養他們，只能供養他們。

佛說在家菩薩只能畜養在家弟子，沒說可以畜養出家弟子。所以四、五年來一直有出家法師說要皈依我，我總推辭，只接受他們的法歸依，也就是只當他們的老師，不當他們的師父。因爲我很早就讀過這一部律經了，後來有法師說：**「不行啊！我是皈依正覺同修會，我是皈依正覺勝義菩薩僧團，不想歸依破壞正法的凡夫僧。」**這話我倒是不好推辭，但是仍然不想作爲被出家法師歸依的代表者，所以我就邀請一位已證悟的勝義僧來共同具名，所以我們的皈依證上除了我以外，還有寬道法師列名，共同證明歸依三寶者。如此一來，若有出家法師皈依 佛陀、歸依佛法、歸依正覺菩薩僧團，就不會有問題了！而且我們只是證明你皈依了勝義菩薩僧團，並不是讓他們皈依某一個人，所以問題就不存在了。所以在家的法師（依阿含中的佛旨，已斷我見的在家身相的說法之師，都是法師），不管你證量多高，乃至等覺之身都不可以畜養出家弟子，這就是尊重 佛陀。等覺菩薩與出家弟子們，同樣都是 佛的弟子；假使等覺菩薩也一樣畜養他們當弟子，那不是混淆了嗎？這在理上就講不通了！因此在家菩薩不管證量多高，都只能畜養在家弟子，不能畜養出家弟子；都能當出家弟子的老師，不可當他們的師父。

在家菩薩若畜養在家弟子，也應當先教他們不放逸法：必須供養父母。父母才是活佛，有些人很顛倒，家中堂上兩尊活佛不供養，跑去供養外道喇嘛教的假名活佛。如果沒有父母生、養，哪來你這一世的色身可以讓你修學佛法？所以供養父母爲先。其次要供養師長，師長排在其餘諸人的前面，和尚反而排在後面；這是尊重和合僧團、尊重道場，不以私心來看待。如果有私心，當然要先供養和尚。一般人出家後會這樣想：**「我的剃度師、我的傳戒師、我的傳法上師（根本上師），是我最親近的人，所以我應該先供養他們。」**但是 佛的教導並不是這樣，而是先供養師長；曾經教過你的人以及長輩，應該先供養，然後才供養你最親近的和尚，最後才是供養耆舊有德。耆是長老，舊是以前認識故人，這些人都比師長、和尚疏遠一些了。如果是互有認識的有道德者，也不妨隨緣供養。若有兄弟、配偶、子女、親友、眷屬，也應當隨力供給。

如果父母、師長、耆舊、有德、……乃至眷屬，有人要遠行時；或者這些人住在很遠的地方，遠來拜訪你，或者來求助；乃至童工與僕人，以及爲你做工作的人，都必須先供給他們飲食，然後你自己才食用；因爲他們或者急著出遠門，或者從遠方很遠而來，或者不久就要上工了，向三寶了！菩薩要教導他們趣向三寶。

所以應該先讓他們食用，自己稍後再受用飲食。第三、還要教令他們信奉三寶，督促他們趣向三寶，不可遠離三寶。有些人信奉三寶以後，一生難得親近三寶，往往信了以後卻住到沒有佛法的地方去了，那就不是向三寶了！菩薩要教導他們趣向三寶。

所有苦樂應該共俱，不可偏愛而獨向一人施樂。在家弟子們有所樂時，應當與他們的兄弟、妻子……等人同享快樂；若有苦難時大家才會願意共同分擔，所以應該苦樂共俱而不偏獨。並且還要隨時有所賞賜，因爲他們做得很辛苦，當他們完成一件大工程時，應該隨時在他們完成時就給與賞賜。如果他們生活上有困難，就應該給與幫助，不要讓他們受饑挨凍。你的在家弟子，既然家中也畜養了很多奴僕，他對奴僕們都不應有所打罵、施以苦楚；若他們眞的有過失，應該要以柔軟語來敦促他們、教導他們，讓他們不要再犯錯。奴僕們假使生病了，應當瞻顧他們的病況，延請醫師療治他們；若是他們生活上有所需要，你得要供給他們；如果自己身邊不夠用，就得要爲他們向別人求討。對於平輩、下輩人，應該把世間法中所應知道的事情，全部教導給他們。既然家中畜養了僮僕、長工等人，當他們成長而需要婚姻成家時，要爲他們索求一個好的對象作配偶；但是在爲他們尋求配偶時，不可爲了省錢就找來卑賤、下等的人作配偶。

並且還要教導與他共住的親人、眷屬研習五部經典：教導他們學習般若部、寶積部、大集部、華嚴部、涅槃部的經典，這就是 如來的五部經典。你既是在家菩薩，畜養的在家弟子們若也有畜養奴僕，他應該要教導他們五部經典。如果看見這些眷屬中，有人在離間毀壞感情時，必須要爲他們說和，讓他們不要再起爭執；在他們和合相處以後，還要教導他們增長善心。在家菩薩還要教導他所畜養的在家弟子：對於一切出家人，不管他是內道或是外道（內道是講我們佛法中的出家人，外道是外教的出家人），也要隨意供養，不因爲是外道就不供養他們。關於這一點，有個觀念要注意：這裡講的是供養而不是贊助與護持。在印度，凡是出家人，不管是佛教中的法師，或者是外道的出家人，他們都是托缽存活的，都不要求現金財物供養，也不興建及常住於寺廟中；這裡講的出家人，是指四處托缽、居無定所而修清淨行的人；即使住在寺院中，也不設爐灶煮食的。現在泰國也還是這樣，當他們來托鉢時，你都必須隨意供養，不加簡擇；即使是一個外道，畢竟他也是個出家離欲的修行人啊！非出家的人你都願意施食供養了，何況他們出家修離欲行，爲什麼不肯供養？所以還是應當要隨意供養。所以這裡說的供養，是指飲食或衣物用具的供養，不是指大筆財物、現金的供養，不可以誤會。

有人說：「我們弘揚佛法的人，不該把別的宗教稱呼爲外道。這樣是輕視人家，因爲　佛從來沒有罵人家是外道。」如今請看這部律經有說內道、外道，怎麼會沒有呢？佛門中常有法師不知而故作已知，胡亂說法；大眾因爲信受他身上的僧衣，就完全相信而跟著隨意妄說，有很多是沒有根據而隨意講出來的，這個習慣很不好；類似這種似是而非的說法，有很多種，常常從某些法師口中說出來，誤導了許多學佛人，這裡暫時略而不說，以後有機緣時再另外辨正。佛法說佛教以外的宗教叫做外道，它有兩個層面的意思：第一、因爲他們不是佛教中修學佛教門中法義的人，所以叫做外道，是佛法以外的修道者。第二、因爲他們都是外於眞實心而求法，不是在眞實心中來尋求眞實法，正是心外求法者，所以叫做外道。因此外道二字可以適用的場合很多，所以一切外教都可以叫作外道。假使身在佛法中，但卻都在眞實心以外來求佛法，這就成爲佛門外道了。

請問諸位：「假使有人外於二乘菩提，把眞正的二乘菩提否定而認定常見外道所執著的離念靈知心、意識粗心與細心都認作常住法，這樣的人雖然身在佛門中，穿著僧衣，他究竟算不算外道？」（大眾同答：算！）當然算是外道嘛！如果有人再進一步：既不懂二乘菩提，又把大乘菩提的根本挖掉了，也就是把如來藏否定了，結果使得二乘菩提的無餘涅槃變成斷滅境界，也使得大乘佛法都無實質而成爲戲論，這樣的人算不算外道？（大眾同答：算！）當然算啊！因爲他們不但是心外求法，而且還是破壞佛法者，比外道還要外道。外道們弘揚他們自己的外道法，至少不來否定佛教的如來藏根本法，可是身爲佛教的比丘、比丘尼，竟然把三乘菩提的根本剷除掉了，眞是比外道還要外道，這樣的比丘、比丘尼，當然比外道更有資格被稱爲外道。這是從實質上來認定外道的本質，而不是從僧衣表相來認定外道與內道。誰是內道呢？要從實質認定，不可從表相來認定。不過，從實質上來認定外道與內道，一般的佛門初機學人大概都無法接受，只有老修行人、有遠見的人才能接受。這裡說菩薩畜養的在家弟子，如果他家遇到有出家的內道、外道來托缽時，都必須隨意供養，不可因爲是外道修行人，所以他們來托缽時就不肯供養飲食。今天的印度，仍然有許多外道，譬如侍火外道、侍水外道……等等；當他們來托缽時，你照樣得要供養飲食，就當作是布施飲食一樣的施食；免得讓外道們譏嫌：**「佛弟子好吝嗇，看我們不是佛門法師就不肯供養。」**

但是如果外道開口說：**「你來護持我們道場，大力捐助錢財吧！」**那你就要回絕了，因爲外道弘揚外道法，會使佛門學人減少；若是佛外道正在抵制及誹謗正法，你還護持他，那你不就造了謗法、壞法的共業嗎？那可不是在布施行善，而是在共造惡業了！所以布施時得要有智慧。但是，爲什麼　佛陀說對於外道也要隨意供養？因爲你既然身爲佛教的在家弟子，能教導眷屬五部如來經典，就應該有心度化外道入佛門中；他們來托缽時，正好多供給他們喜歡的食物，豐盛一點、美味一點，以這種布施讓他對你心生歡喜，以後漸漸就有機會可以調教他們：當你與他很熟悉了，因緣成熟了，有一天也許他有空閒，願意跟你談一談法義；那你就有機會向他解說佛法，教導他出三界的正確道理、宇宙的眞實相。他聽了以後回去思量，漸漸就會被你所調伏了嘛！當他覺得有道理時，就會跟你學佛啦！這就是「先以施攝，後當調故」。俗話說：「拿人的手軟，吃人的嘴軟。」即使第一次聽你說法以後心中不認同，總也不好意思當面對你反駁吧！可是當他回去細細思量以後，就會發覺你說的才是眞實理，最後就能調伏他。對於出家的內道與外道如此，還應該對自己的眷屬如同出家僧團的六和敬一樣的對待。六和敬：身、口、意和，戒和，見和，利和同均。既然畜養了在家眷屬，就有義務照顧他們，所以六和敬也可以適用，也要教導他們以六和敬的心態互相對待。

在家弟子如果求財、經商、販賣；賈就是從事商品的交易；或者農田耕作，乃至當公務員而奉事王者，都應當以至誠心而如法做事。譬如求財，什麼時節該賣什麼產品？可別大冷的天氣去推銷冰棒、冷飲，別在大熱天又沒有很冷的冷氣，卻在推銷火鍋，這都是不如法的，一定求不到財。又譬如奉事王者，也就是當公務員；公務員有公務員的規矩，該怎麼做都要照規矩來，要如法。公務員的法規應該遵守，若是不違法，長官交待的事情就得要做，這就是事上而不犯逆；所以奉事王者時也要注意如法或不如法。

求財而獲得了財物以後，應當要如法守護，不可超過；譬如有人買了一輛新車，是他這一世的第一輛新車，我們只是走過車子旁邊，因爲好奇而對這輛新型的車子稍微看一下，他馬上走過來擋住，不許我們靠得太近，這就是守護財物而不如法，守護得太過火了。又譬如說，買了一輛五十萬元台幣的新車，可是又裝拐杖鎖、又鎖鐵鏈、又派一條狗守護、又保險……，花了十幾萬元裝備來守護這輛五十萬元的車子，也是不如法守護。如果以三千萬元買了一輛勞斯來斯，請了一位司機來守護，倒還有道理；若是買了一輛三十萬元的中古車，卻請一位司機來守護，那就是不如法，就會招來別人說嫌話：「這個人眞沒智慧！」那又怎麼當菩薩來教導眾生呢？如法守護財物以外，還要樂爲福德；守護錢財而不亂花，很勤儉，這是好事，但是種福田的機會出現時，就得要懂得種福田；若是拔九牛之一毛以利天下而不爲焉，那就是不樂爲福德啦！不樂爲福德就不是菩薩種姓，因爲菩薩修行的第一步就是布施，布施行都修不好，要怎麼當菩薩呢？

如法守護錢財是很重要，不亂花錢也不炫耀，同樣重要。炫耀是人的弱點，有的市場販賣的產品都很貴，而且越貴越有人買，因爲那個地區的人們買物品時其實都是在買面子：同一家公司的同樣等級產品，在另一個市場一斤賣三十塊，在這個市場一斤要六十塊；你如果賣三十塊錢，人家不願意買，提高到六十塊時就被搶光了，他們是在買面子：「再怎麼貴，我都吃得起。」所以是在炫耀他的錢財，以有錢人自居；像這種人，越貴越想要買，就是不如法守護錢財的人。如法守護錢財的人，一定會去另外一個市場買三十塊的同級產品；雖然這麼節儉，可是卻樂爲福德，這就是菩薩種姓。已經發起菩薩姓的人，不會爲自己考慮，都是爲眾生考慮的；如果眾生有需要，他就布施；眾生需要正法，他就去布施正法或者護持正法，所以永遠樂爲福德，這就是菩薩。

既然你是在家菩薩，畜養了在家弟子，當然你的弟子也應該是修菩薩行的人。雖然教導他守護錢財，可是在該累積福德、修集福德時，還是應該歡喜的修集；所以萬一哪一天手頭上剛好不方便而無法行施，當他看見別人在修集福德時，應該要心生歡喜而言語讚歎。正確的心態非常重要：有人很想護持正法，可是因為沒有錢財，當他看見別人以大筆金錢護持正法時，心中覺得羞赧，所以希望別人護持少一些或者最好不要護持，那他心中就沒有壓力了！所以就故示好意：**「你還得要照顧自己的生活，別布施太多了！」**我也常常會講這句話，假使有人布施太多了，我就會說：**「你身邊可得要留一些，可別全部布施到同修會裡來。」**雖然他是來護持正覺講堂的，我還是這樣講。但我不是怕他布施太多了，使我心中有壓力；我從來都沒有壓力，因為我護持正覺的錢財比大多數的人都多，所以別人護持很多時，我都不會覺得心中有壓力，純粹是顧慮他未來的生活，所以教他要留一些老本。有人連老本都奉獻出去了，後來發現他以老本奉獻護持的道場，竟然是破壞正法的道場，心中眞的是很難過，因此我都會勸人留一些錢財在身邊，不要一次就全部拿出來護持。這不是因為心中有壓力，所以看見人家布施而心生不喜，勸他少布施一些。

但有的人忌妒別人家護持的金額比自己多，心中有壓力，所以就希望別人少護持一些，這樣的心態就不太好，會使自己的道業不容易增長。因此 佛交代說：「你既然畜養了在家弟子，如果你這個在家弟子有一天剛好手頭不便，不能像人家一樣布施，不要心裡有壓力，看見別人在布施時要隨喜。」隨喜雖然沒有福德，但有功德；勸人護持正法、利樂眾生，是有福德也有功德的。只隨喜而不勸人布施，口中歡喜讚歎：「你眞是大功德啊！未來果報無量無邊。」這樣心生歡喜而讚歎，也是有功德的。如果去勸請別人布施，或是勸募錢財來護持正法，則會增加了福德；也就是說，你去勸募來的那一些金額，未來世所得的福報雖然是別人的，但是他們將來要用那個福報時必須得要獲得你的同意，所以其中的一部分福德是屬於你的，因爲你在這件布施善行上用了許多時間與心力。這在後面經文中還會說到，暫時不談。在家菩薩教導了在家弟子這些法以後， 佛說：「這樣就是教他們不放逸法。」

佛又開示說：「在家菩薩如果能教誨在家弟子這些事情，師父與弟子兩人都將會得到無量的利益。」換句話說，在家菩薩所畜養的弟子只能有在家人，不可以有出家人。如果有出家人來跟你學法，但不是跟你共住，不是當你的徒弟，只是你的學生而不是你的弟子，才算是如法的；若是畜養爲弟子，那就不如法了！弟子、弟子：如弟、如子！才能叫作弟子。假使出家人來跟我學法，即使他只是凡夫僧寶，也不可以是我的弟子，他們仍然是 佛的弟子；只能是我的學生，但我只是輔佐 佛來教導他們，我不是收他們做弟子。這個分際，大家都要拿捏好。

【「善男子！在家菩薩若得自在，爲大國主，擁護民庶猶如一子；教離諸惡，修行善法；見作惡者，撾打罵辱，終不斷命。財物六分，稅取其一。見瞋惡者，教修忍辱及不放逸；輕言柔軟又能分別善惡之人，見有罪者忍而不問；隨有財物，常行慧施。任力讀誦五部經典，善能守護身命財物，能化衆生不令作惡，見貧窮者生大憐愍，自於國土常修知足，惡人讒謗終不信受，不以非法求覓財物。如法護國，遠七種惡：一者不樂摴蒲、圍碁、六博，二者不樂射獵，三者不樂飲酒，四者不樂欲

心，五者不樂惡口，六者不樂兩舌，七者不樂非法取財。常樂供養出家之人，能令國人常於王所生父母想，信因信果。見有勝己，不生嫉妒。見己勝他，不生憍慢。知恩報恩，小恩大報。能伏諸根，淨於三業。讚歎善人，訶責惡人。先意發言，言則柔軟。自無力勢，如法屬他；取他國時，不舉四兵。衆生恐怖，能爲救解，常以四攝而攝取之。善能分別種種法相，不受法者軟言調之。善男子！菩薩有二種：一者在家、二者出家；出家菩薩畜二弟子，是不爲難；在家菩薩，畜一弟子，是乃爲難。何以故？在家之人多惡因緣所纏繞故。」】

講記　在家菩薩如果能得自在，也就是於一國之中得自在，因爲他身爲國王，是一個國家的主人；他就應該擁護種種庶民，把人民視如自己的獨生子一樣來擁護他們；而且要教導他們遠離種種惡法、修行善法。如果見到有人做惡事，國王應該要有慈悲心，可以撾、打、罵、辱，但那是基於愛護的心情而處罰他，始終不願讓做惡的民庶斷命，終究不判死刑。假使他的庶民們有賺錢時，國王只能每年課稅六分之一；以國王擁專制政權而言，每年課稅六分之一，也算是合理的。假使有權勢的在家菩薩看見有人心地瞋惡，應該教他修忍辱行及不放逸行：瞋心者教他修忍辱行，惡心者教他修不放逸行。如果有些民眾，講話一向是輕言柔軟的，而且也能知曉善惡，有時候不小心犯了罪，當國王的在家菩薩要觀察了知這人是個心性很好的人，只是不小心而誤犯了，這時在家菩薩得要忍受下來，不要過問那人的罪行。身爲國王每年課稅而有財物，應該要常常施行有智慧的布施；換句話說，你既然身爲國王，財庫中常有很多財寶，所以能布施；但是對於外道及破壞佛法的人，只能布施飲食而不應以錢財護持他們，想要布施錢財時應該有智慧判斷：對於不利眾生的邪見、外道，不可以用錢財護持，只能施食，這就是慧施。

有些人布施時是很沒智慧的，種福田時也是亂種一場，後來甚至連毒田都種了，還以爲種了福田，還以爲來世會有大福。爲什麼叫毒田呢？因爲它戕害眾生的法身慧命；譬如有人否定如來藏而說緣起性空，使得一切法都無因而起、無因而滅，最後變成一切法空的斷滅空，連二乘解脫道的阿羅漢們所證的無餘涅槃也都成爲斷滅空無的境界。他們以這樣的斷滅空法而說般若，這種田並不是福田，而且正是毒田。他們把如來藏否定以後，使三乘菩提都成爲斷滅空的戲論，三界中最勝妙的眞實佛法被他們從根本加以破壞了，那你去種那個福田其實是種了毒田，因爲那是有毒的法，未來世收成的果實將會是毒果，吃了反而爲害自身，所以護持那些破法者就是造了破法的共業，未來世將會殘害自己墮落三惡道中。所以，否定如來藏而說的法都是有毒的邪法，他們都是破壞正法的道場，你去護持他們時都不是在種福田，而是造共業：是在支持他們破壞正法。所以 佛說布施時還得有智慧，不能亂布施。如果你去西藏密宗布施，不如去護持東密，乃至不如護持民間信仰，千萬不要去護持西藏密宗，因爲他們的法嚴重偏邪：始從結緣灌頂時，就已經是以雙身法的宗旨來爲你灌頂啦！修學中脈觀想的法，也是爲了與異性合修雙身法而作準備的；修到最後則是把所有修行實證都用到雙身法上面，把邪淫亂倫的淫觸境界當作是最勝妙的佛法，其實都是以外道法取代佛教正法！所以在他們身上種福田，事實上都是種毒田。

西藏密宗這個手法叫作李代桃僵：譬如有人喜歡李子，正好有一棵桃樹的根幹很大，他就把桃樹砍斷，再把李樹的枝枒插在桃樹的粗幹上，吸取桃樹的龐大養分而支持李樹開出茂盛的花、結出茂盛的李樹果實，桃樹就此僵化而不存在了，這叫作李代桃僵。西藏密宗就是以這種手段，以男上師與女徒弟雙身合修淫樂的外道法為內容，在不知不覺之間取代了佛教。他們千年來一直是以這種手段寄生在佛教身上，從來沒有停止過，現在也已經有超過一半的顯教法師們認同他們，公開承認西藏密宗外道的喇嘛教也是佛教了。好在每一個年代都有人在破斥西藏密宗邪法，雖然都沒有像我們破得這麼徹底，但也一直都有人在破；所以這棵佛教桃樹終究還沒有完全僵掉，還是從側幹長出一些新芽出來，這就是我們正覺同修會的法芽出生了！現在我們要把李子樹枝砍伐掉，要讓桃樹的新芽生長而重新再回復桃樹的本來面目。所以你若想要布施錢財給西藏密宗時，不如去布施給鬼神的十八王公、有應公、土地公，至少他們不會以外道法來取代佛教正法，他們並不破壞佛教正法。

西藏密宗是把眞正的佛教正法破壞掉了，你們把宗喀巴的《密宗道次第廣論》全部讀過就知道這是事實了！依照宗喀巴的指示，藏密喇嘛們從入門的第一灌開始，要先觀想「佛」父、「佛」母的交合受樂射精，然後觀想雙方的淫液從喇嘛的頭頂中脈頂端灌入，降到他的中脈底部性器官中，再流注出來灌入你的頭頂，這才完成灌頂的過程。他們用那種不清淨的東西爲你灌頂，你們想不想被灌呢？（大眾同答：不想！）傻瓜才會想要被灌呢！你看！宗喀巴他們從初灌開始就已經是邪淫的法了，後續的修行就可想而知了！只有沒智慧的人才會去護持他們。所以護持他們的人都不是種福田，而是種毒田、造共業。造了這個惡業的共業以後，未來世當然沒有福德可得，還要下地獄受罪。他們聽我這麼說，就說：「這蕭平實一天到晚用地獄來嚇人。」但地獄是我講的嗎？都是佛陀講的。佛說破壞正法的人是謗法、壞法者，那是地獄業，這可不是我講的，我只是引述而已。因此說，一切人布施時要有智慧，路上遇見比丘、比丘尼，隨便你供養哪一位，乃至供養到假出家人，都遠勝過供養密宗的活佛、喇嘛；因爲供養藏密上師以後不但沒有福德，還是支持他們造惡業，都有共業的；因此隨有財物時，應該常常實行有智慧的布施；佛特別指出是慧施，不是沒智慧的布施。所以諸位布施時應當有智慧：凡是破法者，不應當布施任何錢財去支持他們；因爲他們會把你布施的錢財拿去破壞正法，你便成就謗法、破法的共業了！不但沒有福德，還有惡業。如果他們只是來托缽，那你以食物供養就可以了，千萬不要以錢財布施而讓他們用來破法，否則布施以後反而倒楣呢！

如果在家菩薩身爲國王，自己也要讀誦五部經典。爲什麼說任力讀誦？因爲國王很忙，日理萬機；還有許多私事，三宮、六院、七十二嬪妃，當然忙死了！所以他只能任力讀誦，所以 佛不要求他每天很努力讀誦。當了國王的在家菩薩，還得要善能守護身命財物，因爲國王的生命隨時可能會喪失的，隨時都可能有宰相、下屬想要把他刺殺而自立爲王；甚至於要提防太子隨時會把他幹掉，取而代之。阿闍世王不正是這樣嗎？外國如此，中華之邦也是一樣，太子隨時可能把他的皇帝老子給幹掉，所以他要隨時守護生命；至於財物當然也要守護，所以皇帝常常有規矩，太子也不能隨便進入他的寢宮，要先得到他的允許，才可以入見皇帝；親爲父子，還是得要遵守這個規矩，因爲皇帝也要預防太子有所不軌啊！所以當了國王的在家菩薩一樣要有方便善巧來守護自己的身命和財物。而且還要能夠化度眾生，也就是要當轉輪聖王，讓他的國度中的眾生都不會做惡事。若是看見貧窮人時，身為國王，應該生起大憐憫心，要救護他們免於饑餓死亡。至於治理國家，這位國王菩薩應該對自己的國土常修知足之想，不要一天到晚想併吞別人的國家。

如果有人以不實的語言來進讒言，無根誹謗別人或是誹謗別的大臣，這位菩薩國王要有智慧，不可以信受。菩薩國王自己求覓財物時，不可以非法，一定要如法；換句話說，如果想要得到人家的寶貝，得要以市價買回，不可以憑仗權勢而以半價或更低價錢強買。還要懂得如法護國，要護惜自己的國家，也要如法的保護自己的國家不被侵略。

菩薩若是身為國王，除了如法守護國家以外，還要遠離七種惡事，第一、身為國王，不可摴蒲、圍碁、六博。摴蒲是牧豬奴——幫人家養豬的奴才——玩的石頭棋遊戲；圍碁就像是中國的圍棋，六博就是雙陸、擲骰子。骰子不是一、二、三、四、五、六的數字嗎？最大是六，都是以兩顆骰子丟擲比大來賭博，在中國古時就叫作雙陸。有很多人讀了禪宗公案，弄不懂雙陸是什麼？陸就是六，雙陸就是兩個骰子，都各有一個六點，最高分數就是兩個六，所以叫作雙陸，所以雙陸就是賭博的意思；中國古時也有人把這叫作六博。身為國王如果也玩這些遊戲，有失威儀，而且會荒逸了國事。第二、不可射獵——用槍、箭打獵。因為這樣是沒有慈悲心的，也是惡事。第三、不可樂於飲酒，不許對酒有貪愛，也就是不可酗酒的意思。若是開了國宴，不可嗜酒而喝得爛醉如泥，不酗酒、不貪酒。第四、不樂欲心，不要如同別的國王一樣三宮、六院、七十二嬪妃。第五、不可惡口：身為國王要有威儀，不可開口大聲吆喝罵人。第六、不要搬弄是非，以免失了國王的威信；有的國王、總統常常在搬弄是非，目的是想要讓兩虎相爭，他可以漁翁得利，但這是兩舌；凡是佛弟子當上國王的，都應該是轉輪聖王——鐵輪王，怎麼可以兩舌呢！第七、不樂於非法取財，課稅要課得有道理；想要取得民間的財物，也得要依照交易的規矩，提出相等的對價，不可仗勢無償取得。這是如法護國時不可犯的惡事。

此外，菩薩當了國王時，還要常樂於供養出家之人；因為出家人是修行人，國中修行人多的時候，國家就祥和了，沒有暴戾之氣，對國家是好的，對人民也是好的。還要教令國中人民，常常把國王當作父母；

在中國往往說縣長就是人民的父母官，當上了縣令以後，對轄下的子民應該如同子女看待，才是父母官；不可以因錢財魚肉縣民；同樣的，國王要教導他的子民，教他們把國王如同父母看待；當然他看待子民時也得要如同子女一樣。並且要教導人民相信因果，相信因果的人一定不會造惡事，不信因果的人才會造惡事；若是明知正法而又爲了名聞利養受損而故意誹謗正法，這個人一定不是深信因果的人；若不是深信因果的人，他的佛法證量當然不會很高，甚至於根本就沒有絲毫的證量。因爲深信因果是修證佛法基本的條件，不信因果的人連佛弟子的基本條件都沒有，哪有什麼證量可說呢？這個人一定還是新學菩薩！若是新學菩薩，證量當然不高。

身爲國王，看見國中有超勝於自己的人，不應該生起嫉妒之心；若看見有人不如自己，心中也不會出生憍慢之心，這是律儀戒；如果不這樣，就會讓人覺得國王很輕佻、心胸狹窄。而且要知恩報恩，知道別人對自己有恩時，要懂得報恩；假使別人對自己有小恩，事後得要有大的回報，因爲是國王，廣有資財，而且於國土內皆得自在，所以應該做比較大的回報。在道業上，要能降伏自己的六根，而且身口意三業應該要清淨，不然就不能要求他的子民三業清淨了。對於國內的善人，應該要讚歎表揚；對國內的惡人就必須加以訶責，不許他再造惡事。

當了國王的在家菩薩，應當要知道別人心中正在希望什麼，不必等到別人開口來向他求，他應該在別人開口之前就先起布施的意念，詢問對方是不是需要什麼物事？發問時還得要以柔軟音來講，也不該帶著絲毫輕蔑的心態。在政治上面，如果國力不如別人，可能被人吞併時，就應該當強國的附庸，以免被併吞時發生戰爭而生靈塗炭；如果自己的國家很有勢力、軍力強盛而應該要攝取別的國家時，應該不必發動四種兵士——所謂馬、象、步、車四等兵；也就是說，應該要以威德來攝取別的國家，不要用戰爭的手段去殺伐，以免傷害眾生，這是從很強盛的一國之主來說的。如果眾生有恐怖時，能爲眾生解脫恐怖，加以救濟，解除眾生的苦難；然後常以四攝法的布施、愛語、利行、同事來攝取眾生，讓眾生可以安心的依止。還要善於分別種種的法相，並且要爲眾生詳細分別、解說。如果有的眾生不能信受、不能安忍佛法，應該以柔軟的語言來調伏他們，使他們信心具足。這就是一個身爲國王的在家菩薩應該要注意的地方。

接著 佛說，菩薩有兩種：一種是在家菩薩，第二種是出家菩薩；出家菩薩畜養在家與出家兩種弟子，沒有什麼困難；但是在家菩薩即使僅僅畜養一位在家弟子都很不容易。因爲出家菩薩成立了道場，憑著 佛的法衣威德，憑著自己的善心與佛法正見，要畜養在家、出家的二眾弟子並不爲難；可是在家菩薩沒有法衣的威德，即使只是畜養一位在家弟子都很不容易，因爲在家之人總是會有許多的惡因緣纏繞著他。惡因緣當然是指多方面的，除了沒有法衣而遭受到眾生的不恭敬以外，也還有許多未悟及錯悟法師的污衊、侮辱、誹謗、否定等事相產生。所以，在家菩薩畜養一位在家弟子都很不容易，何況是廣畜眾多在家弟子？

〈受戒品〉第十四

【善生言：「世尊！在家菩薩云何得受優婆塞戒？」「善男子！在家菩薩若欲受持優婆塞戒，先當次第供養六方：東方、南方、西方、北方、

下方、上方。言東方者即是父母，若人有能供養父母：衣服、飲食、臥具、湯藥、房舍、財寶，恭敬禮拜，讚歎尊重，是人則能供養東方；父母還以五事報之：一者至心愛念、二者終不欺誑、三者捨財與之、四者爲娉上族、五者教以世事。」】

講記　善生菩薩又爲我們請問：「在家菩薩要怎樣才能受得優婆塞戒？」受戒者不一定能得戒，要如法才能得戒；若不如法，受了戒規時仍然得不到戒體。佛開示說：「善男子啊！在家菩薩如果想要受持優婆塞戒，應當先依照順序來供養六方，就是東南西北下上六方。」《優婆塞戒經》一起頭就說六方，是從外道的供養六方作爲緣起，才開展出這一部戒經的。因爲善生接受他父親的教導，說要供養六方；後來有緣面見　世尊而提出請問，所以　世尊爲他解說不同於外道的六方。

首先講東方，東方是指堂上二老，大家都有的高堂父母。如果能以衣服、飲食、臥具、房舍或者生病時以湯藥供養父母，乃至有能力的人以財寶供養，並且要恭敬禮拜、讚歎尊重，才是如法的供養東方，具備了受戒的第一個條件。佛門中常常有這樣的在家弟子：剋扣父母的供養而去外面布施，這是假名布施，後面 佛會說到。眞修布施的人，應當剋扣自己的享受來布施，對父母的供養絕對不該減少。學佛之後，對父母應當更懂得恭敬禮拜、讚歎尊重；可是有些人學佛十幾年了，我看是沒有學進去：因爲父母來了，他並不恭敬；公公、婆婆來了，也不恭敬奉侍；泰山、丈母娘來了，也不恭敬探問，全都不看在眼裡，當然更不可能禮拜了。並且有人還到處去講：「**我公公、婆婆多壞！**」有的人到處去講：「**我那個泰山好可惡！**」這不但不是讚歎尊重，反而是侮辱了。像這種人，縱使他有衣服、飲食、臥具、湯藥、房舍、財寶供養，仍然稱不上如法的供養，還要有恭敬禮拜、讚歎尊重，才算是如法供養，因爲這是從心中產生的善法。心中沒有善意，專做一些表面功夫，那是沒有意義的，表示這個人不能供養東方，沒有受戒的第一個條件。

子女供養父母以後，父母要以五種事情來回報：第一、應該至心愛念；子女這麼用心的恭敬供養，父母當然應該要疼愛子女。第二、不應該對子女有所欺誑；有的父母貪得無厭，明明知道兒子或女婿一個月就只賺那麼一點錢，他卻老是嫌少，想要多搾一些過來，這就是有所欺誑；

所以他每天喊窮：「你給我的錢，我總是不夠用。」其實他都積聚起來，這就是欺誑。第三、應當要捨財與之，子女每個月都供養他，父母不該全都積蓄起來；當子女有困難時，就該拿出來幫助。第四、子女長大了，要爲他說媒、婚嫁；說媒婚嫁時別爲了省錢就隨便找個沒人要的婢女娶回來，或是把女兒隨便嫁給苦命的長工，應該盡量爲他婚聘上族。第五、還要教導子女嫻熟世間法上的種種事相，要讓他懂得人與人間的應對，所謂人情練達，這是父母應該回報子女的五件事。

【「言南方者即是師長，若有人能供養師長：衣服飲食臥具湯藥，尊重讚歎恭敬禮拜，早起晚臥、受行善教，是人則能供養南方；是師復以五事報之：一者速教不令失時、二者盡教不令不盡、三者勝己不生妒嫉、四者將付嚴師善友、五者臨終捨財與之。」】

講記 東方供養完了，接下來要供養南方。以北半球來講，南方是溫暖之地、和煦之方，所以南方代表師長，師長是教授我們謀生技能、學識等，一般而言會比較關心我們的世俗生活，所以是比較和煦的。如果能以衣服、飲食、臥具、湯藥來供養師長，並且對師長尊重讚歎、恭敬禮拜，而且奉事師長時是早起晚睡、受行善教，這樣就是能供養南方的人。師長要以五件事情來回報：第一、把自己所知道的法義都迅速的教導弟子，不該在弟子學到某一個階段而應該往上進修時，卻推託拖延、不肯教導，否則就是失時。

第二、教導法義時，不可處處都有所保留；假使每一代傳法者都處處保留，傳到最後，法將會散失殆盡而無法傳承下去了。武術界常常有這種現象：師父對徒弟永遠保留著最後一招而不傳授，每一代都保留一招，到最後妙招都失傳了，他這一派就不可能發揚光大了！他們的想法是：如果不這樣的話，哪一天徒弟反叛時就會遭殃。有個故事說：師父傳了劍術以後告訴徒弟：「我全部都教給你了，你現在是天下第一劍了，可以出去闖江湖了。」徒弟闖江湖以後，證明自己眞的是天下第一劍，後來他想：「可是我的師父還在人間，我是隨他學來的，所以師父永遠是第一劍，我永遠是第二劍！」就回來找師父比武，師父雖然不肯，到最後還是被逼得比武起來了，比到最後，徒弟用絕招一劍刺來，看來似乎一定會斃命了，可是師父一張開嘴，就把劍咬住了；徒弟嚇了一跳說：「師父！你這一招怎麼沒有教我？」師父說：「我如果教你了，今天還有命嗎？」這是武術界的一個傳說，應該也是事實。但是在佛法中，不應該是這樣的；佛法中只有學不來的徒弟，不該有不肯盡教的師父。

我一直遵守這個觀念，所以常常被人家背地裡笑說：「這蕭老師很笨，幾句話就把密意套出來了。」有時候又說：「我問一樣，他給我三樣，好笨！」但這不是笨，因爲我有這個正確的心態，所以法才會讓人家學不完。如果有人不是這個心態，處處都要保留一手，那我告訴你：這表示他心中可以讓你學習的法義太少了，所以不得不要處處都保留一點。假使有很多妙法讓人家學不完，譬如存貨很多，讓人家買不完，又何必要處處保留呢？有人說：「開飯店的，不怕你能吃；只要你有錢，能吃多少，我都給吃。」意思就是這樣。如果他限制你一次只能買多少，我告訴你：他的存貨一定不多。所以爲師者，除了速教不令失時以外，教導時還要盡教，不可以處處保留而不肯教。

師長對弟子的第三個回應：如果跟他學法的徒弟，後來青出於藍而且更勝於藍，師長心中不該妒嫉；應該像老塾師、老學究一般，座下出了個狀元學生，他心中非常歡喜。同樣的道理，我也一直盼望有一、二人乃至十人（若有一百人就更好了），有一天都能超過我，那麼 世尊的正法就可以安隱無憂，我隨時都可以走，走時心中將很快樂，都不必擔心牽掛著 世尊的正法能不能永續流傳。菩薩若是當人家的師長時，都要有這樣的心量：弟子勝過自己時不生妒嫉。但是你們不可以如同退轉的人把錯誤的法來毀謗正法，口中卻叫我不要妒嫉。我不會妒嫉的，但是我會破斥你，因爲你的法錯了，層次很低，沒有資格能使我妒嫉；但是誤導了眾生，我就要破斥你，這兩件事情不可以相提並論的。第四、自己的法都傳完了，沒有其餘的法可傳了，就應該要把弟子轉付給其他的嚴師善友，不可交給隨便唬人的老師；而且還要有善友來督導他，不要讓他荒廢放逸。第五、師長一生受他供養，既然沒有兒子，臨終時當然就該把所有財物交給徒弟。

【「言西方者即是妻、子，若有人能供給妻、子：衣服飲食臥具湯

藥瓔珞服飾嚴身之具，是人則是供養西方；妻子復以十四事報之：一者所作盡心營之、二者常作終不懈慢、三者所作必令終竟、四者疾作不令失時、五者常爲瞻視賓客、六者淨其房舍臥具、七者愛敬言則柔軟、八者僮使軟言教詔、九者善能守護財物、十者晨起夜寐、十一者能設淨食、十二者能忍教誨、十三者能覆惡事、十四者能瞻病苦。」】

講記　西方是指太太與子女，女眾菩薩則是丈夫與子女。若有人能供養妻、子：衣服、飲食、臥具、湯藥、瓔珞、服飾、嚴身之具。換句話說，如果有錢財，應該供養妻子行住坐臥所需，並且包括項鍊、戒子、手環都得要供養，乃至瓔珞等物，因爲這些都是嚴身之具；若是沒錢，那就例外。如果她不願意受這個供養，希望勤儉持家，那你就不必勉強，樂得省下來；如果她願意接受，就得要供養；對於子女的供養也是不可少的，這是在家菩薩想要受戒的條件之一。能這樣做，就是供養西方；所以對子女，也應當供養他們，讓他們具有與人來往的水平。

身爲人家的妻子、兒女，也要有十四件事情來回報。當然這是依當年在印度的時空背景而說的，當時的女人是沒什麼人權可說的，二千五百年前的印度，女人是屬於男人的財產；如同基督教《聖經》講的：「夏娃只是亞當的一根肋骨。」所以當時男人生活困苦時還可以把妻子賣掉，或者是布施掉。現在是平權了，甚至於女權往往還高過男權呢！在那個時空背景下，生活四事都由丈夫供養，所以妻子、兒女要以十四件事情來回報丈夫、父親：

第一、凡有所做，必須盡心的經營，不可漫不經心、交差了事。第二、要常常做該做的事，不可荒廢。第三、凡有所做，一定要完成；有些人每件事情都要攬去做，結果都是做一半就擺著，永遠沒有一件事情做完；爲人妻、子不可以如此。第四、做事時不拖泥帶水，在該做完的時間之前把它完成。第五、還要常常幫忙丈夫瞻視賓客，有人來拜訪時，應該常常去瞻視，看看是否需要補充茶水或者其餘物品。第六、要爲丈夫清淨房舍與臥具。第七、要愛敬丈夫，說話時應當柔軟，不可大呼小叫、使性子。第八、對於使喚的僮僕、使人，凡是有所吩咐時，應該以柔軟語來教導、提示。第九、要能善於守護財物，不把丈夫所交代的財物隨意亂花。第十、要早起晚睡，這個是印度當時標準的婦德。第十一、要能施設清淨的食物，到了該飲食時準時奉上。第十二、要能忍受丈夫的教誨。第十三、要能爲丈夫隱覆他所做過不好的事情。第十四、當他有病苦時要能看顧他；這十四件事情是西方妻子應回報在家菩薩的事。

【「言北方者即善知識，若有人能供施善友，任力與之，恭敬軟言，禮拜讚歎，是人則能供養北方；是善知識復以四事而還報之：一者教修善法、二者令離惡法、三者有恐怖時能爲救解、四者放逸之時能令除捨。」】

講記　北方就是善知識。北方與南方的師長有些不同：南方的師長主要是在世間法上教導，使受學的在家菩薩賺取生活資源，是比較溫暖的；北方則是佛法上的善知識，是比較嚴肅而一絲不苟的，是比較冷峻的，所以是北方。也就是說，對於善友——善友是能教導你正確的修行方法——亦師亦友，故名善友；這不單指師父，有時他甚至扮演你最親密的、可以講悄悄話的好友角色，所以說「師父！師父！如師如父」，父子之間沒有事情是不能談的，因此善知識「亦師亦友」。如果要供養北方——供養善知識——應該要供養布施衣食住行種種所需，隨著你的能力而作供養；而且還要有恭敬於善知識，對善知識說話時要柔軟，並且要禮拜和讚歎，能這樣做的人就是能供養北方的人。

善知識受了供養，應該以四種事情來回報：第一、要教導他修習種種善法。第二、要教導他遠離種種惡法。如果他的弟子修學善法不如法、或者不肯學，身為善知識，要教導他好好的去修學。如果學法時學到惡法了，善知識應該要分析惡法的眞相，讓他理解，教導他離開惡法。第三、如果這弟子有恐怖時，要能救濟而使他解脫於恐怖。第四、當弟子放逸時，應該要教他把放逸心、放逸行為除掉。

【「言下方者即是奴婢，若有人能供給奴婢：衣服飲食病瘦醫藥，不罵不打，是人則能供給下方；奴婢復以十事報之：一者不作罪過、二者不待教作、三者作必令竟、四者疾作不令失時、五者主雖貧窮終不捨離、六者早起、七者守物、八者少恩多報、九者至心敬念、十者善覆惡事。」】

講記　下方是指奴婢。現代沒有奴婢，古時候有：有的人因爲家窮，所以賣身爲奴、爲婢。男人賣身做人家的長工就是奴，女人賣身做富人家中永遠的女僕就是婢。如果有人能供給奴婢：衣服、飲食、病瘦、醫藥，並且有慈悲心，不罵也不打，都用溫言軟語教導，這個人就是能供給下方的人。身爲奴、婢，要以十種事情來回報：第一、不做有罪的事，也不做有過失的事。第二、不必等到主人指令時才做事，而是看見什麼事情沒有人做，但應該有人做，就主動去做。第三、凡有所做，一定會把它完成，不會做到一半就放棄了。第四、做事時不拖泥帶水，很迅速的做完。第五、主人以前有錢，後來家道中落而貧窮了，也不會捨離這個主人，有情有義。第六、要早起，也就是說不懈怠、不偷懶。第七、要善爲主人看守家裡的財物。第八、即使主人施給自己的恩德不很多，身爲奴、婢，因爲在以前賣身時，主人爲我們解救了大急難，所以這時還是應該要多回報。第九、應該至心的敬念，常常設想：主人有什麼需要我們幫忙的？第十、要善於爲他隱覆不小心而做的惡事。

【「言上方者即是沙門、婆羅門等，若有供養沙門、婆羅門：衣服飲食房舍臥具病痛醫藥，怖時能救，饉世施食，聞惡能遮，禮拜恭敬，尊重讚歎，是人則能供養上方；是出家人以五種事報：一者教令生信、二者教生智慧、三者教令行施、四者教令持戒、五者教令多聞。若有供養是六方者，是人則得增長財命，能得受持優婆塞戒。」】

講記　上方當然是最尊貴的，上方講的就是沙門與婆羅門等。沙門是講佛法中出家修道、利樂眾生的人；婆羅門是講外教的在家修行者。沙門，有時廣義的說，也可以指稱外道法中出家修清淨行的人；但因爲外道法中無沙門法，所以其實沒有資格稱爲沙門。如果有人以飲食、衣服、房舍、臥具、以及醫藥來供養沙門與婆羅門，當他們有恐怖時，譬如有惡人來逼迫，身爲在家修菩薩行的人，應該要能爲他們救濟；若逢饑饉之世——鬧飢荒時——也應該能以飲食布施給沙門與婆羅門；聽聞到沙門、婆羅門有惡事時，也不加以宣揚，能夠爲他們遮掩；並且能禮拜恭敬、尊重讚歎，這樣就是供養上方。

出家人應以五種事情回報：第一、要教導這個供養上方的人，對出世間法產生信心。第二、要教導他出生智慧。第三、要教導他如法的實行布施。第四、要教導他懂得如法持戒。第五、還要教導他懂得修學多聞。出家人應該如此教導供養他的弟子們。

但是這五法，不容易達成。現在的出家人，大部分只能隨分而教，因爲要教導眾生對佛法生信，這是不容易的。《優婆塞戒經》主要還是在佛法上說，所以教導在家徒眾們生信的，當然是對佛法的生信而說。但是現在有很多人對佛法越來越沒信心了，通常是學佛一年，信心具足，覺得佛法都懂了；學到第二年時開始有些信心動搖了，覺得還有很多佛法仍然不懂。到了第三年以後就會這樣說：「唉呀！二乘佛法是要解脫證果，**大乘佛法是要親證法界的實相。根本是一點兒把握都沒有。**」信心都失掉了，這是今天全球佛教普遍的現象。只有一個例外，就是西藏密宗：因爲他們在佛法中並沒有任何修證，只是一念不生就認定開悟了，以這種意識境界爲你印證：「**你已經成就顯教佛了。**」他們信心滿滿，可是詳細加以探究的結果是：藏密法王與喇嘛們根本不在佛法裡面，誤會眞大。只有西藏密宗等不知佛法者才會具足信心，可惜卻不是正信。至於眞正在學佛法、懂得佛法的人，都是越學越沒有信心的；所以現代的出家人想教導眾生具足信心，這很困難。這是大家要很注意的地方，因爲佛教能不能越來越興盛，就看這一點。

第二、要教導在家弟子們出生智慧。智慧很不容易出生，因爲這裡講的智慧是指三乘菩提的智慧；可是，到末法的現在，即使二乘菩提的眞正智慧都已難可得聞，更別說是看見有人實證了，所以智慧的出生也很困難；連出家人都不懂二乘菩提的智慧了，何況能知大乘菩提的智慧？更何況能教導在家弟子出生智慧？這是目前佛教界的危機，有待於諸位的努力。諸位有了智慧以後，就可以從點變成線，從線變成面，這樣佛教的智慧實質才能繼續，並且廣大的存在而利樂更多有情。

第三、教令行施，這更重要。因爲有時布施種功德，往往布施給破法者而變成造作惡業的共業。很多人說：「助印經書有十種功德。」但其實不是所有助印經書的人都有十種功德，甚至於有許多還得到反面的效果，要負破法的共業。假使助印的是眞正的佛經，就有大功德；萬一助印了西藏密宗的密續，那都是以雙身法爲主幹的外道法，自始至終都是以外道雙身法爲中心而宣講、修練的法，助印了他們的邪淫書就是在幫他們害人、幫他們誤導眾生，當然是惡業的共業。如果有人說：「我的法是可以幫助人明心見性的。」可是他證悟內容就是離念靈知，而你幫他助印出來誤導眾生，也是造了惡業的共業，因爲難免會害人大妄語。

大約二十年前，馬來西亞有位法師寫書說：「如果你打坐能一個小時都不起妄念，那就是小悟；如果能兩小時、半天以上都不起一念，那就是大悟。」這本書是很有名的百年老店商務印書館印行的，大眾隨著信受了，就會犯下大妄語業。假使有人想做法布施，買了很多他的書到處流通，結果是在幫他害人大妄語，一定會使更多人把意識心一念不生認定爲開悟境界；迻得越多，大妄語的人就跟著越多，這個布施就成爲不如法的布施；不但沒有功德，反而成就害人的大惡業。這樣的布施，當然對自己不利。如今連出家人都不知道這只是意識常見境界，卻寫出這種書來害人大妄語，又如何能教在家弟子們正確的實行布施呢！

出家人有義務要告訴你：如果有人寫出來、印出來的書是破壞正法、譭謗正法的，你助印而大量流通，不但沒有福德、功德，還要肩負謗法的共業。所以出家人對於在家弟子的布施，應該要很謹愼的教導：布施一定要小心，不可幫助破法者。我有時會說：「你若想要供養西藏喇嘛，倒不如去供養任何寺院中不識字的老比丘、老比丘尼，雖然他們只會念阿彌陀佛，你供養他們都有大福德；可是供養了西藏喇嘛，他們一天到晚都是以雙身法爲中心而修，也這樣誤導眾生；你去供養他們、幫助他們擴大誤導眾生的層面，就要與他同負共業。所以不如供養老老實實在念佛的老比丘、老比丘尼，至少還會有來世的大福德。」所以，布施時要有智慧，不要跟著無知的人把錢亂撒；把十公斤黃金丟到水池裡不會有事，可是如果把十公斤黃金要丟錯了地方，丟到藏密去、丟到應成派中觀去，那你未來無量世可就倒大楣了，會因爲與雙身法的藏密結了深緣而成爲與他們世世相處共修的邪道人士，也會成就破法的共業；因爲他們的法是外道法，是在否定第八識如來藏的，正是謗菩薩藏的一闡提人。所以布施很重要，後面 佛會特別講到布施的因果。一切沙門都有義務教導隨學者修布施行，但也有義務教導在家弟子在布施時不可施給破法、謗法的出家人、在家人、外道法。

第四、沙門要教導在家弟子持戒。這持戒要持好，不容易。很多人受了戒以後，一天到晚在犯戒時都沒有警覺到。有人很喜歡轉述消息：「某甲！某乙昨天說你……，你要小心喔！」又向某乙說：「某甲昨天說你……，你要小心！」這其實是兩舌：一件事情說兩樣話。有時一件事情不是講成兩樣，而是講成兩段：只把前半段對某甲講，只將後半段向某乙講，結果是某甲與某乙隨後就起衝突了，這也是犯了十重戒之一，這種事情很常見。有的人被誤導而起慢，或是剛才明心而沒有被告誡，就開口說大話：「**我知道大圓鏡智了！我已經證得了！某乙懂什麼？根本無法勝過我**。」十重戒又犯了：大妄語加上自讚毀他。這種事情太多了，那些藏密上師才只證得一念不生境界，就說他們有大圓鏡智了。所以持戒想要持得好，還眞的不容易，還得要先了解戒相，並且要如實理解證境，還得加上謹慎小心。上方的出家人受供養以後，要能好好傳授戒法，把戒的精神與實質都講清楚，如此回報在家菩薩的供養。

第五、要把法儘量傳給在家弟子，使他得到多聞的利益。多聞以後就不會寡聞少慧，寡聞少慧的人常常會犯一個過失：「**聞所未聞法，而不能忍。」接著就開始毀謗。譬如現在（2003年末）大陸最有名的西藏密宗上師就是索達吉，正因爲我書中寫出很多法義都是他沒聽過的，不能信受，就私下評論說：「都是蕭平實自己說的。」其實是經上也有、論上也有記載的勝妙法，只是他讀不懂，以爲經論上都沒有說過。等到我寫了出來，他沒有聽過正確的講解，所以就開始毀謗了。這就表示他不曾經過多聞的修行階段。所以大陸有位很有名的佛學教授，有一天人家問他說：「索達吉寫的書公開印出來罵了，蕭平實怎麼不回應？」其實我們是要回應，不是不回應，只是時間還沒有到，因爲我們預定四月底才會出版；但是他們不知道，就去問，教授說：「他們兩個人不是同一個層次的人，回應他做什麼？」一句話就解決了。這就是說，能不能多聞，是很重要的；少聞寡慧的人遇到聞所未聞法，聽了心裡不能生忍，多數是會毀謗的。這一毀謗，問題就大了，因爲凡是聞所未聞的法一定是很勝妙的法，一般性的法義當然會常常聽到：苦、空、無我、無常、六度、四聖諦、八正道、十二因緣，這都是常常會聽到的，常會聽到的法就是一般性的佛法；但是聞所未聞的一定是勝妙法，除非是胡思亂想而隨便發明的，譬如「眞如能出生阿賴耶識心」，又如西藏密宗樂空雙運的雙身淫樂閨房藝術，說是最勝妙的成佛之法，都是妄想創造出來的；眞正的聞所未聞法通常是極勝妙法，毀謗了以後問題就會很嚴重。假使能多聞，就會漸漸深入前所未聞的深妙法，就不會因爲以前沒聽過而出言毀謗，所以多聞很重要。甚至於有些經典在破參以後都還讀不懂，所以聞所未聞的法其實很多，不要輕易評判。

我以前也說過很多次，我當年明心與見性兩關都過了，但是時經兩年，《成唯識論》還是讀不懂，一直到《瑜伽師地論》、《解深密經》、《楞伽經》讀過而且領解眞義，把佛法貫通以後再回來再看《成唯識論》：懂了！可是讀不懂的人卻會自以爲眞的懂了！有人說自己能讀懂，有那麼厲害嗎？其實都沒有那麼厲害啦！而且所謂的貫通，不是只憑意識思惟而在文字層面理解，還要眞正的探究到　佛講的是什麼，然後才有資格回來讀《成唯識論》，所以不是那麼簡單的事情；因爲我們講的懂，是指實際證驗而不是理解，所以說多聞是很困難的。

但是多聞大有意義，因爲如果眞的多聞，一開口說法，法義滔滔不絕；寫書也一樣，可以廣引博徵，寫出很微細的法義出來。將來你出來弘法時，就沒有人敢來跟你踢館了。據說在網站上把涅槃點出來看，結果解釋涅槃最多的是咱家，從來沒有人把涅槃解釋過這麼多的。解釋多了其實不稀奇，但是解釋多了往往會互相衝突、前後衝突；可是我講的涅槃雖然多，卻不會互相衝突、前後衝突，這都從往世的多聞加上此世的證悟來的。如果眞的多聞，當你把法的中心掌握住時，將來就可以觸類旁通。如果沒有多聞，就算眞悟了，所知也只是局部而有限的。假使多聞，在禪三破參了，你就懂得整理；不能多聞，在禪三裡面破參了，不懂得整理，照樣會被我打回票。雖然證悟了，照樣得不到我的印證，因爲我們的標準提高了，不像以前知道如來藏的總相就可以被印證了，所以多聞很重要。

但是身爲法師，要讓在家徒弟們多聞，其實並不容易；因爲自己先要有證量及很多的觀行，才能做得到。所以出家人以這五種法回報時，在家弟子們都應該感激涕零：師父教我這麼多，我的供養始終都不夠，所以眼淚一直流，鼻涕也跟著下來。我們過去世出家當人家的徒弟時，總是感激涕零，看待師父時根本就與生養自己的父母完全沒有兩樣，不敢稍有異心。不論師父打或罵，都是安分守己的認錯，不敢心中生起念頭說：「師父今天打我，打得過分了吧！」從來不敢起這種念頭，我們世世一直都是這樣的。如果不是這樣，你就沒有資格自稱是人家的弟子。往世，不管誰供養什麼來，我總是先供 佛，供 佛撤下來就一定送到師父那邊去，不是自己先留下一些，因為感激都來不及了！對法身慧命的父母，怎可能生起不好的心態？所以身為人家的出家弟子，師父把正法密意傳給你了，當然應該對出家師父感激涕零。

東西南北上下六方的供養，以及受供者該有的回報都講完了，佛又說：如果有在家菩薩能這樣供養六方，他一定會增長財物與壽命，並且有資格受持優婆塞戒了。想想看：受持優婆塞戒真的很不容易。大家摸摸自己的良心看看：有沒有資格受這個戒？可是這優婆塞戒還只是一世受而已，還不像地持、梵網、瑜伽所受的菩薩戒，都是盡未來際受持的。這個優婆塞戒只是盡形壽受持而已，都得要有這六個條件：已經供養六方。換句話說，不孝父母，苛待妻子、兒女、家人，不肯供養師父、師長，這種人沒有資格受持菩薩優婆塞戒。至於《地持經》、《梵網經》、《瑜伽論》所講的菩薩戒，是出家及在家都可以受持的，乃至黃門、兩根都可以受，若是畜生而聽懂法師解說戒法的也都可以受。但是優婆塞戒只限人類才可以受，你還得要是男人而符合六個條件，如果被眾人責罵：「你眞不是人！太惡劣了！」那就沒資格受持了！因爲一定是不能供養六方的人，當然沒資格受持。既然如此，依照瑜伽、梵網、地持所講的盡未來際受的菩薩大戒，當然受戒條件應該要更高。

【「善男子！若人欲受優婆塞戒增長財命；先當諮啓所生父母，父母若聽，次報妻子、奴婢、僮僕；此輩若聽，次白國主；國主聽已，誰有出家發菩提心者，便往其所，頭面作禮，軟言問訊，作如是言：『大德！我是丈夫，具男子身，欲受菩薩優婆塞戒，惟願大德慜憐故聽受。』」】

講記　資格已經具足，供養過六方，現在要正式受優婆塞戒了，應該要如何受戒？先講過程：想要受優婆塞戒來增長財命者，應當先向父母諮啓，父母如果允許了，接下來要向你配偶、子女徵求同意；這是因為你受戒以後，會導致他們侍奉你的方式都會有許多改變，需要他們配合，所以要徵求他們的同意；他們不同意，你持戒的清淨行就會有許多麻煩。譬如受戒後不殺生，所以不吃眾生肉，也不喝酒；他們卻每天奉上大魚大肉及種種酒來，你可就麻煩了，所以要次報妻、子。並且奴婢、僮僕也都要溝通過，讓他們起歡喜，才不會在你受戒之後，做事時常常讓你為難。這些人都沒有意見了，還要再向國王報備。國王也允許了，才探詢已經出家、也發了菩提心——已發菩薩願的僧寶，請求他傳授優婆塞戒與你。

這表示傳授一生受的菩薩優婆塞戒傳法師，與傳授盡未來際受持的梵網、地持、瑜伽菩薩戒法師並不相同；一生受的優婆塞戒傳法師，必須是出家身的法師才可以傳授；但是盡未來際受的梵網……等菩薩戒傳法師，沒有限制是出家身的法師，在家身的法師也可以傳授的，所以律部的《菩薩瓔珞本業經》卷二，佛開示說：「若有人欲來受者，菩薩法師先為解說、讀誦，使其人心開意解、生樂著心，然後為受。又復法師能於一切國土中教化一人出家受菩薩戒者，是法師其福勝造八萬四千塔，況復二人、三人乃至百千，福果不可稱量。**其師者，夫婦、六親，得互為師授**；其受戒者入諸佛界菩薩數中，超過三劫生死之苦，是故應受。有而犯者勝無不犯，有犯名菩薩，無犯名外道。」這意思是說，盡未來際受的梵網……等菩薩戒，只要以前曾受過而有戒體存在，並且懂得爲人解說菩薩戒的人，不論身爲出家或在家，都可以當菩薩戒法師而爲人傳戒。佛還特別說明：夫婦之間、六親之間都可以互傳。若是師徒之間——特別是已經證悟的人傳戒給學徒——就更沒有問題了！

想要受菩薩優婆塞戒者，必須由出家法師爲他解說及傳授菩薩戒，在家身的菩薩即使證量高到等覺位，也不許爲人傳優婆塞戒；因爲這個戒法是爲了將來出家而成爲出家菩薩，所以才預受的戒法，不是通在家與出家菩薩的。找到適合的出家法師時，就向他頭面作禮，請求傳戒。頭面作禮並不是普通的禮拜，而是頭面接足禮。我這一世曾經行過一次頭面接足禮，可惜的是對象是凡夫，他反而被我嚇到了。這個頭面接足禮，在你禮拜時，要把額頭放在他的腳掌上面，然後雙手輕輕的碰觸包住（不可以抓住），包住他的腳後跟，這是古印度正規的頭面接足禮。

禮拜完了起身，要以柔軟的語言問訊。問訊是開口請問：「大德！近來身心輕利否？遊步康強否？眾生易度否？道場事務順利否？」請問這些事情就是問訊。所以問訊並不是彎腰作個手勢，那手勢不曉得是誰發明出來的，現在且不管它；既然大眾都這樣用了，我們就暫時沿襲著用，但其實這不是眞正的問訊。在原始佛教經典中，乃至大乘經典中都如是，所以問訊是要向對方請問近來的狀況好不好？是訊問近況的意思。

法師回答說：「都還好！都不錯！」然後你才可以開口要求：「大德！……」大德這兩個字不能隨便用，如今大德二字與和尚二字都被濫用了，老師兩字也被濫用了。大德是說：至少要證果，在大乘法中至少要斷我見及明心了，才可以被稱爲大德。現在寺院寄給所有信徒的郵件都稱呼爲大德，好像每一個信徒都已證果了！這是不正確的。「和尚」是對自己的親教師，或者對自己的得法上師才可稱呼的；你得法是從誰得法，他就是你的得法和尚，也就是根本上師。在正法時期，佛在世時，只有一位和尚，就是佛陀，餘人都不可被稱爲和尚。「老師」是很尊貴的稱呼，不能隨便使用；古來禪宗叢林沒有幾人敢自稱老師的，必須是證悟很久，而且是名聞諸方，大家公認的，才能被稱爲老師。一般證悟的禪師都不敢稱老師的，所以古來自稱老師的，大約只是南泉、趙州、睦州等人，沒有幾位；現在則是老師滿天飛，到處都是老師。所以老師、和尚、大德三個名稱都不可隨便亂用。這裡稱他爲大德，是說你要隨他受戒，當然要尊稱他爲大德，他是你的戒師，將來也是你的軌範師，所以尊稱爲大德；接著表示：「我是丈夫，具男子身。」因爲優婆塞戒要是男子身才能受持，所以要先表明：「我是丈夫，具男子身。」好在我們即將要傳的菩薩戒是依地持、梵網、瑜伽論的軌範與精神來傳授的，所以不單是人受戒，傳戒時也會有鬼神同時受持，不限制資格。表明是男子身以後又說：「我想求受菩薩優婆塞戒，希望大德您憐愍我；以憐愍我的緣故，接受我來受菩薩戒。」既是優婆塞戒，當然是在家男子戒。

【「是時比丘應作是言：『汝之父母、妻子、奴婢、國主，聽不？』若言聽者，復應問言：『汝不曾負佛法僧物、及他物耶？』若言不負，復應問言：『汝今身中，將無內外身心病也？』若言無者，復應問言：『汝

不於比丘、比丘尼所作非法耶？』若言不作，復應問言：『汝將不作五逆罪耶？』若言不作，復應問言：『汝將不作盜法人不？』若言不作，復應問言：『汝非二根、無根人？壞八戒齋？父母師病，不棄去耶？將不殺發菩提心人、盜現前僧物、兩舌惡口、於母姊妹作非法耶？不於大眾作妄語乎？』」】

講記 當比丘戒師聽到在家弟子請求受優婆塞戒時，要先做遮問：假使曾經犯了嚴重的過失，就要遮止他受戒，不許傳戒，否則就得爲對方擔負因果，也會壞了戒法。因爲傳授戒法給在家弟子以後，鬼神從此就不能干犯他了，因爲這弟子已經是正式的菩薩了，雖然還只是凡夫菩薩，但鬼神也不敢侵犯他，因爲有戒體在的緣故；但是戒師沒有先作遮問就幫他授戒，當然就得幫忙擔業。所以比丘應該要先問他：「你今天要受戒，你的父母、妻子、奴婢、國主都允許了沒有？」如果說他們都答應了，還要再問：「你以前有沒有虧負過 佛的財物、佛法上的財物、僧寶的財物，以及虧負別人的財物？」換句話說，如果對別人有負債，就沒資格受優婆塞戒。當然這不包括銀行借款，因爲銀行借款是被調查過，並且有提供對價抵押擔保的，所以例外。若是只憑一張借據或口頭一句話就借貸了，即是虧負他物；主要是說已經到期而仍然沒有還給債權人，這就是虧負他物。如果曾經求願而允諾 佛陀：「**我在事後會布施十萬元台幣護持正法。**」後來反悔：**如今已經沒事了，我的災難過去了，不用布施了。**這就是虧負 佛物。鬼神界有一句話說：**出口成願。**發願時諸天、鬼神都聽到了，後來食言而肥就是虧負 佛陀財物。「於佛法上有虧負」，比如說：「**如果讓我渡過這個難關，讓我事業鞏固，我一定要護持兩百萬來弘揚正法。**」話說出口，護法龍天冥中幫忙而度過難關了，可是對護持正法的事卻反悔了，這叫虧負佛法。又如有人說：「**師父啊！請您幫我做一場懺事，讓我度過這個災厄，我一定會好好護持道場。**」事後仍然沒有做到。有時向師父借了物品去用，後來不但沒有依俗十倍償還，連所借的物品都沒有歸還，這叫做虧負僧物。這些事情，傳戒的比丘法師都要在傳戒之前問清楚；有犯這些事情的人，要請他先處理圓滿了以後，再傳戒法給他。否則是得不到戒體的，就沒有受戒的功德了。

接著再問：「**你身上有沒有身心上的內病、外病啊？**」內病是指心病，外病就是色身的病，有精神病或色身重病，也不許受戒的。凡是一生受的戒法，規矩都很嚴，譬如聲聞戒（比丘戒、比丘尼戒）的規矩也很嚴格，而且都只是一生受，捨報後就失去戒體了。優婆塞戒也是一生受，條件也很嚴格。接著還要問：「**你曾經在比丘或比丘尼身上做過不好的事情沒有？**」這個不好的事情主要是指藏密的雙身法，假使曾與佛教中的出家人合修過雙身法，那是地獄罪：污招提僧。這種破壞出家人清淨行的下等人，當然沒有資格受清淨戒。這在一般寺院中是不會有的，若是在信受修行西藏密宗法門的寺院中，就常常會有這種事；被師父要求合修雙身法的在家弟子，還心中沾沾自喜的誤以爲是在幫助師父進修無上法呢！其實卻是污僧尼的地獄罪！西藏密宗眞是害人不淺！

接著再問：「**你有沒有做過五逆罪？**」五逆：殺父、殺母、殺阿羅漢，學佛人大概不容易犯這三個重罪，但是偶然有例外，所以得要問一問。譬如阿闍世王後來不是也學佛嗎？但是他曾經殺父、也曾企圖殺母，所以至心懺悔而又親聞　佛陀解說我見的內容以後，仍不能證得初果解脫，只能得到無根信；他在　佛前至心懺悔，　佛當面受懺，並且親自解說斷除我見的內容，本來是應該證得初果的，但是因為有殺父及企圖殺母的大惡業，所以只能得到無根信。殺阿羅漢，現在很難犯，現在要找一個初果人都很難，哪還有阿羅漢能讓人殺害呢？不信，你們看看：南傳佛法那些大師的著作，有哪一個人是已斷我見的？都沒有啦！連初果人都找不到，還能有阿羅漢可以誤殺嗎？台灣及大陸就更不可能有阿羅漢了！所以這個大罪也不會犯到。「破和合僧」，做過沒有？其實有些人是常常犯這個無間地獄罪的；譬如挑撥離間，本來道場中的法師們互相之間都很和氣，但是有人去裡面講了幾句話，讓他們互相心有嫌隙，互相鬥諍終於分裂成二個僧團，後來就漸漸演變成兩個派系，這就是破和合僧。在家人或出家人，在寺院中亂講話而造成分派系的情形是常常發生的。出家了，如果有智慧，把話講白了，不就沒事了嗎？但是往往沒有智慧而跟著亂講，結果就互相看不順眼；甚至於還吵架，吵得很兇；有個信徒實在看不下去了，但是又不許參與僧事，又不願看到出家人繼續吵下去、鬧笑話，他蠻有智慧，就一句話冷冷的說：「別再罵了，既不能解決，乾脆用打架解決吧！」兩個出家人就不好意思的走開了，當下化解了！當然心結還是解不開的，所以破和合僧的事情是佛門中很嚴重的惡業，果報是無間地獄尤重純苦長劫承受。第五是出佛身血，狹義的出佛身血，我們都不可能做，因爲 佛陀應身已不在人間，根本遇不到；感應到的總是夢中或定中，都是化身，只是一個影像而已，你根本害不到，所以想要出佛身血，是不可能的。但是廣義的出佛身血，就是破壞 佛的正法、毀謗正法，這是廣義的出佛身血，也是無間地獄罪，也要先問。

然後還要再問：「**你是不是要來做盜法的人？**」有人來求戒是爲了盜法，他來這裡受了比丘戒以後，十年成爲大比丘，就可以爲人傳菩薩戒、優婆塞戒，就可以收受財物供養，這就是盜法。如果親近善知識的目的只是想在得法以後，自己另立道場而獲取名聞利養，這也是盜法。還有一種盜法者，他來修學得法的目的，是想要回去向他的師父明講，盜法回去讓他們的道場有法可以與你抗衡，免得師父的名聞與利養逐漸流失。這都是盜法人。假使求戒者回答說：「**我不作盜法人。**」還要再問：「**你是不是兩根或無根人？**」兩根是白天看起來是個女人，到了晚上他卻顯示男根而勾引別人女眷，這就是兩根人，也就是俗話說的陰陽人，同時具有男根與女根。譬如古時大戶人家或皇宮蓄養婢女時，都要先驗身，避免傳承家業的子女是由兩根人與嬪妃私下交合而生的；皇宮內院特別厭惡二根人，一旦發現二根人在內院走動，一定立刻殺掉，因爲皇帝最怕別人的血脈冒充他的血脈來繼承皇位，所以進入內院行走的人都得要先驗身。傳戒時也一樣，如果是二根人，卻傳在家的男眾菩薩戒給他，但是他明明不是男眾，知道內情的人一定會笑死了！所以二根人不能受優婆塞戒。又如無根人，譬如石女，亦如皇宮內院的太監，都是無根人。這戒必須是丈夫身，所以無根人不可受戒。這與盡未來際受的梵網……等戒不同，梵網等菩薩戒是男人、女人、二根、無根、鬼神、畜牲解語者，都可以受戒的。

還有，壞八戒齋者也不許受戒。受八關齋戒時要如法受持。可是有人投機取巧：「我今天早上起來刷牙、洗臉以後，日中一食，午後就不許再吃了。」可是他到晚上十一點鐘過後又開始吃食物了，你問他說：「你不是受八關齋戒嗎？怎麼現在又吃起來？」他說：「晚上十一點就交子時了，就算是明天了。」錯了！八關齋戒，你若是中午開始受持，就要到明天中午才結束；若是早上受，就到明天早上結束，要具足十二個時辰，才是如法受持八戒齋。八戒齋爲什麼叫齋？因爲它以日中一食爲準則，配合八戒的清淨行，所以叫做八戒齋。八關齋戒受持的目的，是爲將來的出家種下因緣。如果不曾受持過八關戒齋，出家的因緣就不容易具足，難有出家的因緣。若是打算出家的人，這一世多受八關戒齋，不然就得要過去世常常受持八關戒齋，以此福德與功德就可以讓你具足出家的因緣。否則要出家時，遮障將會很多。如果受了八戒齋卻投機取巧，壞了八戒齋，就不可以受優婆塞戒。

還要問他：「你的父母、師長生病了，曾經離棄他們嗎？」如果從來都沒有遺棄過，接著再問遮難：「你曾經殺害過一個發菩提心的人嗎？」這是講世俗菩提心，不是講勝義菩提心；就是說已經皈依三寶，並且發了四弘誓願，這是發世俗菩提心。發勝義菩提心是證悟了如來藏。如果沒有造作這種惡罪，再問：「有沒有竊盜過現前僧物？」現前僧是說這個地方仍有僧寶住持而不是荒廢了的寺院。若是荒廢了，就是捨棄了，取得那裡的財物就不算是竊盜。若是寺院還有僧寶在住持，卻加以竊盜，就有遮止。還要再問：「你有沒有犯過兩舌、惡口呢？」凡是挑撥是非的人就不許他受戒，否則將來佛門中將會是非不斷；若曾與人惡言惡語大聲辱罵，也不可以受戒。如果於母親、姊妹身上邪淫，也不可以受優婆塞戒。如果曾經在大眾中妄語，說話老是不誠實，常常欺騙人；又如轉述事情時都只講一半，想要藉故達到破壞的目的；或是只講對自己有利的一面，不利的另一面都不講，也是妄語，不許受戒。

【「若言無者，復應語言：『善男子！優婆塞戒極為甚難，何以故？是戒能為沙彌十戒、大比丘戒、及菩薩戒、乃至阿耨多羅三藐三菩提而作根本。至心受持優婆塞戒，則能獲得如是等戒無量利益。若有毀破如是戒者，則於無量無邊世中，處三惡道、受大苦惱。汝今欲得無量利益，能至心受不？』」】

講記 問過前面的遮障，還要再開示：「善男子啊！這優婆塞戒是很不容易得到的，因為這個戒能作為未來受沙彌十戒、大比丘戒、菩薩戒的根本，乃至可以作爲未來證得無上正等正覺的根本。」換句話說，優婆塞戒不足以跟沙彌十戒、大比丘戒、和一般的菩薩戒來相提並論；但是卻可以作爲這三種戒的基礎，使將來受戒時一定可以獲得戒體而生起解脫及證法的功德。所以要受菩薩戒之前，一定要先把自己的身口意行管好，連優婆塞戒都有這麼多的遮止與條件限制，還只是菩薩戒、比丘戒、沙彌十戒的基礎而已。所以將來我們傳菩薩戒時，大家一定要以至誠心、清淨心來受持，因爲那是盡未來際受的；並且受戒時不是在凡夫戒師座下受戒的，是得上品戒，所以非同小可。諸位要很慎重的看待這件事情，不要以隨意的心態說：「好啦！隨便啦！要受就受。」一定要思惟清楚，然後以至誠心、清淨心來受持；因爲這是盡未來際的，也是上品戒，所以不是小事。雖然優婆塞戒只是這樣，卻有一個好處，它是未來成就佛道的根本。因此，能以至誠心受持優婆塞戒，也能獲得沙彌十戒、大比丘戒、和菩薩戒裡面的無量利益。換句話說，有些人受過優婆塞戒時，可以在菩薩戒、乃至聲聞戒上得到很大的利益。

但是反過來說，一件事一定有兩面，所以你得到這麼大的利益，萬一毀破戒律，未來的無量無邊世中將會處於地獄道、餓鬼道、畜生道中受大苦惱。受大苦惱四個字，往往總是一聽就過去了，但其實裡面的大苦惱，有誰去想過啊！如果眞的是想過的話，腳底都會發涼的，絕對不敢隨便輕易的謗法；都是因爲沒有詳細的思量過，所以才敢輕易的謗法。當要否定一個法時，一定要很謹愼的多方求證，若沒有先與人家討論過就直接否定，那就太輕率了。這三惡道中的大苦惱，若曾謹愼、詳細的思惟過以後，一定會很小心的處理法義辨正的問題。且不說地獄道、餓鬼道，光說畜生道就好了：現在台灣因爲傳染病而埋掉了多少雞、鴨？其餘地區且不說它。就算沒有被毒死誅殺，快快樂樂的成長，最後還是要痛痛苦苦的被殺，殺了以後當場拔毛剝皮、剁成許多塊，多痛苦呢！現宰的雞、鴨不是可以清楚的看見這個事實嗎？所有的雞鴨不都是這樣被活活宰殺的嗎？光是畜生道就這樣痛苦了，餓鬼道受苦又多倍於畜生道，地獄道又多倍於餓鬼道。所以一旦受了戒，就得要小心：將來落入三惡道中，都不是只有十、百、千生，都是以劫計算的。毀謗正法、誤謗賢聖，可就更是長劫的重罪。尤其是地獄罪，越往下層去、時劫就

戒乃至阿耨多羅三藐三菩提；汝能如是施諸衆生無怖畏不？』」】

講記　假使前面的問難都沒問題了，接下來還要說明：「優婆塞戒的戒體獲得是很不容易的，如果有人歸命於　佛之後，寧可被人逼迫而捨棄身命，絕對不因被人逼迫斷命而歸依自在天；在被逼取命的情況下，終究不歸依自在天乃至所有的外道。如果歸命於佛法以後，寧可捨棄生命，也不願歸依於外道的聖經書籍。如果歸依了僧寶，寧捨生命也不再歸依於外道，因為外道都是邪衆，他們說的法都不正確。」如此開示以後，就問他說：「你能不能以這樣的至誠心永遠歸依三寶？」

如果他能如此盡形壽歸依三寶，再為他開示說：「善男子啊！優婆塞戒是很難得的。如果有人這樣歸依於三寶的話，這人就是能施給衆生無怖畏的菩薩。若是如此歸依三寶而布施給衆生無畏，這人就是已經獲得優婆塞戒，乃至使他將來能證得無上正等正覺——可以證悟菩提。」接著問他：「你能像這樣子施給衆生無畏嗎？」

【「若言能者，復應語言：『人有五事現在，不能增長財命；何等為

五？一者樂殺，二者樂盜，三者邪婬，四者妄語，五者飲酒。一切衆生因殺生故，現在獲得惡色惡力惡名短命，財物耗滅，眷屬分離，賢聖呵責、人不信用，他人作罪橫羅其殃，是名現在惡業之果；捨此身已，當墮地獄——多受苦惱飢渴長命、惡色惡力惡名等事，是名後世惡業之果；若得人身，復受惡色短命貧窮，是一惡人因緣力故，令外一切五穀果蓏悉皆減少，是人殃流及一天下。』」

講記　如果他說：「我能至心受持這個戒。」就再度爲他開示說：「一個人如果有五種事情存在的話，這個人就不能增長財命。哪五件事呢？第一、好樂殺生：當他看見衆生時就想要把他殺來吃掉。第二、好樂偷盜：喜歡偷竊別人的財物。第三、邪婬：女人不安己室，或者男人在外勾引別人家室。第四、常常喜歡說謊：就是妄語欺瞞別人。第五、喜歡一天到晚喝酒。這五件事的因果是怎麼回事呢？一切衆生，因爲殺生的緣故，所以現在世獲得不好的色身，常常生病，色身也沒有力氣；而且得到不好名聲，這一世不長壽而短命、夭壽；而且他的財物很容易耗滅，眷屬也往往會分離，諸多賢聖也會訶責他；人家也都覺得他沒有信用，不相信他說的話，往往別人作了罪業，卻由他來承受惡果，常常會被冤枉，這就是現在世的惡業之果。」

戒師又說明：「造作五種惡業的人，捨了這個色身以後，未來世還要下墮地獄，多受無量無邊的大苦惱：常時飢餓難當，當他想要獲得飲食時，獄卒就用燒溶了的銅液灌入他的嘴裡，從口到下體全部燒爛。非常飢渴而又求死不得，偏偏又是非常長壽。」如果生在欲界天、色界天，長壽倒是好事；如果在人間有權有勢又有錢，長壽倒也不壞，如果他很健康的話；可是如果在地獄，又大苦惱、又飢、又渴，又要常常受刑罰，最好是趕快捨報離開，千萬不要長壽。但是殺生、造作五種惡事的人，一定會墮落到地獄，飢渴受罰之下還很長命，眞的痛苦不斷。「來世還要接受惡色、惡力、惡名」，他在地獄的色身是很容易被毀壞而且醜陋的，也沒有什麼力氣，所以獄卒輕輕把他一踢就踢走了，根本無力抵抗；「後世的地獄境界中也是惡名聲」：獄卒們一天到晚吆喝他們、辱罵他們，精神上也同時承受種種痛苦，下墮地獄要受這些長壽、長劫的尤重純苦，這叫做後世的惡業惡果。「如果地獄受報完了，去餓鬼道受苦；

餓鬼道中受完苦報了，還要去畜生道受苦；畜生道中的苦報也受完了，剛來到人間的五百世中，還要接受很不好的色身，一天到晚病痛而且很多世都短命，又加上貧窮，連治病的錢財都沒有。不但如此，他還會連累別人：因爲這個大惡業人的因緣力，會使得身外世界一切五穀水果蓏類全部都會減少；這個人的災殃到處流散而損減眾生的福報延後享受；如果他的惡業很重，甚至會流殃散及一天下。」這是非常嚴重的。

也許有人心裡想：「這是不是講夢話？」我說不然！這些感應，我們幾年來是感應多了；不談個人的感應，光說共同的感應好了：台灣不都一直缺水嗎？當你水不夠了，就以颱風送水給你，把強風送給別人。我們前些時候不是很緊張沒水嗎？所以又送水給你啦！只剩南部缺水比較嚴重，還得要那邊多一些人證悟，心性改變了就會有好的影響出現；斷三縛結的人在末法時代是世間少有的，而我們又增加了實相心的證悟——法界實相的證悟——所以一定會有改變的。我們還期待《識蘊眞義》的出版，未來會使台灣有很多斷三結的人，台灣的災殃就會漸漸大事化小、小事化無；斷三結已經極爲難能可貴，更何況再加上證得法界實相而發起般若眞實智慧？我也一直期待有一個善知識寫出書，讓我可以看得見他在書中寫出來的法義確實已經斷了三結：眞的能讓人讀了以後如法觀行而斷三結、取證初果，但是到目前爲止還沒有看到。有些人寫書或在有線電視上演說佛法，說他們可以幫人家斷三結，可是講出來的法義根本無法使人斷結，因爲他自己的我見都還在，何況能斷別人的我見等三結？這就是說，到末法時眾生災難會愈來愈多，是因爲斷結的人越來越少，而造惡業的眾生越來越多，所以殃流天下。

我們要做的是不斷把佛法正義宣示出來，讓更多人知道正法與邪法的分際，從此以後都回歸正法，遠離邪法，不再破壞正法；能這樣的話，惡人殃流一定會漸次減少。斷結的人日漸增加，就會使得某地區、某國家乃至某個世界的眾生廣有福報，這個道理大家還是得要信受。這種感應的事太多了，但因爲我們主要是在正法的弘傳上用心，所以從來不談感應。但是這裡卻要說明：如果大家心地清淨，世界就會跟著清淨，那才是眞正建設人間淨土的根本方法；如果心地不清淨，一天到晚打掃馬路、鋪柏油路乃至鋪上黃金，不必多久又會變髒了、不清淨了，所以說心地清淨了，國土就會漸漸的清淨；心地染污了，國土也會跟著漸漸染污，所以佛說「是人殃流及一天下」，這是眞實可信的法。

【『若人樂偷，是人亦得惡色、惡力、惡名、短命，財物耗減，眷屬分離；他人失物，於己生疑；雖親附人，人不見信；常爲賢聖之所呵責，是名現在惡業之果；捨此身已墮於地獄——受得惡色、惡力、惡名，飢渴苦惱，壽命長遠，是名後世惡業之果；若得人身，貧於財物，雖得隨失，不爲父母兄弟妻子之所愛念；身常受苦，心懷愁惱；是一惡人因緣力故，一切人民凡所食噉，不得色力，是人惡果殃流萬姓。』】

講記　接著又向戒子開示：「如果有人喜歡偷竊，偷到成習慣了，未來世的身體將會不好或有殘缺，也會年紀輕輕的就沒力氣，使他不能造惡；並且也會成就惡名聲，壽命也會漸漸減短，而且他所有的財物也會耗減，因爲上輩子的財物都是偷來的，所以後世一定會在因果律的運作下不斷的償還別人，辛苦賺來的財物總是留不住。在樂於偷竊的那一世，也會有酒肉朋友常常來花他的錢，他無法拒絕，所以財物也會常常耗減；眷屬也不高興，也會導致種種外緣促使他們分離；這種樂偷的人，每當有人遺失財物時，第一就是先想到他偷的；即使眞的不是他偷的，他也無法解釋清楚；縱使好意去親近依附於別人，人家也不相信他眞的是好意來依附，總以爲是藉著依附而找機會偷財物，所以此人常常會被賢聖所訶責，這就是他這一世的現世報。捨離了這個肉身以後，還要下墮地獄去接受應該獲得的惡劣地獄身，那個地獄身很沒力氣，又是惡名聲而叫作地獄人；時時刻刻忍受飢渴與苦惱，卻又死不掉而壽命長遠，不斷的受苦，這就是樂偷者後世惡業之果。

如果轉入餓鬼道受苦完了，畜生道也受苦完了，當他初回人間的五百世中，一直都會是貧窮的；即使有人送給他財物，不必多久就會失掉財物，老人家常常說：「命中有的逃不掉，命中沒有的求不來。」他們雖然說的只是表相，但是符合佛法中講的布施、偷竊的因果。一切人在世間的福報都和過去世的布施（財施、法施、無畏施）有關聯，有些人在過去世不曾布施，這一世雖然很有腦筋、很會做生意、也很會求神，看哪裡廟很興盛就去求，也很有方便善巧，每次求神都能得到，但總是守不住，錢財很快又失去了！因爲求來的錢財本來就不是他該得的，現在那個財物主人還沒有來到，有威德的正神先借給他用一用，正主兒一到就得馬上還；如果他夠聰明，求來以後趕快把孳息布施，未來世就有錢了！但他不懂，把錢財都在自己身上用完了，未來世照樣還是貧窮，努力了一生之後還是負債，這就是布施的因果。因爲他往世沒有種過福田，來世要收割什麼福德果實？這種人往世不肯布施，這一世又樂偷，當然就會欠眾生很多錢財，來世還都還不完了，還能有閑錢存下來嗎？所以樂偷的人都是沒有福德的人，未來無量世以後回到人間時，別人布施給他錢財，又幫助他賺錢，可都是隨賺隨失。這種人，做生意總是賠錢；去爲別人作工作，領一份安定的薪水，偏偏又意外事故很多，錢財一直花掉，父母兄弟妻子當然不會愛念他，所以他只好「身常受苦、心懷愁惱。」這就是樂偷的因果。由於這大惡人的惡業因緣力，會使得一切人民凡是吃了食物以後都得不到應該有的力氣，所以說這樣的惡人，他的惡果災殃會流散開來而影響到萬姓人家。因此，勸人造善業是很重要的，爲準備受戒的人說了這些道理以後，讓他知道不可殺、盜。

【『善男子！若復有人樂於妄語，是人現得惡口惡色，所言雖實人不信受，衆皆憎惡不喜見之，是名現世惡業之報；捨此身已，入於地獄，受大苦楚飢渴熱惱，是名後世惡業之報；若得人身，口不具足，所說雖實人不信受，見者不樂；雖說正法，人不樂聞；是一惡人因緣力故，外物一切資產減少。』】

講記　佛說戒師還應該爲戒子說明：如果有人說話常常不老實，這個人現世的果報就是惡口與惡色；是說他的嘴巴不好，不是說口臭、嘴破、牙齒壞掉，而是不管他說什麼話，雖然說的都是眞實的事情、正理，但是人家都不相信他，大眾都不喜歡看見他，這就是現世惡業的果報。未來他捨了這個色身以後，進入了地獄還要受更大的苦楚及飢渴熱惱，這是惡業之後世報。地獄報完了當餓鬼，餓鬼報完了當畜生；三惡道都經歷完了，來到人間時還有花報：他初來人間得到人身時，口中應有的器官不具足，或者舌根的扶塵根舌頭、勝義根的腦部掌管說話的部分出問題，將不會講話或講話不清晰；而且不論他說什麼話，別人也都不信他，凡是看見他的人心中都不會喜歡他。這個人假使有一天出來弘揚正法，他說的正法都沒有人肯信受，只能講給自己聽。這種惡人一個因緣力量就夠大了，一樣會殃流萬姓：會使他所在的地方資產減少。換句話說，他所住的地方往往不好，這種人多了就會引生水災、火災、地震等事。因此，我們還得要讓這種造惡業的人日漸減少，應該一面幫助更多的人斷結、心地清淨，再影響當代有情遠離惡業。

【『善男子！若復有人樂飲酒者，是人現世喜失財物，身心多病；常樂鬥諍，惡名遠聞；喪失智慧，心無慚愧，得惡色力，常爲一切之所訶責，人不樂見，不能修善，是名飲酒現在惡報；捨此身已，處在地獄，受飢渴等無量苦惱，是名後世惡業之果；若得人身，心常狂亂，不能繫念思惟善法：是一惡人因緣力故，一切外物資產臭爛。』】

講記　接著說，假使有人喜歡每天酗酒，不是像有修養的人品酒、欣賞、體會，每天喝得爛醉如泥，那就是耽樂飲酒的人。前兩天新聞報導說：有個人開了賓士車，醉在車子中，等他一覺醒來，竟然跑到大陸去了；小偷不知道車中有人在睡覺，連人帶車把他偷了，裝進貨櫃連夜偷運到大陸去銷贓。這個人正因爲酗酒而鬧笑話，實在不好。有人是享受人生，樂於飲酒是在享受品嚐酒味，都是適可而止；但是有些人沒品味，日裡努力打工，賺夠了一天的酒錢就不做事了，請假去喝到爛醉如泥；明天醒來沒有酒錢了再來打工，這種人還眞不少呢！這就是耽樂飲酒者！這種人現世常常會遺失財物，曾經有人醉在環河南路的車子上，等他一覺醒來，車上的所有生財器具全都被偷光了，財物損失眞的很嚴重。而且身心多病，酒喝多了身體就弄壞了。而且喝酒喝太多就會亂了心性，與人喧嘩吵鬧，不免會與人鬪諍，當然就惡名遠聞。

世間人如果酒品不好，最好別喝酒；人家說酒有三品，上品像李白那樣，喝醉了就提起筆來提上一首好詩、流傳千古；中品人是醉了以後安安分分睡一覺，醒來也沒事，都不吵人。下等酒品，喝醉了總是吵吵鬧鬧、無理取鬧，什麼荒唐事都幹了。有的人平常很斯文，但他酒品不好，醉了就一塌糊塗，甚至像新聞報導的：脫光了衣服滿街跑，所以酗酒是佛弟子絕對不該有的行爲。往往大家一聽到某人名字，馬上就會說一句：「喔！那個酒鬼啊！」這眞是惡名遠聞。而且多喝酒的人往往會喪失智慧，連世間法的智慧也會喪失；常常喝醉酒的人，勝義根會受損，久而久之，做事或思想都會很遲鈍、沒智慧；遲鈍了以後乾脆自暴自棄，開始無慚無愧起來，繼續耽樂於酗酒的境界中，身體弄壞了以後，當然會得到「惡色力、弊心性」，常爲一切人所訶責，沒有人喜歡遇見他。這種人見了別人就想借錢喝酒，所以人家都不喜歡看見他。像這樣的人當然不可能修善，因爲連喝酒的錢都不夠了，哪裡還能修善？成就惡名聲，這就是飲酒的現世的惡報。每日酗酒的人捨離色身以後，往往因爲飲酒的緣故，無明所罩而造作種種惡業、下墮於地獄中，多百千世受飢渴等無量的苦惱，這就是後世惡業的果報。將來經歷過餓鬼道、畜生道，剛回到人間的五百世中雖然已得到人身，心卻常常發狂而且散亂不定，沒有辦法繫念思惟善法，於善法不能繫念，總是厭惡而掉散的。因爲這種惡人的惡因緣力量，也會間接導致他所在的地方「外物資產臭爛」。

【「『善男子！若復有人樂爲邪婬，是人不能護自他身，一切眾生見皆生疑，所作之事妄語在先，於一切時常受苦惱，心常散亂不能修善，

喜失財物所有，妻、子心不戀慕，壽命短促，是名邪婬現在惡果；捨此身已，處在地獄，受惡色力、飢渴長命、無量苦惱，是名後世惡業果報；若得人身，惡色、惡口，人不喜見，不能守護妻妾男女；是一惡人因緣力故，一切外物不得自在。善男子！是五惡法，汝今眞實能遠離不？』】

講記 戒師還要再向戒子開示說：如果有人喜歡邪淫，他是無法保護自己色身平安的，更不要說保護別人了！那麼什麼叫做邪淫？譬如俗話說男人在外拈花惹草，女眾叫作紅杏出牆；也就是說，除了正常的婚姻關係以外，不該與別人有淫愛的關係，否則就是邪淫。現代常有的同性戀仍然算是邪淫，因爲違背人間的正常軌則，也是欲界天的天律所禁止的，所以是邪淫；只能有正常婚姻關係下的男女關係，不可超出婚姻關係之外另有男女關係，否則都叫作邪淫。在戒律上說，如果男人花錢去嫖妓，並不算是邪淫，他是買春的金錢交易；如果比照這個道理，女人去午夜牛郎店，也算是花錢買春，也是金錢交易，不算邪淫；但仍然是犯戒，只是不犯重戒而已，因爲買春的事情不論是男眾或女眾做了，都破壞了菩薩應有的清淨律儀。假使女眾去買春，丈夫會如何看待她？

同理，丈夫去買春，妻子也將一樣看待他；若是佛弟子花錢去買春，被人家瞧見了，會作何感想？「哎呀！這個人受了菩薩戒，還去嫖妓！」就會影響到別人修學正法的法身慧命，也會影響到世人對整體佛教的觀感，所以雖然不算是犯重戒，但仍是犯輕垢罪，所以也不該做。

至於邪淫而又破壞正法的，就是西藏密宗喇嘛們的樂空雙運、大樂光明：他們所謂的無上瑜伽、嘿嚕葛、喜金剛、時輪金剛等等，都屬於邪淫加上破壞正法，說穿了就是**出家人貪在家法**；假使顯教法師與異性實修雙身法，就成爲毀破重戒，捨壽後必下無間地獄，不是下一般的地獄。雖然密宗辯稱受了密宗的金剛戒以後就可以與異性合修而不算犯戒，但那個戒只是密宗編造一個假佛而人爲施設的虛妄戒，並非佛戒，所以捨壽後仍然逃不了無間地獄的長劫尤重無間純苦。有很多女眾問我說：「奇怪！我老是覺得那些西藏喇嘛的眼神怪怪的！」我說：「人家男生都不會覺得怪，就只有妳們女眾會覺得怪怪的。」她問：「爲什麼？」我說：「因爲你是女生！」她聽不懂，我就告訴她：「西藏密宗從開始入門的第一灌頂就是用雙身法的意思幫你灌頂的。」喇嘛是怎麼觀想之後灌頂的，我告訴了她，她說：「哪有這種荒唐事？」我說：「事實就是這樣！」她說：「我不信！」我說：「你要是不信，宗喀巴的《密宗道次第廣論》在這裡，白紙黑字寫在這裡，妳自己讀。」然後再告訴她第三灌、第四灌，然後我說：「所以西藏喇嘛看見每一個女人，他第一個思想就是先觀察這個人可不可以當明妃，他會先觀察妳適不適合當他的佛母、空行母？」譬如陳履安的兒子陳宇廷娶的那個太太叫作空行母，其實是為了合修雙身法而說是佛母、空行母；所以西藏密宗喇嘛見了女人，第一個思想就是先觀察這件事，他一定會想到眼前這個女人的下體是否可以當明妃、佛母，也一定會勾起欲火來。那妳想：他們看妳時會不會色瞇瞇的？當然會！這才是正常的喇嘛！假使他看妳的時候不會色瞇瞇的，就表示那個喇嘛還沒有入門，或是不正常的喇嘛。

事實就是這樣，這就不單只是邪淫，他們還得加上破壞正法的大罪，因是以外道法取來冠於佛法之上，狡辯是比佛法更高的佛法。他們如果偷偷邪淫犯戒也就算了，那只是他們個人的事，我寫書時就不用提到他們；可是他們偏偏要把欲界中最低層次的法、欲界中最重的貪愛，拿來套在佛法的最高境界的上面，說欲界最低賤的樂空雙運比佛教究竟佛的層次更高，妄說是成就報身佛果的無上大法，我就無法坐視了！他們所謂的報身佛境界，是得到樂空雙運的淫樂觸覺常不間斷的果報而叫作報身，那跟我們講的報身佛究竟清淨境界是完全不同的，可說是天南地北而沒有交集點，當然是外道法。

密宗黃教以前一直辯稱說：「**我們密宗黃教根本沒有這種法，宗喀巴是禁止的。**」其實只是在欺騙大家，那我們乾脆把他的《密宗道次第廣論》打字貼到網站上去，讓大家看看宗喀巴是怎麼講的，證據明確，他們現在沒得辯解了！明明是努力在實修淫樂的雙身法，口中卻辯稱沒有、辯稱他們黃教禁止修雙身法，心口不一，實在太不誠實了！如今被我們提出證據破斥了，所以他們現在恨死我了！但是，要恨人之前，應該先檢討自己有沒有錯？有沒有心口不一的欺騙學人與佛教界？如果自己真的沒有錯，才可恨人；明知自己做錯事了還要欺騙佛教界，如今被人舉發時就該認錯改過，卻還要恨人，那就好像惡人殺人又放火被法官判了刑，他卻恨法官說：「**法官！你判我死刑，你好可惡！**」這真沒道理，也是講不通的。所以西藏密宗的樂空雙運其實是邪淫兼破壞正法，可憐的是近年來有許多顯教法師跟著暗中修學密宗的雙身法，所以雙身「佛」像賣到缺貨，將來捨壽以後都免不了陷身無間地獄中，長劫無間的苦痛，想起來眞是令人心痛、悲哀。像這樣邪淫兼破正法的西藏密宗喇嘛，說他們能在正法上面有證量，那是全然不可能的。

不但說三乘菩提的證量全無可能，乃至最簡單的神通，他們也是絕對得不到的。所以他們密教上師所說的古時祖師，譬如蓮花生、密勒日巴等人說有大神通，都是在世時沒有，死了以後才有的，都是死後才渲染說有神通的，生前都是不曾有神通的，每一個密宗的祖師都是這樣。你們想知道是什麼道理嗎？我告訴諸位，想要修學神通的第一步就是要把淫欲的貪除掉，淫欲的貪欲越重，神通就離得愈遠；神通修證的最大障礙就是男女貪，可是宗喀巴規定：「**每天要八個時辰**（十六個小時）**常抱女人而不離身的修樂空雙運，否則就是犯金剛戒。**」那正是大貪，大貪淫欲的密宗祖師怎可能發起神通？所以他們根本就沒有神通，不要輕信他們的謊言。除非他回歸顯教修清淨行，經過幾年確實斷除欲貪之後再專修神通的加行，才能發起欲界定中的五神通；如果不離雙身法，永遠都不可能發起神通的，不但善法不能修證，世間法的神通也不可能修證成功的。他們又加上犯了邪淫重戒以及破壞正法，有何證量可說呢？

他們又說證得甚深禪定，可是禪定的證得，首要條件就是離欲，才能發起初禪；但密宗古今喇嘛與上師都是大貪淫欲的，根本不可能證得初禪，何況是二禪以上的禪定呢？有什麼深妙的禪定而說是甚深的禪定呢？而且他所謂的禪定，都是以雙身法中的淫樂境界來分位的，根本就不是佛教中講的四禪八定及其他的三昧，所以他們誇大其詞的甚深禪定證量，其實都是自欺欺人之談。只要你懂得佛法粗淺的義理，就可以瞭解密宗了；像他們這種人樂爲邪淫，不能護持自己的色身，除非很有錢而可以賠上大筆金錢作遮羞費；自己都護不了，更別說救護別人了！不信的話，你們可以注意：每過半年、一年，報紙、電視就會報導說哪個佛教寺院又產生了性醜聞。天曉得！那根本不是佛教的寺院，那都是西藏密宗的寺院，與佛教根本就不相干！但是我們佛教就這樣一直被拖累，這都是某些不務正業的顯教大法師們承認密宗也是佛教，我們佛教才會不斷的被密宗寺院的喇嘛或修學密宗雙身法的法師們拖累！但是社會總是繼續不斷的被藏密矇騙，他們的處理方式是一貫而有效的：只要是與女信徒合修雙身法而被舉證拆穿的，就說那是假喇嘛；若是暗地裡仍在繼續與女信徒合修雙身法，但是還沒有被拆穿的，就說眞喇嘛。社會人士根本不知道他們的處理方式，總是說：「又有假喇嘛冒充西藏密宗的喇嘛，犯了性侵害罪。」

他們修習雙身法，如同渴飲鴆毒一般，短暫的紓解了渴愛，但是不久一定毒發：當他們暗中與異性弟子合修雙身法時，身受快樂，正是出家人貪著在家法；但是被異性弟子的配偶發覺時，捉姦舉證出來而發生性醜聞時，一定先有一段煎熬的過程，日子絕對不好過；受害人會向他們開口：「五千萬台幣和解。你拿不出來？好！我會讓你見報，名聲敗壞；並且在電視台播出來，還要在法院告你妨礙家庭、通姦罪，讓你去坐牢。」請問這時官家要不要辦他？當然要辦！因為侵犯了人家的家庭了，一旦提出告訴，他還能保護自身嗎？連自身都保護不了，得要去吃牢飯了，還能保護他的眷屬嗎？所以說此人不能護自他身。但是佛教界暗中修學雙身法的顯教法師或密教法師們，事發時都是以大量金錢來解決的：把佛教信徒奉獻的大量金錢，用來解決他們貪愛淫樂的後遺症。

一切眾生知道藏密的法義時，當他們遇上西藏喇嘛時都會這樣想：「**我太太會不會去跟他學？會不會與他上床合修雙身法？**」如果是遇到西藏密宗的女上師，每一個女眾都會想：「**我要小心喔！我先生可別跟她接觸！**」所以一切眾生見了都會懷疑他們，這就是藏密喇嘛或女上師們都會被信徒起疑的原因所在。如果有人喜歡拈花惹草，老是要勾引人家的配偶，所有人、親戚朋友見了都要提防：「**不要與他接近，免得我家老婆**（老公）**被他**（她）**勾引。**」所以一切眾生見皆生疑。邪淫的人也同時會打妄語，因為邪淫一定要偷偷摸摸的進行，想要瞞人而暗地裡實行，做事時當然要妄語在先，絕不可能老實說：「**我明天要跟你老婆上床合修雙身法！**」假使被人懷疑某一天與別人老婆上床，人家質問他：「**你說沒有與我老婆上床，那麼你那一天人在哪裡？**」明明是勾引別人家眷，可又不能承認，只好編一大套的謊話來取代他那一天與別人老婆去某處合修雙身法的事實，所以說話時一定要先打妄語。像這樣的人，一切時常受苦惱：常常要擔心會不會被別人抓到。因此每天心思浮動，不斷的在想那些事情，心常散亂就不可能修學善法。

「喜失財物所有」，譬如在家的密宗上師，去年被抓到與別人老婆合修雙身法，遮羞費花掉兩百萬，今年再被抓到又花掉二百五十萬，不斷的失財；若是執迷不悟繼續不改，有可能最後連基本財物都會失去。這種人，老婆、兒子、女兒都不喜歡他，因爲每天都有人上門來找麻煩；子女看他背叛了媽媽，見了他就討厭。最後可能是在外面金屋藏嬌，無心經營事業；事業一敗，小老婆也就跑掉了！當他想要回來大老婆身邊時，大老婆也不理他、不讓他進門；子女也會幫忙把他擋在門外，有誰會戀慕他呢？因爲這個緣故，老來受苦，不久就死掉了！還不到五十歲呢！眞是壽命短促。這種人太多了，正是現世報的惡果。

等他捨壽以後還得下墮地獄，因爲他邪淫而侵犯了別人家配偶，甚至有人使得別人家庭破碎，惡業很大就下地獄了。下了地獄以後當然也是惡色惡力、飢渴長命、無量苦惱，遭受後世惡業果報；將來報盡而經歷過餓鬼道、畜生道才能回到人間來，同樣是色身不好，而且講話時誰都不喜歡聽，不管誰見了都討厭他；由於邪淫的餘報，他家中妻子也無法守護，管不了妻子紅杏出牆，又無力與人抗爭。若是古時，男人可以有三妻四妾，只要你有錢有勢；但是他縱使娶了妾，一樣不能守護；乃至他所雇用的男女僕人也都無法守護，不久就散盡了！這就是他無量世以前邪淫的餘報。像這種惡人的因緣力，也會使得一切外物不得自在。有人想：「這人邪淫下了地獄受苦以後輪轉三塗才上來人間，爲什麼還會有妻妾男女僕人？」其實無妨：他在往世常常邪淫時，也會有時惻隱之心而造了一、二件大善事，惡業大就先報；報盡了回到人間時還是有往世行大善業的果報而擁有妻、妾、僕人，可惜就是不能長久。都因爲邪淫的餘報，使得身外之物不得自在，常常會散失掉。戒師將這五個重戒說完之後，接著就問戒子：「善男子！殺、盜、淫、妄、酒等五個惡法，你能眞正的遠離嗎？」

【「若言能者，復應語言：『善男子！受優婆塞戒，有四事法所不應作；何等爲四？爲貪因緣不應虛妄，爲瞋恚、癡、恐怖因緣不應虛妄，

是四惡法，汝能離不？』若言能者，復應語言：『善男子！受優婆塞戒，有五處所，所不應遊：屠兒、婬女、酒肆、國王、旃陀羅舍，如是五處汝能離不？』若言能者，復應語言：『善男子！受優婆塞戒，復有五事所不應作：一者不賣生命、二者不賣刀劍、三者不賣毒藥、四者不得沽酒、五者不得壓油。如事五事，汝能離不？』若言能者，復應語言：『善男子！受優婆塞戒，復有三事，所不應爲：一者不作羅網、二者不作藍染、三者不作釀皮。如是三事，汝能離不？』」】

講記　殺盜淫妄酒等五惡，戒子確定能遠離不犯了，還要再告訴他：「善男子！除了這五種以外，還有四件事情不許做，哪四件事呢？第一、爲了貪求世間財物或淫欲的因緣時，仍然不可做虛妄語、虛妄行。第二、遇到瞋恚、愚癡、恐怖的因緣時，一樣不可說虛妄語、做虛妄行。所謂恐怖因緣是說遇到了即將產生的危害，心裡很恐怖，就設法讓別人替代自己去受害，這是爲恐怖因緣而做虛妄的事；同理，爲了貪瞋癡及恐怖因緣做虛妄事，也是不應該的。」接著要問：「善男子！這四件惡法你能不能遠離？」如果他說可以做得到，也就是心已經把定不變了，接下來還要再告訴他：受了優婆塞戒以後，有五個地方不許遊歷、涉足：屠兒、婬女、酒肆、國王、旃陀羅舍。譬如屠夫家中千萬別去，要避免與屠夫來往，因爲他是專門殺害眾生，常與屠夫來往，會使人認爲你認同他繼續殺害眾生，所以不該去。又如淫女的家中或者她執業的場所，避免有人看見了誤會你去那裡買春，謗你犯戒。

酒廊、酒家，在受戒以後也不可以去，免得別人誤會你受了戒以後還進去酒家喝酒。有時你不是去喝酒，是剛好有一件生意與酒家老闆往來而約在他的酒廊見面，但是別人看見了容易誤會你去喝酒；如果是跟酒店老闆做生意，最好請他過來，你幫他出計程車錢，甚至請他吃午餐都可以，千萬不要去他店裡。受戒以後也不要去國王的皇宮，因爲別人會認爲你是要攀緣國王，想要獲得不正當利益。還有就是屠夫執業的屠宰場也不該去，以免別人誤會是請屠夫殺豬宰羊或是去買肉。特別是八字輕的人，千萬不要去屠宰場，墳墓也少去；我這個人不信邪，所以到處去；但是你如果八字輕而體質敏感，那就少去。八字輕是因爲福德比較少，那邊有很多動物的孤魂野鬼，去了往往遇到就倒楣了，就一直被跟著，陰氣就變得更重了！所以不要去旃陀羅舍。戒師說完了，就問戒子：「這五個地方，你能不能遠離啊？」

如果他說：「這也可以遵守。」再告訴他：「受了優婆塞戒以後，還有五件事情必須遵守：不賣生命、不賣刀劍、不賣毒藥、不許賣酒、不可壓油。」賣生命的最嚴重過失是販賣人口，去抓了人來當奴隸賣掉；其次是專門養雞，養大了賣給別人殺；養牛、養鴨、養豬、養鵝……等等都是賣生命，如果不是把性命剝奪了，哪兒有肉可以賣？賣生命是無慈無悲，菩薩絕不許做。第二是不能賣刀劍，如果開緣而賣刀，就只能賣菜刀或別的不屬於殺害生命用的刀子，凡是殺害眾生性命的刀子都不賣；若果因此而使原來的刀子店不能維持，那就只好改行了！刀與劍主要是指長短刀以及長短劍，劍是兩面刃而直的刀，刀則只有一刃而且是稍微彎曲的；菩薩不可以販賣殺害眾生的刀與劍。第三是不賣毒藥，古時是指可以害人性命的砒霜一類毒藥；不能廣義的擴大解釋，否則農藥店就不能經營了；因爲殺蟲劑也都是毒藥，只是不害人類而已；但是終究有傷慈悲，所以菩薩不許經營農藥店。

第四是不可以開酒店，菩薩不能去酒店，也不能開酒店；假使買一罐米酒專作炒菜使用的，那就沒關係，但是不可買啤酒，因爲那是用來喝的。對在家人，我們不要求連炒菜都不可以放極少量的酒，但若能不放則是最好的；這一條戒法主要是不許開酒廊、酒家賣酒，因爲喝酒會助長眾生的無明。特別是想要修證禪定的人，千萬記住我的話，絕對不要飲酒；因爲酒一喝下去，馬上會影響到你的定境，使你無法愈來愈深細，只會愈來愈退轉，所以千萬不要喝酒。西藏密宗的喇嘛與上師們喜歡喝酒，還可以拿來供養他們的密宗佛、密宗菩薩，其實都是鬼神冒名的佛菩薩；那麼喜歡喝酒，其實也跟雙身法有關；但是喝了酒，禪定就不可能修得好。而且他們所講的禪定是雙身法的一心不亂，那並不是禪定。修證禪定的人都不許喝酒，己所不欲勿施與人，所以菩薩不許開酒廊，以免幫助眾生增長無明。

第五、不可以壓油，這是指壓蔴油。這是指印度的壓油法，不是講台灣的，這意思要區分清楚。在中國是把麻油炒熟了來壓搾，印度則是蔴子收成以後暫時放著讓它長蟲，長了很多蟲以後再把剩下的蔴子跟蟲一起炒熟了再壓油，他們認爲這樣比較營養；猶如有些人買了中藥放著，故意抓些蟲去蛀中藥，然後再吃長大的蟲，意思是一樣的。這樣壓搾蔴油，是要殺害很多性命的，所以 佛規定不許吃印度的麻油，身爲菩薩當然更不許壓蔴油了。中國的蔴油則是不許長蟲的，長蟲就不要了，所以台灣與大陸的壓油是沒有問題的，不犯這個戒律。這五件事情說明過了，要問戒子說：「這五件惡事，你能不能遠離呢？」

如果戒子可以遠離，還要向他說：「受了優婆塞戒以後，還有三件事情不許做：不作羅網、不作藍染、不作釀皮。」菩薩不可編織羅網：譬如網鳥、網魚的網子，都不許做；你如果開這種工廠，就趕快轉業，或者是轉編別的東西。第二是不可做藍染的工作，古時沒有化學原料，都是取用植物樹皮來做染料，這將會使整棵樹毀壞，依附樹木生活的昆蟲都會死掉；有的動物則是依附那棵樹爲家而存活，爲了藍染而把樹木剝皮毀壞，將會傷害眾生，不是慈悲的菩薩所應作的；而且藍染也會殺害細蟲，也是間接的殺生。並且藍染也是幫助殺生，因爲皮革也需要染色，作藍染的人就與殺生者成爲共業者了，所以不要開染坊。如果你純粹是幫人家染天然纖維、化學纖維，不是染動物的皮，而且是用化學染料做原料，那就無妨。第三是不做釀皮，釀皮又叫做叉羅波尼，翻譯成中國話叫作灰水。爲何菩薩不做灰水？因爲要衣物或皮革染色之前，一定要先用灰水把表皮的髒東西洗掉；灰水的鹼性很強，用久了以後總要倒掉，倒掉，倒進河水裡就會傷害很多眾生，所以不許釀皮。戒師說明完了，就問戒子：「這三件事，你能不能遠離？」

【「若言能者，復應語言：『善男子！受優婆塞戒，復有二事，所不應爲：一者摴蒱、圍碁、六博，二者種種歌舞伎樂。如是二事汝能離不？』若言能者，復應語言：『善男子！受優婆塞戒，有四種人不應親近：一者碁博、二者飲酒、三者欺誑、四者喜酤酒。如是四人汝能離不？』若言能者，復應語言：『善男子！受優婆塞戒，有法放逸所不應作。何等放逸？寒時、熱時、飢時、渴時、多食飽時、清旦暮時、懅時、作時、初欲作時、失時、得時、怖時、喜時、賊難、穀貴、病苦壯、少年衰老時、富時、貧時、爲命求財時，如是時中不修善法；汝能離不？』」】

講記　戒師繼續說明：受了優婆塞戒以後有兩件事不應該做，第一是摴蒱、圍碁、六博，第二是種種歌舞伎樂。摴蒱是牧豬奴的遊戲，這會貶低菩薩的身分，因為那是蹲在地上玩的無聊人的遊戲，有失菩薩的威儀。圍碁就是圍棋，在現代的日本是很高尚的遊戲，可是菩薩若也喜歡玩這種遊戲，不但會曠日廢時，而且會心心念念想著下棋招數，心就放逸而不在佛法上了。而且有的人玩圍棋時如同玩象棋一般，一盤接一盤停不下來，非要玩到贏了一盤以後才肯作罷；假使對方不肯暗中放水，玩到天亮時都還在玩，眞的荒廢心神；乃至睡覺時都在想：「下一回這一目棋我要擺在什麼地方。」或者：「下一回我用馬後炮來將他。」都沒辦法在善法上用心，事業也荒廢了，這就不像菩薩了。六博就是用骰子來賭博，比大或比小，都是會上癮而荒廢了善法的修學，所以受菩薩戒的人都不應該玩。

第二是不許唱歌、跳舞、玩音樂；若你受了菩薩戒以後，一天到晚在家中唱歌還不夠，還常常去卡拉 Ok 店唱，人家說學佛的人怎麼學成這個樣子？所以眞正說來，弘法時不應該搞佛樂這些東西，可以用它來做接引眾生的方便，但不應該把它當作正事來辦，所以學佛了就該把聲樂丟了，除非你是以此作爲職業的，那倒無妨繼續唱；若不是以此作爲職業，就可以停下來了。所以我自從學佛以後就不再唱歌了，至於跳舞就更不用提了，因爲我天生不會跳舞，也沒學過。跳舞會失掉了菩薩的威儀，跳起來時就不像個菩薩了！所以交際舞就更不可以跳了。伎樂就是以樂器的彈奏自娛，譬如玩吉他、吹大喇叭、小喇叭、彈琴……等等，看起來不像是莊嚴的菩薩，因此凡是跟歌舞伎樂有關的遊戲都可以免了，千萬別捨不得。

我對這些是很有決斷的，在學佛前買了一些好幾千塊的原版唱片，常常買來放著，每次都是買一整套，整套整套買回來，總是想：「先把原版唱片買好，等我有空時再去買音響放來聽。」所以看見喜歡的就買、買、買，買了都堆在櫥子裡面，都還沒有聽過，正想去買音響時正好接觸到佛法，發覺我想解決的問題應該在佛法中，所以就一頭栽進去，根本就沒時間聽原版唱片了，也認爲未來不會有時間欣賞音樂了，後來就把那些原版唱片都送人。假使放不下而繼續聽音樂，你還能有時間學法嗎？還能參禪嗎？想要受優婆塞戒的人，應該遠離以上所說的兩件事情。戒師應該要問戒子能否遠離？

如果戒子可以遠離這二件事情，再向他說明：受了優婆塞戒以後，有四種人不應親近：第一、每天沈迷於下棋或賭博的人；第二、每天喝得醉醺醺的人；第三、常常說謊欺騙眾生的人；第四、喜歡賣酒的人。戒師問戒子說：「**這四種人，你能不能遠離？**」

如果戒子能做到，還要再要求：受了優婆塞戒以後，有些法是放逸的，凡是放逸的事情都不應做。什麼樣的事情是放逸呢？譬如天氣太冷了，我不想打坐；今天太冷了，我不想去正覺講堂聽經了。或者今天太熱了，去到講堂時可能渾身是汗，我不想去；或者現在太餓了，我沒精神打坐、沒精神讀經、沒精神聞法；現在口渴了，沒心情參禪；現在吃太飽了，現在肚子餓了，不能參禪了！或者心中恐怖時、歡喜時、賊難時……，總之他有一大堆理由而不想精進修持正法，這些不成理由的理由都可以使他放逸。有的人說：「**現在米那麼貴！賺錢要緊！不是學佛的時候。**」有時因為有病，所以不想學佛、參禪；也有人說：「**我現在**

年輕力壯正好賺錢，爲什麼要學法？」有的人說：「我現在還年輕，學佛是老人家的事。」等到老的時候又說：「對不起！我現在沒力氣學佛。」還有人正當有錢時說：「我現在這麼有錢，我要先享受享受再講。」這種人是事業失敗了才去出家學佛，心態就不很正確了。現代人出家大部份是年輕人比較多，或是事業有成以後想要追求實相、追求智慧，所以出家，但以前也很多人是因爲情場失意所以出家；寺院什麼時候變成他們逃避感情的地方了？眞的很奇怪！其實應該是爲法而出家，或者爲眾生而出家。還有人是爲了貧窮而沒有心情學法所以放逸了，但是這時反而要鼓勵說：「既然一直貧窮，不能改善，那你不如出家好了。」反過來鼓勵他，貧時出家也好，至少多一個人種種菜、看看山門，在佛法環境中就不會放逸了。有人爲了活命而求財，就放逸而不修學佛法，這也是放逸者。所以一切時放逸的人還眞多！戒師把放逸的情況說明了，要求戒子必須遠離放逸，然後問他能不能遠離放逸？

【「若言能者，復應語言：『善男子！受優婆塞戒，先學世事。既學

通達，如法求財。若得財物應作四分：一分應供養父母、己身、妻子、眷屬，二分應作如法販博，留餘一分藏積擬用。如是四事汝能作不？』若言能者，復應語言：『善男子！財物不應寄付四處：一者老人、二者遠處、三者惡人、四者大力。如是四處不應寄付。汝能離不？』若言能者，復應語言：『善男子！受優婆塞戒，有四惡人常應離之：一者樂說他過、二者樂說邪見、三者口軟心惡、四者少作多說。是四惡人汝能離不？』若言能者，應令是人滿六月：日親近承事出家智者。」

講記　假使戒子說他可以遠離放逸法，接下來再要求他：受了優婆塞戒了，應該要先學世間法。換句話說，戒子要能先塡飽肚子，衣食無虞再來學法，不要賴著常住，老是要吃寺院常住的食物；所以叫他先學世間事，有了謀生的技能，以謀生技能如法求財。求財得要如法，就好像中國人說的：「*君子愛財，取之有道。*」不可無道強取。如法求得財物以後，要分作四分：四分之一拿來供養父母、自己、妻子、眷屬，當然這是以一般人的收入來講的。再把四分之二用來做資本，如法販博；販是出售，博是交易；剩下的四分之一錢財，要累積起來，作爲將來隨時應變之用；預防萬一營業失敗時，還可以有個退路；或者將來要擴大營業時增資之用，這就是藏積擬用。戒師說完了，就問戒子：「這四件事情你做不做得到？」

如果他說可以。還要再向他說：你所有的財物如果要託付別人保管時，有四個地方不應該託付：第一是老人，第二是很遠的地方、第三是惡人、第四是有大勢力的人。這四種人都不應該寄付財物。爲什麼不應該寄付在老人處？譬如說有人把古董請一位年紀很大的老人保管，或將房地產登記在一個年紀很大的好朋友名下，有一天那人突然死了，他的子女當然就去辦理繼承，就把你託付的財產繼承過去，或是把你的古董據爲己有了！當他們在辦繼承時，你去說明：「這是我託付他、登記在他名下的財產，你要過還給我。」他們往往會不認帳的告訴你：「我父親從來沒說這是你的財產，這應該是我父親的財產，我爲什麼要還給你？」古董也一樣的情形，有時明明知道那是人家託付的，卻故意裝迷糊。如果有財產暫時登記在別人名下，記得去法院辦個認證：雙方寫下信託書：「某乙名下某某地方某某土地總共幾筆，都是某甲所有，信託在某乙名下登記所有權。」將地段、地號、面積都寫好，再把所有權狀拿在手裡。信託書中還要寫明：「某甲隨時可以請求返還產權。」然後一起到法院去認證或公證，由法院證明這件私文書的眞實性，子女將來就賴不了帳。但是古時沒有這種認證的方法，老人死後就死無對證了，都要不回來，所以不應寄付老人；假使財產都失去了，還能行菩薩道嗎？沒有行道資糧了！所以不應該寄付老人。

第二、不可寄付在遠處。古時的遠處可能是徒步走上一年，應急時就來不及了！有人也許說：「我去存在美國。」萬一又來個九二一大地震，你想要領錢應急都領不到；好在現在可以匯款，但是也得要在美國那邊有人能爲你提款，那也是一件難事；但是古時的遠處是更難處理的。第三、不可寄付在惡人身上，惡人喜歡偷拐搶騙，若是寄付在他那裡，正是把肥羊送入虎口，一定會像肉包子打狗一樣有去無回，千萬不要寄付。第四種人是有大勢力的人，也不要寄付財物；因爲當你想要討回來時，根本就討不回來。不該把你的財物寄付在這四個地方。說明之後再問戒子：「你若寄付財產時能不能遠離這四種人？」

戒子如果可以做到，還要再告訴他說：你受了優婆塞戒，有四種惡人要必須遠離：第一、「樂說他過」，他最喜歡講別人的過失，每天四處去講別人的過失；這種人會在無意間挑撥離間，明明是個好人，他會說這個人很邪惡；誤信他的話以後就會失掉好因緣，所以要遠離。第二、「樂說邪見」，明明無餘涅槃是要把自我滅盡了，變成純無我，他偏偏強辯：「**正好是這個清清楚楚的心可以入住無餘涅槃境界中，所以只要一念不生時就叫做涅槃。**」不論你怎麼解說，他始終不信受。又如你好意告訴他：「**證得阿賴耶識就是禪宗的開悟。**」他說：「**不！阿賴耶識是生滅法，你不應該信受。**」每天向你誹謗眞心阿賴耶識是生滅法，正是樂說邪見。他會常常來向你說：「**阿賴耶識不是如來藏啦！你被騙了，另外一個眞如心才是如來藏。**」另外一個心是哪一個呢？原來是離念靈知！正是意識心！這就是樂說邪見的人，他會害你壞掉法身慧命。第三、「口軟心惡」的人，他心中很邪惡，常常在算計你，可是嘴巴都跟你說得很甜美，每天甜言蜜語奉承你，說好話，那你得要小心這個人，趕快遠離，這叫作口蜜腹劍。第四種人「少作多說」的人，就是每天不親自做事，只管出一張嘴編派別人做事，不要親近這種人，要趕快離開。戒師說完了就問他：「這四種人，你能不能遠離啊？」如果戒子能做得到，就讓這個人在整整六個月之中，每天都來親近出家而有智慧的傳戒法師，爲他做事服務；當戒師觀察他確實奉行了，才可以傳戒給他。

【「智者復應至心觀其身四威儀，若知是人能如教作，過六月已，和合衆僧滿二十人，作白羯磨：『大德僧聽：是某甲，今於僧中乞受優婆塞戒；已滿六月中，淨四威儀，至心受持，淨莊嚴地。是人丈夫，具男子身。若僧聽者，僧皆默然；不聽者說。』」】

講記　觀察滿足六個月了，準備傳給他戒法的出家法師，應該和合僧眾二十人來共同作羯磨。既然要親近承事出家智者，而且是整整六個月中都來親近出家的有智戒師，承事種種事務，還要再和合眾僧滿二十人才能傳戒，顯然優婆塞戒是只能由出家法師傳授的，在家菩薩乃至等覺位時都仍然不許傳這個戒法的，這與梵網、地持、瑜伽等菩薩戒大不相同。觀察滿六個月後要召集和合僧滿足二十人，然後對至少二十人的僧眾公開聲明：「諸位出家的大德僧，請你們大家聽著：這個人名叫某某某，在眾僧之中祈求傳受菩薩優婆塞戒，到今天已經滿足六個月了；在這六個月中，他眞的能清淨四威儀，以至心至誠心承事戒師，並且受持這個戒法而無違犯，如此莊嚴了他的心地；這個人有丈夫的心性，而且是男子身，不是女人身。眾位大德僧，如果聽許這個人受持優婆塞戒，就不必表示意見，可以默然允許；如果不允許他受優婆塞戒，對他有意見，就請你當場說出來。」所以必須是男子身才能受這個戒，女眾是不能受持這個戒法的。

【「僧若聽者，智者復應作如是言：『善男子！諦聽諦聽！僧已和合，聽汝受持優婆塞戒，是戒即是一切善法之根本也。若有成就如是戒者，當得須陀洹果乃至阿那含果。若破是戒，命終當墮三惡道中。善男子！優婆塞戒不可思議，何以故？受是戒已，雖受五欲，而不能障須陀洹果至阿那含果，是故名爲不可思議。汝能憐愍諸衆生故，受是戒不？』若言能受，爾時智者次應爲說三歸依法；第二、第三，亦如是說；受三

歸己，名優婆塞。」〕

講記　這種菩薩戒是專爲在家男眾施設的，是爲了優婆塞準備住進寺院中當近住男，準備當出家菩薩而施設的，不是爲女眾而施設，所以叫作菩薩優婆塞戒。也許有人說：「那您講這部戒經，好像跟我們女眾無關。」其實不然，戒的道理是一樣的。這部戒經雖然是爲將來準備出家的男眾菩薩，作出家兼受聲聞戒的預先準備；不過裡面所說布施的因果、解脫與實相的眞理，以及實相中所說的『異作異受、自作自受』，道理則是相通無異的。這部分，在增上班課程中也有人問到這個問題，因爲時間不夠，也因爲在《優婆塞戒經》中即將說到，所以當時不作解答；這部經稍後即將會說到這些法義，說完後諸位就可以瞭解了。這部戒經中說的「自作自受、異作異受」等道理，其實正是第一義諦的實相正理，是學習大乘法的佛弟子們都應該深入理解的；對這個眞實義有了深入理解以後，我們就可以因此而斷除許多迷惑，將來就有因緣證得第八識如來藏，因此就能發起般若實相智慧了，所以這部戒經對參禪人而言，其實也很重要；而且，藉著理解戒理、持受戒法的功德，也能使參禪者漸漸具足證悟的因緣。

言歸正傳，和合僧已經聽許了，所以戒師準備爲他傳戒；但是傳戒之前應當先受三歸依，如果不是三寶弟子而傳給他戒法，就是不如法；爲了預防戒子這一世還沒有三歸依，所以爲他先傳授三歸依。智者戒師應該要先開示：「善男子！你詳細的聽好！如今二十位大德僧已經沒有異見，和合同見而聽許你受持優婆塞戒。這戒是一切善法的根本：你如果能受這個戒，將來受比丘戒或菩薩戒時就都不會有遮障。這戒也能作爲未來修學一切善法時的助緣，不會再產生種種的障礙；如果有人能成就優婆塞戒的戒行，此人將來就會證得須陀洹（預入聖流、見地）的果報，乃至證得二果的薄貪瞋癡（薄地）的境界，甚至能以在家身而證得三果（離地—離貪瞋癡）的境界。相反的，如果破戒命終之後，將會墮落於三惡道中。」在佛法中，利益愈大的戒法，犯了戒的弊害也就愈大，利與弊是相對等的。譬如供養或誹謗世間人，一定有它的因果，但是善惡因果比較小，因爲他是解脫道中的凡夫，更是佛菩提道中的凡夫；若是供養或誹謗證得四禪八定的人，因果就大一點；供養或誹謗初果人，因果就更大；供養或誹謗明心的人，因果又比初果人更大；供養或誹謗地上菩薩，又比供養或誹謗阿羅漢的因果更大；若是供養或誹謗等覺與諸佛，善惡因果就難可想像了！當供養他利益愈大時，對他做反面的事情以後，因果也就愈嚴重。所以：讚佛功德無量無邊，功德極大，當然對佛誹謗一句的後果也是無量無邊的。同理，受這個戒法的果報這麼大，未來能證得初果乃至三果，如果破戒時當然要墮三惡道，面對的惡報也會很大；因此，身爲大德僧的有智戒師還要開示說：「**善男子！這個優婆塞戒不可思議，因爲受了這個戒以後，即使在家中受用色聲香味觸、財色名食睡等五欲，卻不會障礙你證得須陀洹果乃至第三果，所以不可思議。**」

　　從解脫道來說，如果是在家身，不離欲就不能證得阿那含果，這是一般法師居士所知道的；但是在家身的佛弟子，如果能離欲，其實一樣是可以進斷五上分結的，同樣是可以證得阿羅漢果的；所以離欲與否——能否斷除我所五欲的貪愛——才是能否斷除五上分結而成爲阿羅漢的關鍵，不因在家或出家身相而有差別；若不能離欲，就無法證得三果，當然就與四果無緣了。若從佛菩提道的修證來說，道理也一樣；如果在家身就不能得阿羅漢的果位，那顯然在家相的初地入地心「永伏性障如阿羅漢」就是假的了，在家相的六地滿心證得滅盡定可以成爲俱解脫而不取證無餘涅槃也應該成爲假說了，在家相的八地以上菩薩也是阿羅漢，乃至等覺菩薩也多數示現在家相，你想這些大菩薩們有沒有阿羅漢的解脫果證呢？（大眾答：有！）所以，正在修斷五上分結的人能否實證阿羅漢果，是依能否斷除我所的欲貪而定的，不是依在家身或出家身而定的。出家的環境以及受持聲聞戒，比較容易證得三果（註）；但因優婆塞戒是爲了將來出家而作準備的，依照戒理而實行時，雖然受戒之後住在家中是不離欲貪的，一樣可以證得三果。若不是正受這個戒法而住於家中，在不離欲貪的情況下無法證得三果的。（註：但現在的出家人已經與在家人一樣，都因被大法師誤導而不肯否定意識覺知心，墜入我見中而無法證得初果，雖然有聲聞戒與出家離欲的環境，三果仍然無法證得。甚至有部分大法師被藏密誤導而暗修雙身法，成就無間地獄罪。）

但不可因爲這部戒經說持此戒的在家人只能證得三果，就說在家人都不能證得四果，否則就是引喻失當，誤會經義。假使在家人已斷五下分結而又能離欲貪，也可以斷除五上分結而實證四果的，只要自己有智慧，或有大善知識指導。所以，證或不證第四果，是依五上分結的斷與未斷而定，不是依身相而定的；假使出家後證得初果的人，不能離欲貪——身不行欲而心仍有貪、心仍有慢——一樣不能證得四果；這才是實證阿羅漢果的眞實理，與出家身或在家身無關。但是古時在家人證得四果的比例相差很大，是因爲在家人常與五欲同處熏習，較難斷除欲貪，所以人數當然相對的少很多，這與阿含部經典說有極少數在家人捨報時也是阿羅漢的說法，其實正好相符合。在大乘法中也是如此，所以「永伏性障如阿羅漢」的初地菩薩，在人間仍然是極少數。但是諸地菩薩對五欲都沒有貪著，卻仍然常處於五欲境界中，示現與諸貪欲眾生同事而利樂眾生，猶如蓮花出淤泥而不染，是經常處在欲火中而清涼自在、不起貪愛的，所以諸地菩薩都是能「在欲行禪、火中生紅蓮」的不可思議者，這是阿羅漢與辟支佛們所不能思量測度，也都做不到的。

優婆塞戒的良好受持者，所證的最高果證爲三果，是因爲 佛允許他仍然保有欲貪之心而受用在家人的五欲；如果在家之身而離五欲的心貪，表示他將來也是可以證得阿羅漢果的，因爲離開心貪的不久以後，在已斷三縛結的前提下，他只要略修禪定就可以很快發起初禪，實證三果。所以法無定法，千萬不要在尚未眞實了知經文以前，就以此經文而非議彼經文，否則將會成就謗法的惡業。正因爲受優婆塞戒以後，在家中受用五欲而不會障礙他親證初果乃至三果，這與受用欲貪的人絕不可能實證三果的情況，大不相同，所以這戒眞是不可思議。智者戒師接著就問：「受戒以後可以證得初果乃至三果，以後就可以大利眾生，你願不願意憐愍諸眾生的緣故來受優婆塞戒？」如果他能接受，所以在傳授與戒法之前要先爲他說三歸依。完成了三歸依的內容，他才是眞正的優婆塞。具足了優婆塞的身分才可以爲他傳戒。

【「爾時智者，復應語言：『善男子！諦聽諦聽！如來正覺說優婆塞戒，或有一分，或有半分，或有無分，或有多分，或有滿分。若優婆塞受三歸已，不受五戒，名優婆塞。若受三歸受持一戒，是名一分；受三歸已受持二戒，是名少分；若受三歸持二戒已，若破一戒，是名無分；

若受三歸受持三四戒，是名多分；若受三歸受持五戒，是名滿分。汝今欲作一分優婆塞？作滿分耶？』若隨意說，爾時智者當隨意授。」】

講記　優婆塞戒不是全分受，而是可以隨自己的心願來受的；心願大、意志堅定者，可以滿分受或多分受，多分受與滿分受當然證果會比較高，如果是少分受，將來所證的果位一定比較低，這是相對的。因爲心念不夠堅強，也不願意捨棄五欲法中的世間享受，就表示無法更清淨，我所的貪更重，當然將來能證得的果位也就愈低。一得一失，兩邊一定是相等的：世間法上捨得愈多，解脫道上的證量就愈高；解脫道的證量如果愈少愈低，他在世間法上就是放捨得愈少，這是相等的。這就像天平，這邊物品愈重，那邊法碼一定是相等比例增加，才能維持水平；這邊秤得愈低，那邊就相對等的愈高，想要維持水平，這邊的法碼就得相對增加，兩邊的重量一定是相等的。

這時戒師應向戒子說：「如來曾說優婆塞戒的受持有數種：一分、半分、無分、多分、滿分等五種受法。假使受了三歸依以後加受一戒，這是一分受；若是三歸依以後加受二戒，是少分受；受三歸依而受持二戒以後，毀破了一戒，則是戒體無分；如是三歸以後加受三戒或四戒，是多分受；若三歸以後加受五戒，就是滿分戒。你現在是想作一分優婆塞呢？或是作滿分優婆塞呢？」說完就依戒子的意願而傳授一分戒、多分戒、滿分戒。

【「既授戒已，復作是言：『優婆塞者，有六重法。善男子！優婆塞受持戒已，雖爲天女乃至蟻子，悉不應殺；若受戒已，若口教殺、若身自殺，是人即失優婆塞戒。是人尚不能得煖法，況須陀洹至阿那含？是名破戒優婆塞，臭優婆塞、旃陀羅優婆塞、垢優婆塞、結優婆塞，是名初重。』」】

講記　戒子對於五戒已經少分、多分、滿分而受持了，接著再爲他開示：「這優婆塞戒有六種重大的事情是不許做的。」優婆塞受了優婆塞戒以後，因爲前面是受五戒，還沒有正式受優婆塞戒，五戒受了以後，有的人心裡會覺得鬆了一口氣啊！我終於可以受三個戒，受了以後他自己心量會稍微大一點，膽子也壯一點，就比較敢受優婆塞戒。這就是有

先是溫暖，然後有一點點煙，然後才起火，最後才能把火壯大起來，燒到一切木頭。大乘解脫果的見道斷我見也有四個階段，**煖**是說在觀行身見、我見上面，已經開始有一點入手了，有些進入狀況了，也願意斷我見了。**頂**，接下來終於可以對色身非我、覺知心非我，漸漸有些觀察而瞭解了；瞭解到自我的虛妄，不會再墮入識陰中了，就是三界凡夫中知見最高的人了，名爲**頂**法。假使心中確定而可以確實接受無我了，終於能依無我的現觀而安忍下來，不再認定自我是眞實的，這就是**忍**。譬如木頭的小火快要生出來了，已確定能生起火了，就是頂法；木頭上的小火已出生了，譬如接受自我的虛妄，能安忍時就是忍法生起了！如今接受覺知心確實是依眾緣和合而生起的，能取六塵萬法的覺知心自己是虛妄的，已證得能取空，就是忍法。可是我見仍然沒有究竟斷盡，因爲所取的六塵仍然誤認爲是眞實法，所取仍未空盡；如同木頭上的小火尚未開始大燒起來，還要進一步觀行：覺知心中雖然還沒有生起語言文字，但在了知六塵的當下，就是已經取六塵相了！如果不是取六塵相，怎能當下了知六塵相？所以了知時已經是有取了；這個觀行還是很粗糙，後來終於微細到連覺知心的了知都確認是虛妄的，不管是長時間、短時間、或刹那間的了知，其實都是已經是取，都是虛妄的；進而觀察所取的六塵相——所了知的六塵——都是由六根爲緣才能出生的，所以覺知心所取的六塵也都是虛妄法，都證實而不想再取了，那麼**能取與所取眞實**的邪見就都斷了：原來能取六塵的覺知心與被了知的六塵都是假的，不再誤認一念不生了了分明的離念靈知爲不分別心，我見終於確實斷盡無遺了。如同木頭上已經生起熊熊大火了，雖然我執——木頭——還存在，但已經斷盡我見了，是三界世間法中至高無上的第一法。

這是說，如果破了戒，連四加行的第一個層次都無法實證，何況能證初果乃至四果？因爲都在所取的六塵法中殺生，誤以爲眾生眞實而殺生，怎能斷我見？連所取都斷不了，能取還能斷嗎？當然連煖法都得不到，更何況是得到初果的見地或二果的薄地、三果離地？既然殺害了眾生，他就叫作破戒的優婆塞。破戒優婆塞就是不清淨，所以是臭優婆塞。對於修行人來說，戒德很重要，所以說戒德香。　佛說有五種香可以飄散很遠，譬如最好的沈香，一爐沈香燒起來四十里外都聞得見，可是即使這最好的香也只能順風而飄，無法逆風而飄；但是有一種香可以逆風而飄，叫作戒德香，因爲它是藉人嘴傳出去的。既然戒德香可以遠揚，破了戒而被傳揚時當然就臭名遠揚了，所以叫作臭優婆塞。也說此人叫作旃陀羅優婆塞，旃陀羅心性暴力的人，或如屠狗、屠羊、屠豬的劊子手，都叫作旃陀羅；因爲他們心性不慈柔，常常殺生；假使持戒的優婆塞把殺戒都犯了，就如同劊子手一般，所以叫作旃陀羅優婆塞。若是受戒以後不肯好好受持，那就是污垢優婆塞。因爲五欲總是放不下而犯貪，就是結使深重，所以叫做結優婆塞。殺害眾生就是犯第一種重戒。

【「『優婆塞戒，雖爲身命，不得偷盜乃至一錢；若破是戒，是人即失優婆塞戒。是人尚不能得煖法，況須陀洹至阿那含？是名破戒優婆塞，臭、旃陀羅、垢、結優婆塞，是名二重。』」】

講記　第二個重戒說，受了優婆塞戒以後，如果有人來威脅：「你如果不幫我去偷盜那件古董，我就剁掉你的手。」若是因爲被威脅就去偷盜，就是犯盜戒。有時會遭受到兇狠的威脅：「你如果不肯幫我把那家公司的營業機密偷來給我，我一定會把你殺掉。」即使是受到性命的威脅，也不許去偷盜。甚至於有人威脅說：「偷盜古董你既然不願意做，不然就去幫我偷盜十塊錢來吧！」目的只是要逼你做偷盜的行爲，但即使只是十塊錢也不應當偷。「不得偷盜乃至一錢」，古時一錢算是很多了，古時的一錢是十文錢，十文的價值依現在來看，大概是幾百元或一、二千元吧！即使是少至這種數目的錢財也不該偷盜。惡人故意要人偷竊的目的，只是要你去犯戒而已，犯了戒以後就可以成爲他的眷屬。但即使是少至一文、一錢，也不許偷；如果破了這個戒，就失掉優婆塞戒的戒體，這一世不要說得到四加行的煖法，所有的佛法也都不用談了！更別說須陀洹果乃至阿那含果的修證了，這個人就叫作臭優婆塞、旃陀羅優婆塞、垢優婆塞、結優婆塞，這是優婆塞應該受持的第二個重戒。

【『「優婆塞戒，雖爲身命，不得虛說：我得不淨觀至阿那含。若破是戒，是人即失優婆塞戒。是人尚不能得煖法，況須陀洹至阿那含？是名破戒優婆塞，臭、旃陀羅、垢、結優婆塞，是名三重。」』】

講記 第三個重戒就是不可以未證言證，因爲這是大妄語。受了優婆塞戒以後，如果有人要殺我，我因爲那個人信因果，爲了保命就騙他說：「**我現在是初果聖人。**」或者騙說是二果、三果人，對方聽了，因爲我是聖人，也許就不殺我了！但其實我還沒有證果，這就是大妄語業。或者爲了保全身命而虛說：「**我已經證得不淨觀。**」證得不淨觀的人或者已入初果，或者即將要入初果；這是屬於斷除「身我見」，還沒有斷「心我見」，所以是即將入初果的人。乃至往上誇大的說：「**我已證得阿那含果。**」其實五下分結仍然沒有斷。這些都是虛說果證的大妄語。可是受戒者即使是爲了保全身命，也不允許虛說。譬如某個惡王或強盜，準備殺害一群人，但他恐怕錯殺到聖人，就會先問：「**有沒有誰證得初果乃至阿那含果？**」可是有人明明是凡夫，他想：「**我如果說是初果、二果、三果，就可以免死了。**」就騙惡王或惡人。他受優婆塞戒在先，如今卻騙人，妄說是初果、二果、三果，這樣就是破優婆塞戒；破了戒，失掉了戒體，連煖法都得不到，更別說是證得須陀洹至阿那含果，這個人就叫作破戒優婆塞、臭優婆塞、旃陀羅優婆塞、垢優婆塞、結優婆塞，他已經犯了第三個重戒。

【『優婆塞戒，雖爲身命，不得邪婬。若破是戒，是人即失優婆塞戒。是人尚不能得煖法，況須陀洹至阿那含？是名破戒優婆塞，臭、旃陀羅、垢、結優婆塞，是名四重。』】

講記 第四個重戒是不可以邪淫，這裡不是指不淫；因爲這是在家戒，所以不是不淫戒。即使是身命有危險的狀況下，也不可以被逼而邪淫，更何況是不受威脅的情況下而邪淫？譬如古時大官的官夫人，看上了年輕俊俏的男下屬，想要共行非梵行，你說：「我受了優婆塞戒，若我跟妳行非梵行，那我破戒後捨壽時就得要下地獄。」所以就不接受。可是那個官夫人威脅說：「你不接受，我就誣構罪名而殺掉你。」這時可要衡量一下了：接受了，保住一時之命，未來卻有很多世要淪落三途，還是寧可被殺算了！因爲被殺了，也只是這世沒命而已，反而因爲持戒清淨而使得下輩子更容易修行，因爲戒德更好了。如果爲了苟存一世性命，下輩子就不在人間了，將會落入三惡道中，那還得了？所以要權衡利弊得失。如果想過了以後還會接受非梵行，就表示這個人不信因果，他根本連當佛弟子的條件都不夠！所以眞實佛弟子在受威脅的情形下，都不願意行非梵行。

若是古時，還有一個方便法：**「如果妳那麼喜歡我的話，那就當我的小老婆，先與妳的大官老公離婚吧！」**她若接受了，問題就解決了！**「可是現在還不行，等妳嫁給我當小老婆以後再來吧！」**因爲古時男人可以三妻四妾的，印度古時也是如此的。如果她不接受，**「那妳就殺掉我吧！」**這是方便法，就是開緣。但是戒法遮止當時不正當的男女關係，假使妄作了，死後就得下地獄，然後再回到餓鬼道，再回到畜生道，最後才能再回來當人，那就不曉得是幾劫後的事了，可眞是苦痛難當呢！所以千萬要小心：雖爲身命，都不允許邪淫。如果破了這個不邪淫戒，就會失掉優婆塞戒，更不要說證果了，連四加行的煖法都無法獲得。

【「『優婆塞戒，雖爲身命，不得宣說比丘、比丘尼、優婆塞、優婆夷所有過罪。若破是戒，是人即失優婆塞戒。是人尚不能得煖法，況須

陀洹至阿那含？是名破戒優婆塞，臭、旃陀羅、垢、結優婆塞，是名五重。』〕

講記　受了優婆塞戒以後，不可以宣揚佛門四眾的過失；凡是已經歸依三寶的人，他們的過失都不應該加以宣揚。譬如對佛弟子作人身攻擊：批評佛弟子的身口意業過失，宣示佛弟子以前所造的惡業。凡是三寶弟子，都不可以宣說。但是這件事也有開緣，許多遮止的戒法都有開緣：譬如這個心性不好的佛弟子，正好某個大道場有件重要事情要委託他去做，有人覺得這件事只有他適合做，所以想要派任他擔任重要的職務，這時你雖不可公開說那個佛弟子的品性過失，可是你要先向準備派遣他職務的人說明：「某某住持！這人有些問題，你派任他擔任這個職事，將來可能會使寺院中亂七八糟，你要先有心理準備。」就把他的事情在私下詳細說明，這是就事論事，預防某道場將來出問題，這就是開緣，不在遮止之限。但是你如果公開大庭廣眾去講：「某某住持、某某監院想要派誰擔任某職事，但這人很壞，不應當派他。」這樣就犯了說四眾過的過失。換句話說，只能針對這件事情而私下處理，不可以為了把它宣揚出來而公開去講，這才是處理事情而不是說四眾過；所以說四眾過是有開緣的，不在遮止之列。

關於說四眾過，還有一個定義要先講清楚，也就是說：只單純針對個人的身口意行爲加以傳說，而不是在法義上來辨正，這樣就是人身攻擊，凡是人身攻擊——傳說個人的身口意行爲——都屬於說四眾過；譬如宣說某比丘、某優婆塞邪淫，即是說四眾過；但若是破斥某比丘、某優婆塞與他人合修雙身法，將其邪謬舉證而以法義辨正之，則是破邪顯正、法義辨正。第二種說四眾過，是捏造莫須有的事實，根本沒那一回事就捏造一個假事件去傳說，這也是說四眾過；又如有人做了某一件事情，本來不是惡事，或本是小事；但有人去傳述他所做的事情時，加以掐頭去尾，只說中間一段的過程，讓人誤會他是很惡劣的人。譬如有時菩薩現金剛相，以刀杖威逼某人：「**你必須接受三歸依，否則下地獄後很難出離。若不三歸，我不如現在先殺了你。**」目的是要救他。某人明知事情的來龍去脈是好意的，但卻只說他拿著刀杖逼人家，聽起來的印象是完全相反的，這叫做掐頭去尾而成爲說四眾過；或者敘述事情時只說前半段或後半段，都是說四眾過，都是破第五重戒。

但是，說四眾過也是有開緣的！譬如破法者，他的身口意行很惡劣，你爲了攝受眾生，可以把他公佈，減少跟隨他破法的眾生數目；猶如經中 佛常宣說提婆達多的惡劣，藉以攝受眾生，讓跟隨他造業的人漸漸遠離他，這是允許開緣的；對於戒法的開緣與遮止，其中意涵也應弄清楚。如果有人說了佛門四眾的過失時，是說某人有身口意行上的過失，不是在法義上講他的法有錯誤；但若講了以後，一定會使跟隨他的人回歸正法，或者不回歸正法但是能離開惡法，那你就是抱著「我不入獄，誰入地獄」的心態，雖然不值得稱許，卻也可以接受；因爲他在法上沒有能力取證，所以從有根據的身口意行過失來講他，抱著「我寧可下地獄、也要救那些人離開惡法」的心態，當他下定下地獄的決心時，捨壽時下不了地獄，反而成就了功德。就像《大般涅槃經》講的：如果有優婆塞護持說正法的覺德比丘，拿著刀劍與正要殺害說正法比丘的人廝殺，這位護持正法的有德國王，因此而體無完膚的被破壞正法惡人殺死了，往生以後去到某佛世界時，當上了不動佛的第一弟子；那位被護持的覺德比丘身命得全，弘揚正法到死，後來也往生去了，成為不動佛的第二弟子；那位國王殺人護法卻反而成為大弟子，道理就在這裡。

戒法是戒止惡行而不是戒止善行的，是戒止私心而不是戒止大心的；當你的所作所為是護持正法時，它就有開緣；若不是為了護持正法而說四眾過，就被遮止。在種種戒法的遮止與開緣中，都應有所瞭解，不要被戒法表相所拘束，但也不許浮濫的開緣，要能把握正確的分寸；只要懂得戒的因果，就不被表相所繫縛而懂得開遮，那麼戒法就不會束縛你，反而能成就你的道業。但是有很多人被戒相綁死了，就成為顢頇持戒、籠統守戒，當他出面據「理」力爭的結果，本質反而變成破戒、破法，因為善知識破邪顯正、救護眾生時，他卻說是誹謗僧寶，反而變成護助破法者，這就是不懂開緣和遮止。但是這種情形往往是明知故作，背後的因素則是善知識的法義辨正其實已經顯示他悟錯了！顯示他的弘法本質是誤導眾生，所以他就假藉戒法來指責善知識為誹謗僧寶；這在以後捨壽時，將會使他獲得嚴重的後果。這意思是：持戒當然要嚴持，但是要有智慧的受持而不可顢頇籠統。

雖爲身命，假使有人家構陷某比丘或優婆塞，譬如他出家前或受三歸五戒前，曾經犯了某種過失，是他學佛之前的事；但因爲你知道那件事的詳情，有人爲了打擊他，就故意逼迫你當眾大力宣揚，你如果不作，他就要殺害你；即使是這樣，你也寧可被殺害，不要宣說四眾過。因爲保得這一世的色身，可是後面的無量世卻得要輪轉於三惡道中，苦痛無量，千萬別作。這是第五個重戒。

【『優婆塞戒，雖爲身命，不得酤酒。若破是戒，是人即失優婆塞戒。是人尚不能得煖法，況須陀洹至阿那含？是名破戒優婆塞，臭、旃陀羅、垢、結優婆塞，是名六重。』】

講記　第六個重戒是不許經營酒店、酒廊、酒坊、釀酒廠；以前若是做這些事業的話，今後就不要再作了。酤酒就是賣酒、開酒廊，受戒後就不要再開酒廊了，即使不賣酒就不能活命，你也得要改變，要停止賣酒。若是受了優婆塞戒以後，還繼續開酒店、經營酒業而使眾生飲酒迷醉，就是毀破了優婆塞戒。破了這個戒，失掉戒體，別說初果乃至三果的證境，連四加行的煖法都不可能證得，所以也是破戒的優婆塞、臭的、暴戾的、不精進的、有結使的優婆塞，這就是犯了第六個重戒。飲酒會使眾生心性沈淪，也會使眾生修定時產生障礙，所以菩薩不該做這種會妨礙眾生修道的事情，否則就是嚴重犯戒。

【『善男子！若受如是優婆塞戒，能至心持，不令毀犯，則能獲得如是戒果。善男子！優婆塞戒名為瓔珞，名為莊嚴，其香微妙，熏無邊界，遮不善法，為善法律，即是無上妙寶之藏、上族種姓、大寂靜處；是甘露味，生善法地；直發是心，尚得如是無量利益，況復一心受持不毀？』】

講記　佛又開示：優婆塞戒就是菩薩所戴的瓔珞。大菩薩們的畫像或者經上說的大菩薩身像，總是在胸前佩戴瓔珞，那些瓔珞每一顆都是價值百千萬兩金；人間的瓔珞難得值百千萬兩金，就只有大菩薩戴的瓔珞值得；因為祂們的瓔珞是一種表徵，從表面上看來只是在莊嚴色身，但其實是表徵菩薩身口意的無量清淨行，所以《菩薩瓔珞本業經》說的菩薩瓔珞本業，是說菩薩身上每一顆瓔珞都是無量清淨的身口意行成就的，所以把成佛的資糧叫作瓔珞本業。一切大菩薩都以清淨的無量身口意行和清淨本願作爲瓔珞，所以菩薩生在天界時，自然而有無價的瓔珞來莊嚴色身，不必伸手向別人募化，所以諸地菩薩若是生在天界時，都自然會有無價的瓔珞作莊嚴，這是因爲已有清淨的無量身口意作爲本業而出生的莊嚴相。人間的諸地菩薩，如果剃頭著染衣而出家了，或是維持在家身，都不會胸佩瓔珞作爲莊嚴，因爲這不是他們的可愛異熟果報；但是生到色界天或欲界天的諸地菩薩都自然而然會有瓔珞莊嚴，這也是祂們的可愛異熟果報。因此說，瓔珞其實是戒行清淨、定法親證、慧學親證的表徵，這就是菩薩的瓔珞。

戒行既是菩薩優婆塞的瓔珞，顯然瓔珞只是表徵，所以不應特地去買瓔珞在身上佩戴。守持優婆塞戒不壞而有的莊嚴瓔珞，有熏香之味而且其香微妙，沒有邊界遮止，將會流香於無量無邊世界中；因爲菩薩優婆塞持戒清淨，或者比丘、比丘尼戒或菩薩戒持得清淨，護法善神與戒神們都會互相討論：「我護持的這位佛弟子，戒法持得很清淨，將來修道一定會有大成就。」護法善神與戒神們，也會互相炫耀：「我護持的菩薩戒弟子持戒最清淨。」他們也會互相比較，與人間是一樣的。這樣傳來傳去、一傳十、十傳百，你在這邊持戒清淨，極樂世界的眾菩薩們都知道。因爲你念佛發願要生極樂，你的蓮花已經生在那裡，人家只看你專屬的那一朵蓮花就知道你在娑婆持戒清淨或不清淨了！只看蓮花就知道你在娑婆時的慧學好不好、定學好不好？連你性障重不重都看得出來的。因爲極樂世界的蓮花共有九品，九品就已經不一樣了，就代表你往生去極樂世界時是下品下生的，或是中品上生、上品上生的，都不一樣。單只是上品上生與上品中生的蓮花光色就差很遠了，上品中生的蓮花有紫磨金色的光芒散發出來，但是死後將會上品上生的人，即使是剛出生的一朵小蓮苞，它的光明都遠勝上品中生的紫金蓮即將要開敷時的大朵蓮花光明；因爲智慧光明不同，性障的修除或降伏也不同，自然就會有很大的不同。假使讓你見過一次上品蓮花的光明，你一定會很喜歡；那種光明，如經中所說：黃色黃光、青色青光⋯⋯等。金光、黃光四射照耀，但是其中夾雜著寶藍色光明，太漂亮了！想想看：金黃色和很強烈的白光中，夾雜著寶藍色的光明放射出來，那是怎樣的光明？想一想，漂亮死了！所以上品上生的蓮花光色與中生是大不一樣的，何況是上品與中品下品的差別呢？因此你持戒持得好不好？修行修得好不好？在極樂世界的菩薩們都看得清清楚楚，瞞不了別人的。同樣的，在鬼神道法界、天道法界的眾生中，他們也都會傳開來，所以你的戒德香（如果你持戒很清淨，戒德香就很微妙），就會到處宣流而普熏無邊界。

菩薩優婆塞戒可以遮止不善法，如果持了菩薩優婆塞戒，它就成為你的善法戒律。律就是用這個善法來約束你，使你不會去犯惡業，具足了成就慧學所需的資糧。所以說優婆塞戒是無上妙寶之藏，換句話說，當你持了這個戒律，才可能在佛法三乘菩提之中有所修證，所以戒法中含藏著無上妙寶，因此使你從受戒的那一剎那開始，身心轉變為上族種姓。因為你受了戒以後，與世間凡夫就大不相同了；世間凡夫是一天到晚都在貪瞋癡中，殺盜淫妄或是每天喝得醉熏熏的，你卻是六重戒不犯，身心轉變，已經與他們產生很大的距離，所以從受戒的一剎那間就開始不同了，轉變為上族種姓了。安住於六重戒中都不犯過，當然心地就開始不再攀緣世間法了，自然就常住於大寂靜處了！

而且菩薩優婆塞戒也是佛法中的甘露味，因爲它促使在家的初學菩薩離開了染污法，就可以和清淨法相應；心地常與清淨法相應時，就會漸漸的可出生在善法的境界中。以直心來發起優婆塞戒的清淨心，尚且還可以得到無量的利益；也就是說，一發心就可以得到無量的利益，何況是終身一心的受持而不毀壞？當然得利就更多了！

【『善男子！如佛說言：若優婆塞受持戒已，不能供養父母師長，是優婆塞得失意罪；不起、墮落，不淨、有作。若優婆塞受持戒已，耽樂飲酒，是優婆塞得失意罪；不起、墮落，不淨、有作。若優婆塞受持戒已，污惡不能瞻視病苦，是優婆塞得失意罪；不起、墮落，不淨、有作。若優婆塞受持戒已，見有乞者，不能多少隨宜分與、空遣還者，是優婆塞得失意罪；不起、墮落，不淨、有作。若優婆塞受持戒已，若見比丘、比丘尼、長老、先宿、諸優婆塞、優婆夷等，不起承迎禮拜問訊，是優婆塞得失意罪；不起、墮落，不淨、有作。若優婆塞受持戒已，若

見比丘、比丘尼、優婆塞、優婆夷毀所受戒，心生憍慢言我勝彼，彼不如我，是優婆塞得失意罪；不起、墮落，不淨、有作。』〕

講記 接著開始講微細戒，屬於輕戒。前面講的是六個重戒，接著有二十八個輕戒，也是優婆塞戒中應該受持的。那你們優婆夷說：「那是優婆塞要持的，跟我們無關。」事實妳們還是要受持；因爲妳們若準備要受菩薩戒，這二十八個輕戒也函蓋在我們即將傳授的菩薩戒中。我們即將傳授的菩薩戒中有四十幾個輕戒乃至五十一個輕戒，重戒也多了四個，所以這二十八個輕戒也和大家有關。

有智慧的戒師，還要繼續向戒子開示：譬如 佛曾說過：「如果優婆塞受持了菩薩優婆塞戒以後，卻不能供養父母、師父、長輩，這個優婆塞就獲得失意罪了。」換句話說，受持優婆塞戒以後，必需念茲在茲：要常常記得供養家中二老。有人學佛以後說：「師父叫我要布施。」他嫌自己布施不夠多，就把每月供養父母的五千塊錢或五萬減掉一半，說父母在家裡食衣住都不用錢，每個月供養他五千元、五萬元，他們每天閒著無聊就把我給他的錢拿去坐計程車，花了二千塊錢坐計程車去買一罐八百塊錢的花生油回來，眞浪費！就把原來的供養減下來，那就不對了！假使有能力，你仍然要依舊供養，因爲他們可能也會常常買米去佛寺供養，或是把餘錢供養三寶；我們如果減了金額，他們可能就不再供養三寶了，那就不好。不該這樣想：「如果我把這些錢直接拿來供養三寶，得到很大的功德、福德，所以供養父母的部分就減一些吧！」錯了！供養父母的福德不會比供養三寶少，這在後面經文中　佛會說到；所以受持了優婆塞戒以後卻不能供養父母、師父、家中的長輩，就是忘掉優婆塞的本分了，這就是失意罪：遺失了「自己是優婆塞戒受持者」的作意了，這就是失意罪。忘了優婆塞戒受持者的本分，戒體不能時時現起，將來就會墮落三惡道，也是不清淨的心行，是有爲有作的心態。

優婆塞受了這個戒法以後，忘了自己已是受戒的在家菩薩，常常耽樂飲酒而喜歡品嚐酒味，就獲得失意罪；因爲持戒的目的是不要飲酒，不要賣酒，想要遠離酒味而離開暗沉無明。喝了酒就會增長無明，常常住於暗沉境界中，可是優婆塞受了在家菩薩戒以後，卻仍然每天得要喝一些小酒，這就是耽樂飲酒，就得了失意罪：忘失了自己已經是在家菩薩戒的受持者了。所以受戒後可別這樣想：「我只要不酗酒就好，每天喝一小杯好酒品味、品味，有什麼關係？」這仍然是失意罪，因爲耽樂酒味而忘失自己已是受戒的菩薩了，所以得失意罪。因此緣故而使戒體暫時不能生起，這就是墮落之罪，心行不清淨，也是有爲有作的心態。

如果受了優婆塞戒以後，因爲心中討厭髒污的事物，所以當他家中老父母或是寺院中的老師父、老長輩有病苦時，他就不願意去看顧他們，這也是得到失意罪。在前面已經開示很多了，說菩薩從大悲中生，既要當菩薩，卻沒有悲心，連家中的老父母、寺院中的老師父，都只因爲厭惡污垢而不願瞻視，那還說什麼大悲心呢？根本就忘失了自己曾受菩薩戒的作意了！這就是得到失意罪。既然忘了菩薩的戒心，戒體就起不來，未來是會墮落的，這就是不清淨心，是有爲有作的心。

受持優婆塞戒以後，看見有人來乞討，雖然身邊剛好不方便，也應該多少布施一些。若是不願意隨分多少給他，讓他空手回去，這樣也得失意罪：忘了所受的菩薩戒精神了。菩薩戒的戒體就是沒有現起，自心現在就已經墮落了，將來捨壽後當然會墮落三惡道；這是不清淨心，是有爲有作的心。若是有人來乞討：「**我沒有飯吃，你布施給我一碗飯。**」你若剛好只有一碗飯，就分一半給他，這就是隨分多少施與，不要空手遣返他，就不會得到失意罪，否則也是不起、墮落，不淨、有作。

受優婆塞戒以後，如果看見比丘、比丘尼、長老、先宿，或看見優婆塞、優婆夷來，要依情況接待：起、承、迎、禮、拜、問訊。讀經時不可含糊籠統：看見優婆夷來時，當然不用向她禮拜？而是要起、承、迎，不可仍然大剌剌地坐著不動。如果看見比丘、比丘尼或長老來了，不但要起身、承接、禮拜，禮拜完了還要問訊：「**師父啊！近來眾生好不好度？您身心輕安嗎？**」禮拜完了還要如此問訊。問訊是問候訊息的意思，不是作一個手勢就叫作問訊，那是不如法的。如果是長老來了，還是一樣要起身、相迎、承接、禮拜、問訊他。若是先宿，他也許不是長老，也不是出家人，而是在家人；先宿就是先輩的在家修行人，你就起、承、候、迎，接著問訊就可以了，不必禮拜；你若禮拜，他也是覺得困擾，他年紀大了也不方便回禮。如果是諸優婆塞、優婆夷來了，那你就起、承，歡迎他來，並且問候他近來好不好？就不必禮拜了。這些事情要因時、因人、因事、因地制宜，應當合乎禮節。你如果不能這樣作，也是失意罪，因為你受持優婆塞戒以後，身為菩薩就應有菩薩的威儀，人家來了，你不可以大剌剌坐在那邊說：「你要幹啥？」或者連問都不問，都不開口，只是定定的看著他，這樣也是失意罪。菩薩要有菩薩的威儀，別人來見你，總得站起身來承接，這是基本的禮節。

所以有人找我說話時，若是平輩，我總是會離開椅子站起來；特別是長輩，絕對不許繼續坐著。當長輩說：「坐！坐！」我們再坐，這是一般的禮節。除非你是上輩對下輩，可以繼續坐著。有人來了，你應該問問他有什麼事情，可是先得問候他，再看他來找你的是有什麼事？若來者是平輩或上輩、你的師父，你就得要站起來，不可以繼續大剌剌地坐著。其實有很多人都不是大剌剌地坐著，只是不懂，因為沒有人教導他禮節。今天我教了，將來你師父來到面前找你，得要趕快站起來，可別還是坐在那邊說：「師父！你要作什麼？」如果不懂這個威儀，就是犯了律儀戒，也是失意罪。一樣是不起、墮落，不淨、有作。

如果受了在家優婆塞菩薩戒，看見比丘、比丘尼、優婆塞、優婆夷，也就是看見佛弟子四眾有人毀戒了，他在心中就比較說：「**他犯了戒，我沒有犯戒，所以我是勝過他。**」因此心中起了憍慢，這也是得失意罪。因為受戒以後，別人持戒是否清淨，那是各人的事，不可拿來互相比較；不論是在心中自己比較或是說出來比較，這都是得了失意罪不淨菩薩，也是不起、墮落，不淨、有作。但是在布薩時例外，若有人犯戒而在布薩前沒有如法懺悔，就該在布薩時當眾舉發，若是明知有人犯戒而參加布薩，你卻不舉發，也是犯戒的。但這不是比較持戒的高下，而是維持聲聞僧團或菩薩僧團的清淨，不在此限。

【『若優婆塞受持戒已，月月之中不能六日受持八戒、供養三寶，是優婆塞得失意罪；不起、墮落，不淨、有作。若優婆塞受持戒已，四十里中有講法處，不能往聽，是優婆塞得失意罪；不起、墮落，不淨、有作。若優婆塞受持戒已，受招提僧臥具床座，是優婆塞得失意罪；不起、墮落，不淨、有作。若優婆塞受持戒已，疑水有虫故便飲之，是優婆塞得失意罪；不起、墮落，不淨、有作。若優婆塞受持戒已，嶮難之

處無伴獨行，是優婆塞得失意罪；不起、墮落，不淨、有作。若優婆塞受持戒已，獨宿尼寺，是優婆塞得失意罪；不起、墮落，不淨、有作。』】

講記

如果受持菩薩優婆塞戒以後，已經準備出家了，卻不能每月於六齋日受持八戒齋，不能於月月受八戒齋時供養三寶，這位優婆塞就得到失意罪。意思是說，受持菩薩優婆塞戒，每月至少要有六天，通常是選在六齋日受持八戒而且過午不食，供養三寶，否則就是得失意罪。八戒在這裡暫時省略不講，以免佔掉太多時間；受八戒就是近住男所受的八戒，六齋日要受八戒而且過午不食，日已過中就不許再吃食物了，這就是受持八戒齋。一天之中不許違犯八戒，這叫受持八戒齋。受八戒齋時要早上到寺院去受，在那邊打坐、經行、打理雜務、出坡；在寺院中受八戒齋時，當天一定要隨分供養三寶，總不能去那邊吃了三寶早餐、午餐，卻不供養三寶；佔用了三寶的財物，可是不好消受的，所以應當供養三寶。若在六齋日不能持八戒齋而且供養三寶，就是得失意罪。

受八戒齋的目的，在前面已經講過，是說菩薩優婆塞戒是爲將來兼受比丘戒及大乘菩薩戒作準備的；既然將來想要求受比丘戒，就是想要求證解脫道，就是爲將來出家而作準備的；那當然每個月要有六天受八戒齋，這個八關齋戒一定要受。受八關齋戒而在寺院中度過清淨的一天，就順便供養三寶；若不這樣作就是得失意罪，若不能每月六日受八戒齋，將來想要受比丘戒也就無法成就了。因爲比丘戒規定是日中一食的，每天只在中午吃一餐；在二乘法中，最多是早上過堂以後中午再過堂受食，午後就不許受食了；你若做不到這一項，將來如何出家修行呢？

但在大乘法中則有開緣，所以晚上還可以再吃一餐，這是因爲大乘比丘、比丘尼與二乘出家眾不同；二乘人出家之後，不爲眾生做很多事情，不必熬夜爲眾生做事，所以不需要晚上再吃一餐。他們出家後是以托鉢而得到食物的，不必自己辛苦煮飯、炒菜，也不種稻、種菜，什麼都不作，就只是課誦、講經；講經完了中午受供養，然後就經行、打坐，這樣輕鬆的過一天。可是大乘菩薩不一樣，有時甚至爲眾生忙到晚上十一點、十二點鐘了還在作事，早上四點打板時又得起床做事了，所以不能過午不食。如果有人在大乘法中同時兼受比丘戒與菩薩戒，每日爲眾生忙個沒完，卻堅持每日都過午不食，我告訴你：他在出家一、二年後就會得胃病，然後身體每天都是病歪歪的，假使寺中分配了職事給他：「某某法師！這件事情請您來做。」他可能只剩下微弱的力氣回答說：「對不起！我的身體沒辦法做這件事。」胃被餓病了，還能爲眾生作事嗎？所以大乘法中的菩薩們就有開緣：晚餐照樣吃，但不稱爲飲食，而是叫作藥石——名爲吃藥——要把這一頓晚餐如同吃藥一樣看待，才能長期爲眾生做事。

你們在寺院中晚齋時不可大聲呼喚：「某某法師！吃晚飯了！」否則鬼神聽了會說：「你們出家人吃晚飯時也不順便供養我，竟然都不施食給我。」他們心裡就不高興了！所以該說是「吃藥了」。這就是「爲治療形枯」：那一餐飯菜就是藥石。爲眾生的緣故而必需照顧色身，如果餓病了，還能爲眾生作什麼大事呢？所以大乘中的出家人和二乘中的出家是不同的，依聲聞法，受供以後，缽洗過了就經行，然後洗腳打坐去了，他沒什麼事情了；愈打坐，精神愈好，晚上不必睡多久，精神體力都好得很，所以每日中午一食就夠了；但是大乘法不同，菩薩們爲眾生忙碌死了，連休息的時間都沒有，當然晚餐就不能少，不然胃會壞掉，胃壞了就更難吸收營養，五臟六腑也跟著漸漸萎縮，整個人都沒精神了還能修行嗎？還能利樂眾生嗎？所以出家人日中一食的規定，在大乘法中是有開緣的；持八戒齋也依個人身體情況來作決定。因此不可以指責說：「**受出家的聲聞戒後，過午應該不食的，某某法師！您怎麼還吃晚餐？**」俗話說：飯可以亂吃，話不能亂講，免得出紕漏。

但若是菩薩優婆塞戒，那就沒得通融了！每月一定要有六天受持八關齋戒，在這六天一定過午不食、供養三寶；若是財物不多，就隨分供養；財物多，你就多供養一些。若不這樣做，這優婆塞就得到失意罪；同樣是不起、墮落，不淨、有作。

如果受了菩薩優婆塞戒以後，從你所住的地方走路所及的四十里地（大約十幾公里）內，若有菩薩在說法，你知道了卻不去聽，那也是得失意罪，也是不起、墮落，不淨、有作。為什麼這樣規定呢？古時的生活型態與現在不一樣，古時想要聽到菩薩說法的機會很少，所以公開說法的人不多；現在可不一樣了，到處有人在說法，懂佛法的人出來說法，不懂佛法的人也自稱懂得佛法，也是一大堆人在說法，你怎麼辦？是否每天都要排滿聽法的行程？都沒時間自修，家庭也只好放著不管了！這還能算是正修行嗎？所以，古今時空背景不同，大家都應該因時因地制宜，自己要有智慧。譬如十幾公里之內，有人正在誤導眾生，說的是似是而非的邪法，你還要去聽嗎？去聽邪法就等於擁護邪法而成就破法共業，所以對於戒律的精神，要有智慧分判。

受了菩薩優婆塞戒以後，不可接受招提僧的臥具床座。招提就是寺院，招提僧就是寺院的常住僧。如果他不是常住僧，而是雲遊僧，有時給你物品，你可以接受，因爲他帶不走，太重或太龐大了！譬如有人布施了一大塊沈香木給他，是很名貴的香木，也是寶物；如果一尺長而有五公斤重，可以雕出很名貴的佛像，雕好可能賣到上佰萬；像這麼大一塊沈香木送給你，你接不接受？有人搖頭表示不接受，有人不知道。但其實你可以接受，但要先作請問：「我可不可以轉施？」他說：「可以。」那你就接受了再轉施。因爲雲遊僧無法帶很多物品，他也不看重這些寶貝；他若送給你，你就接受，但是要供養他容易攜帶的財物，讓他方便使用，然後你就把它轉施出去。他若是常住僧，你就不能接受，因爲寺院的常住僧沒有雲遊難攜的問題，他也不一定有權贈送與你，而且寺院中隨處都有地方放置，你若接受了，那就是受招提僧物，得失意罪。

若是寺院裡的常住僧送給你任何東西，你都不要接受；有時寺院中的常住法師，因爲寺裡的竹園有好多竹筍，你剛好去供養他，他就回送你二斤、五斤竹筍，你還是少收爲妙：「**師父可以留下來，星期天大家來共修時可以用來作齋菜，大家一起用。**」你若收了那五斤竹筍，可就麻煩了：得到失意罪了！同理，招提僧贈送的臥具床座絕對不能接受，其他的物品也都是少收爲妙。這裡講的是床座就是坐禪用的器具，臥具是舖墊。假使有人供養了法師一個特別的床墊，譬如遠紅外線的床墊，一床要幾萬塊錢，但他的體質不適合，睡不慣就送給你，你千萬別收，收了就是受招提僧物。也有人沒腦筋，供養大法師黑檀木的仿古床，一床要一佰多萬、二佰多萬；大法師也沒智慧的收了，後來發現不如法，所以不喜歡，不要了！想要趕快布施出去，有一天你剛好去供養三寶，他就送給你，你若就收了，可就犯了失意罪。因此招提僧（常住僧）不論是送你什麼，你都別收。如果是送經典或他的著作，那他是做法布施，你就可以受施，但是要記得供養三寶；至於其他一切的財物、食物，都絕對不要收，收了就是失意罪。

如果受了戒以後，喝水時一定要先用濾水囊過濾才可以喝。古人喝水不像現代人這麼講究，現代人還得要自來水再煮沸過，若是喝了一般河流的生水一定會生病、拉肚子。古人吃了水蟲也算是營養，反而更有力氣了；古人想要得到動物性蛋白質很困難，所以有人故意喝有蟲的水，因爲腸胃很好，所以喝下去就吸收消化了！假使古時的菩薩優婆塞受戒以後，心中懷疑水裡有蟲，可是心想那是動物性蛋白質的營養，就裝作不知有蟲，故意直接喝掉，這也是犯了失意罪，所以戒律中規定必須先用濾水囊過濾了才可以喝。現代人看到水中有蟲就會怕死了，一定不會喝，連自來水的生水都不願意喝，所以時空背景已經不一樣了！換成現代的時空背景，應該是禁止喝肉類製造的蛋白質飲料；若是喝了，就是得失意罪。仍然是不起、墮落，不淨、有作。

若是受了菩薩優婆塞戒，有一天必須經過嶮難之處，譬如有野獸或地形很危險，需要有人陪同互相照顧，或是必須有專家幫忙才過得去；

但是你無伴獨行，自己冒險過去，也是得失意罪，意思是你應該照顧道器——身體。若是有人在廝殺，你可不要過去勸架；如果他們是一般未習拳術的平常人打架，無妨當和佬，頂多是挨幾拳；如果他們是拿刀子殺來殺去，你可別去勸架，那都是危險之處，可能使你保不住修道的工具——身體。又譬如某地有戰爭，互相在打仗，是很危險的地方，你故意去闖：「**我不怕死，根本不怕死，爲了求法，這邊的路比較近，那邊的路太遠了！**」冒險強行通過，就得失意罪，也是犯戒，這就是菩薩的不故入難處戒。也就是說，你的身體既然已是眞正修道的道器，就應該要愛惜保護，不應該隨隨便便拿自己身命冒險，否則也是得失意罪，不起、墮落，不淨、有作。

受了菩薩優婆塞戒以後，還有一個規矩得要注意：不可單獨一人住在尼寺中。若時間很晚了，應該留宿在寺院中，可是那個寺院只有比丘尼居住，沒有比丘居住，就不可以留下來過夜。如果那個尼寺有幾個在奉持供養的兩人以上男眾同住在那邊，那你可以留下來和那些男眾過夜。假使尼寺中只有一位男眾住在裡面，那是不如法的；但是遇到這種情形，你卻可以留宿而與男眾過夜一晚。因爲寺中至少有一位男眾與你共同過夜，你就不會讓人家講閒話，也不會使尼寺的比丘尼眾令人起疑。同理，女眾菩薩們若是去比丘眾的寺院，可不要一人獨自留宿在比丘寺院中；萬一天候很晚了，路又很遠，沒辦法走了，至少要有二位、三位女眾共同留住過夜，否則會使比丘眾的寺院讓人起疑，這是護持表相三寶時都應該要注意的。否則就得失意罪，不起、墮落，不淨、有作。

【『若優婆塞受持戒已，爲於財命，打罵奴婢、僮僕、外人，是優婆塞得失意罪；不起、墮落，不淨、有作。若優婆塞受持戒已，若以殘食施於比丘、比丘尼、優婆塞、優婆夷，是優婆塞得失意罪；不起、墮落，不淨、有作。若優婆塞受持戒已，若畜貓狸，是優婆塞得失意罪，不起、墮落，不淨、有作。若優婆塞受持戒已，畜養象馬牛羊駝驢一切畜獸，不作淨施未受戒者，是優婆塞得失意罪；不起、墮落，不淨、有作。』】

講記 佛說：戒師還得要再開示說，如果優婆塞受持了菩薩戒以後，爲了財物或爲保全自己的性命而打、罵他的手下人乃至外人，這個優婆塞就得到了失意罪，失掉了身爲菩薩應該有的慈悲律儀，也是失掉了菩薩戒的戒體，所以說他是不清淨的優婆塞，他的戒體已經不能生起了，未來世將要墮落，是不清淨的心行，是有爲有作的心行。

如果優婆塞受持這個戒法以後，當他施食時以殘食來供養佛弟子四眾，也是得失意罪，也是不會生起戒體，將來要墮落，是不清淨心，落在有爲有作的心行中。殘食，顧名思義就是吃剩的食物。有人家中有供奉佛像，當他買了食品回來，不經意的拆開，吃了一部分就收起來不吃了；到了明天早上，他就把剩下的食物拿去供佛，這就是以殘食供佛。假使想要先吃，一定得先分成二個部分，將明天要供佛的部分收起來放到櫃子、冰箱裡，剩下的部分再取來吃；不可以先吃一部分，剩下的再放到櫃子裡等到明天供佛，那就成爲以殘食供佛了。有人想：「反正食物那麼多，我先吃幾口，剩下的又沒有沾到口水，用來供佛、供僧，又有什麼關係？」但是意義不同，因爲已經成爲殘食了，成爲不淨施。身爲在家菩薩，不得以殘食施於比丘等四眾，否則就得失意罪，戒體也就失去了。

如果優婆塞因爲家裡鼠患成災，所以他就養了貓或狸（狸是比狐小一點的犬科動物）來抓老鼠，就是與貓狸共業，成爲殺生的罪；雖然老鼠不是道器，又是小生命，但也是失意罪，一樣是不起、墮落，不淨、有作。若是家中沒有老鼠，養貓只是作爲寵物，不會讓牠咬老鼠，這就有開緣了：你必需把牠關在房子裡面，不能讓牠到室外去。房子裡面保證沒有老鼠，那就沒事。這意思是說，我們受戒、學戒要懂得如何受持，持戒是想要淨化身心而增益道業，不要使受持的戒法障礙了道業。對於理解持戒道理的人，持戒是很容易的事情；但是對某些人來講，持戒很痛苦，所以愈是持戒就煩惱愈多，無法增長道業。戒律的精神在哪裡？戒的主旨是什麼？你們都要清楚的把握住，持戒就容易了。

如果受持了菩薩優婆塞戒以後，他原來畜養的大象、馬、牛、羊、駱駝、驢子、一切畜獸，是營生所需的；譬如在家菩薩以耕田爲生，必需養牛，有的地方則是養馬來牽犁、拉車，所以必須養這些動物；但使用這些動物實際上是在剝削牠們的勞力，而人間的動物其實又各有牠們的業報，在這一世應該由你來獲得牠們的勞力，藉以成就人間的種種事物，這是不得不如此的；所以有個開緣，在受戒之後仍可以繼續豢養，但是要先作淨施：把這些象、牛、馬……等，先布施給未曾受戒的俗人，然後再借過來使用；在所有權上來說，牠們不是你的，只是借來用；但是借來用之後，還是由你養、由你用，這是開緣的法。這種布施之後再借來用，就叫作淨施。若沒有先作淨施，或者淨施的對象是已受戒的人，就得到失意罪，不起、墮落，不淨、有作：菩薩戒體不會生起，菩薩的法道也無法親證；犯了菩薩戒，來世就得墮落；這是不清淨心，也是有爲有作的染心。

【『若優婆塞受持戒已，若不儲畜僧伽梨衣、缽盂、錫杖，是優婆塞得失意罪；不起、墮落，不淨、有作。若優婆塞受持戒已，若爲身命須田作者，不求淨水及陸稼處，是優婆塞得失意罪；不起、墮落，不淨、有作。若優婆塞受持戒已，爲於身命，若作市易斗秤賣物，一說價已不得前卻，捨賤趣貴；斗秤量物任前平用，如其不平，應語令平；若不如

是，是優婆塞得失意罪；不起、墮落，不淨、有作。』】

講記 受了菩薩優婆塞戒以後，家裡得要儲備僧伽梨衣，就是出家法師所穿的三衣，你得要隨時準備一套在家中；如果有比丘、比丘尼來，你就以這一套三衣供養。供養出去了，日後得要再去備辦一套儲備著。另外還要準備鉢盂和錫杖，盂是比鉢小一點的容器。古時身分比較高的比丘，可以擁有一鉢一盂，盂是有時被拿來作吐痰用的。一般出家人也有用新盂來托鉢的，所以只是容量小一些的鉢。錫杖上往往掛著圈圈的錫環，是用來嚇唬驅逐虎狼用的；古時依照佛制出家了，是走到哪兒就睡在哪兒，沒有固定的處所；到後來有人供養了精舍、林園，才有常住。雖然如此，因爲每日要托鉢，或者有時遠行走過山林時，在路上也有可能遇見虎狼，就用錫杖來抵禦虎狼，通常是先在地上頓幾頓，匡啷匡啷震天價響，虎狼被大聲嚇著就離開了！若再不走，就用錫杖戳牠們或頂住牠們，不讓牠們傷害比丘，因此出家人需要這三樣物品。在家菩薩要隨分預備著，對來求的比丘整套供養，或者隨他們所缺而隨分供養；如果不預備著，萬一哪天有法師托鉢來到你家，向你要一套僧伽梨衣，你就無法供養了，那就得到失意罪。好在梵網、瑜伽、地持、瓔珞等菩薩戒沒有這一條規定，你若不受這種戒，就不會有這個問題。

又說，優婆塞受了這個戒法以後，爲了維持色身性命而必需耕田引水時，如果不求淨水和陸稼處，也是得失意罪。換句話說，引水灌溉時所引用的水，不可以用水池裡的水來灌溉，因爲池子裡可能有許多生命，引來灌溉之後可能會殺生害命；因爲印度的稻田大多是旱田，池中有許多小魚及生物，引過來灌溉以後牠們就會死在田裡；所以只能引入河水、溪水來使用，就不會傷害生命，所以限定用流動的淨水。種植時要陸稼處，即使某些水處也可以種植，但你也不該去種，因爲那是某些生物的家，你種了水稼，牠們就沒命了！並且不要把山坡上的樹木砍掉，用來種菜，這樣會使動物沒了家，生命難保。看起來佛法也是很有環保概念的：環境保護的目的，無非是維持生態的平衡，所以環境保護的目的也是在保護動物。我們佛法中本來就規定要在陸稼處，而且灌溉的水得要是流動的水，不可以把池裡的水拿來灌溉，否則就是犯戒了。

如果是做生意，古時若不是農稼，當然就是貿易嘛！爲了維持色身性命，在市場交易，交易時斗秤賣物；這當然只是概說，實際上當然也有算數目⋯等，但是一般而言是算容積、重量來賣物品；譬如賣米糧用斗來計算，把斗裝滿了，拿一支圓棍刮過去，與邊緣滿平，算是一斗；我們小時是這樣買米的。現在糧行賣米都是一包一包的，好像不容易看見斗了；現在想要看米斗，只有一個場合，就是有人家裡死了老人，孝子披麻戴孝時由長子或長孫抱個斗，裡面放個神主牌，只有這時才看得到了。秤是量重量的工具，但是這個秤是作動詞，也是拿來衡量那個斗是否合乎規格；所以斗、秤已經是代表衡量的意思了！菩薩交易時不可輕秤小斗欺騙別人。若是販賣其他物品，一旦談好價錢，不可再對眼前談好的價錢推說不賣；一說出口就得要賣，不可因爲旁邊有人另出高價就反悔。不單如此，古時的印度，話不能亂講的，比如有人中意你的祖母綠，他說：「二十萬賣給我吧！」你說：「你出三十萬元我都不賣。」對方若願意三十萬元向你買，他就憑這一句話去找仲裁者，你就必須以三十萬元賣給他。給孤獨長者就是以這種方式向祇陀太子買了給孤獨園來供養 世尊的，祇陀太子只因不小心講了一句話：「就算是你把黃金舖滿了我這塊園林，我也不賣。」給孤獨長者就拿這句話去找仲裁者，裁定的結果是：「如果把黃金鋪滿了，你祇陀太子就得賣這塊地。」後來祇陀太子知道 佛陀的功德了，就說：「剩下出入門這一小塊地，你不用再鋪黃金了，這一小塊地就由我來供佛；至於這個園林中所有的樹林，我還沒有賣給你，這些樹林就由我來供佛。」所以才變成祇樹給孤獨園嘛！當祇陀太子說：「縱使你把黃金鋪滿了，我也不賣你。」就一定得賣，何況剛才已經和某甲說好了價錢，縱使有第二個人再添個高價來，也不許捨賤價、趨貴價，否則就失掉了佛弟子的律儀，人家會批評：「學佛人竟然講話沒信用。」佛法的弘傳就被遮障了！一旦價錢開出去，對方承諾要買了，即使他身上剛好沒錢，說要回家拿錢來，在他還沒有聲稱不買之前，你就不許以更高價錢轉賣別人，這就是持戒的菩薩該有的行儀。如果是用斗來秤雜糧等等，一定要任前平用，要把圓棍拿來刮平作準；有的店員往往會偏心照顧老闆，就故意把圓棍用力壓，斗的中間就凹下去了，這就是不平；如果有這種狀況，應該告訴你的店員把它弄平，不然就是侵呑人家應有的權益。也有人心懷不軌，故意用較輕的秤、較小的斗來欺騙人，都有違菩薩慈悲的心腸。如果受戒以後，不能依　佛吩咐如法交易，也是得失意罪，同樣是不起、墮落，不淨、有作。

【『若優婆塞受持戒已，若於非處、非時行欲，是優婆塞得失意罪；不起、墮落，不淨、有作。若優婆塞受持戒已，商估販賣不輸官稅，盜棄去者，是優婆塞得失意罪；不起、墮落，不淨、有作。若優婆塞受持戒已，若犯國制，是優婆塞得失意罪；不起、墮落，不淨、有作。若優婆塞受持戒已，若得新穀果蓏菜茹，不先奉獻供養三寶，先自受者，是優婆塞得失意罪；不起、墮落，不淨、有作。』】

講記　受持優婆塞戒以後，不可以非時、非處行欲。非處是說：不該行欲的處所。在家人有配偶，行欲是實行人倫常理的義務，但是行欲應該在房間，不許在客廳、廚房、屋外、山野之處，否則即是違犯菩薩律儀戒。又如行欲之時，若在穀道、口處行欲，也是非處，同樣是違犯菩薩律儀戒。非時，我們不以最嚴格的標準來講，畢竟現在已是末法時期，要求太嚴格的話，若不是夫妻都在修學佛法，很可能會鬧家庭革命；

這不是危言聳聽，因爲末法時連出家人都有一部分人公然爲自己的邪淫辯護了（譬如西藏密宗喇嘛公然與異性徒弟合修雙身法而師徒亂倫，亦如藏密的在家信徒同修之間亂倫，也有極少數信徒的父女、母子亂倫），在這種環境上，何況能要求夫妻並未同修佛法的在家人太嚴格的戒法？所以對非時只講較爲寬鬆的原則：白天不許做，諸佛菩薩聖誕日及六齋日不許做，比較微細部分就不作要求了。這是比較注重根本戒的要求，微細之處就不要求了！如果於非處、非時行欲，就是邪淫，也是得失意罪；但這與另一種邪淫不同：不是婚姻關係以外的邪淫，只是配偶之間非處和非時行欲，罪比較輕，所以是得失意罪，不是重戒的邪淫。

若是出家受戒以後與異性或同性徒弟合修密宗雙身法，不論是藏密的喇嘛或顯教中信受藏密的出家人，包括藏密喇嘛已得生起次第圓滿而能在射精後再吸回膀胱，仍然絕對是邪淫，都是無間地獄罪；無間地獄受罪完了，還要轉入其他地獄，常常被猛火燒燃男女根，痛苦無量；然後才漸次轉入其他地獄，一一受畢長期的苦痛以後，才轉入餓鬼道多劫，再轉入畜生道多劫，然後才能回到人間，但是最初五百世總是盲聾瘖啞、五根不具，所以千萬不可修雙身法。若是在家人犯了剛才所說夫妻間的非時非處行淫，則是不起、墮落，不淨、有作，但不是重戒大罪。

受優婆塞戒以後，經商買賣獲利而不肯捐輸官府應收的稅，等於強盜行為，所以棄捨國法所規定的繳稅義務，也是得失意罪；經商而有公司組織，卻作假帳，譬如會計師往往會好意建議你：多報幾人薪水，拉幾個親戚朋友當人頭來浮報薪水支出，使帳面上的開支增加，繳的稅就可以減少；會計師是好意，不該責怪他，但我們要打定主意，不作這種事情。這類事情在稅務員來講，他們認為是平常事，只要沒抓到證據就算了，但我們是菩薩，既然學佛了，千萬別作這種事。譬如我們正智出版社，作者是免費提供著作給我們出版的，沒有著作權費，會計師認為我們的盈餘比別家出版社高出很多，盈餘比例太高了，與所有出版社的盈餘比例相較，看來是有違常情的，稅務員會覺得怪怪的，可能會誤以為是有什麼違法的隱情，可能會常常查帳；以前由陳慧文掌管出版社的會計工作，她曾提出多報職員人數來降低盈餘比例的建議，但我們沒有接受，因為這樣作與偷盜沒什麼差別，所以我們寧可多繳稅、結帳之後如果稅繳多了，捐給同修會的錢少了，那就少一些，不要計較這些錢，所以我當場就婉轉回絕她的建議。好在我回絕了，不然這一回可能會讓她拿來當題目，可就死定了！這就是說，正直就有正直的好處。若受了菩薩戒，但是不肯捐輸稅金，也是犯菩薩戒的，一樣是得失意罪，不起、墮落，不淨、有作，絕無可能證得解脫果。

如果受戒以後，犯了國法，也是得失意罪。學佛人先要遵守國法，才能談到修行；但是因爲國法常常會變，不可泥古，所以 佛捨壽時，對戒法有開示：**我捨壽後，將來佛弟子在戒律上，要因時因地制宜。我所已制戒，於他方所不應行者，則不應行；我所未制戒，於他方認爲應行者，則亦應行。**大意是如此。因爲每一個國家法律規定不盡相同，在舍衛國制定這個戒律，到了別的國家不見得合用；因此所沒有制定的戒律，如果在某國是一定要遵行的話，你就得要遵守，不可以說 佛沒有規定這個戒律，所以國王縱使規定了這個辦法，我仍然不遵守。這就是說，除了根本戒以外，其餘的小小戒都可以比照這個精神來受持。如果你說：佛規定必需要繳稅，可是你若去到一個不用繳稅的國家，偏要他們的官員爲你課稅，就成爲強人所難了。所以小小戒要因事、因時、因地制宜，不硬性規定；但是六大、十大根本戒則是絕對不可以違犯。對於小小戒，原則上要把握「公正不輕欺他人」的原則，在小小戒的受持上就不會有過失，原則上就是不要傷害菩薩的律儀。

如果受戒之後，你有農耕收成，比如新割的稻子收成曬好了，這是新穀；要把自己半年要吃的新穀留下來，其餘的都賣掉；留下來的半年份新穀，不可先取來食用，要先供 佛：挑到 佛前先供 佛。然後才撤下來儲存備用。水果、菜、瓜……等蔬果也都一樣，凡是收成了就先供佛，供 佛之後，分一部分供養僧寶，再撥一部分賣了錢，用來護持正法，就是供養法寶。若是田地極廣大，收成極多，就自己斟酌收成情況來供養三寶。若是收成以後，不先奉獻供養三寶，自己先用，還是得失意罪，也是不起、墮落，不淨、有作。

【『若優婆塞受持戒已，僧若不聽說法、讚歎，輒自作者，是優婆塞得失意罪；不起、墮落，不淨、有作。若優婆塞受持戒已，道路若在

諸比丘前、沙彌前行，是優婆塞得失意罪；不起、墮落，不淨、有作。若優婆塞受持戒已，僧中賦食，若偏爲師選擇美好、過分與之，是優婆塞得失意罪；不起、墮落，不淨、有作。若優婆塞受持戒已，若養蠶者，是優婆塞得失意罪；不起、墮落，不淨、有作。若優婆塞受持戒已，行路之時遇見病者，不住瞻視、爲作方便付囑所在，而捨去者，是優婆塞得失意罪；不起、墮落，不淨、有作。』」】

講記　受菩薩優婆塞戒以後，如果去到寺院中，法師不允許你上座說法，或者不許你當眾讚歎他，你就別說法、也別讚歎他。意思是：你歸依三寶又受戒以後，去到你師父的寺院時，他若不讓你說法，你就只做護持的事情，千萬不要自己就上座說法，或是私下爲人說法，這也是中國禪宗道場的叢林規矩。但是有一個情況除外，你師父若是誤導眾生，縱使他不允許你說法，你不但要說法，還要請他改正原來錯誤的說法，救護佛弟子四眾；護持正法與這個戒相的分際要認清楚，千萬別跟世俗人一樣和稀泥。如果你公開讚歎師父的果位，要大家供養，他會馬上制止你：「不要再講了！」當你師父不允許你這樣讚歎時，你就別再讚歎了。因爲他不好處理：如果承認了果位，就違背 佛的告誡；如果不承認，又成了大妄語。若是承認較低的果位卻與事實不符，也是大妄語；凡是虛說果證，都是大妄語。那就讓他很爲難了！可是多數人對這一點都沒有正確的認知，他們想：「**我是護持正法，我把您高推了，正法就鞏固了**。」本意也許是好的，但是卻不如法，師徒都有大過失，都是大妄語罪；若從寬解釋，至少也是方便大妄語。所以你師父不允許你作，就不要作，作了也是得失意罪，照樣是不起、墮落，不淨、有作。

受菩薩戒以後，走在路上時，在家人別走在法師前面；只有一個情況例外：那位法師是你的學生，除此以外，沒有其他的開緣。如果他不是你的學生，你還是避免走在他的前頭；但你若只是前行引路，就不在此限了。因爲 佛所施設的戒法，有很多道理都不是我們所能全部知道的。所以自古以來常有大菩薩說：「**佛意難知**。」原因就在這裡。假使你是在師父座下悟入的，不論你的證量後來超越了師父多遠，仍然應該讓你師父走前頭，你走在後頭，這樣你會得到實質利益，不會障礙你此世後世的道業。 佛施設這個戒法，最簡單的用意就是崇隆表相三寶。

眾生不知道勝義三寶、住持三寶的義理，他們都是看表相而引發學佛的善根，所以你得要把表相三寶的尊嚴維持著；不是因爲出家人的德行或證量有多麼高，而是因爲 佛的正法要靠表相三寶來護持，所以我們就應當如此維持表相三寶的尊嚴。

以前，我破參後，有一次與我這一世的師父在路上走，我故意走在左後方而且退後半步；剛開始，他想拉我跟他平行，我不好拂逆，所以就平肩走個一、兩步，又退下半步來，這就是爲了崇隆表相三寶。後來他知道我不樂於平肩而行，就接受了。這一切都是以 佛的正法流傳作爲考量的最高原則，不必看重是否已經破參的表相，不可這樣認知：「**我破參了，他還沒有破參。**」請問你：破參後還有「我」的高下差別嗎？你心中老是想著：「**他還沒有破參，我破參了，我應該走在前頭。**」那表示你的我見根本就沒斷，你的破參當然就是假的了。證得如來藏以後，還有五陰我的高下嗎？沒有了！除非我見還沒有斷，或是找到的如來藏只是聽來的，所以沒有智慧轉依如來藏；若還沒有轉依成功，那就不算是大乘法的眞見道，知道了密意也不算是見道。轉依成功了才算是眞正的見道。所以說「道路，若在比丘前、沙彌前行」，你就得到失意罪，照樣是不起、墮落，不淨、有作。將來想要證果是不可能的。

受了菩薩戒以後「僧中賦食」：當你在僧團中當行堂職務時，如果偏心而爲自己的歸依師父、得法師父特別選擇美好的食物，倒也沒什麼關係，但是問題就出在「過分與之」；徒弟特別爲師父選取較美好的食物，本是人情之常，無可厚非；但若是選取很多美好食物而使眾人不夠分配，或是特別給你師父二份美好食物，那就不好，這就是超過了本分。選擇美好倒無所謂，但是統統選擇美好的，其他較不精美的食物都沒有，也是過分的。但若是比較硬的食物，師父年紀大了，太硬的食物只要選一個就好，或是不選也可以，但不要整份都是選擇最美好的食物，份量也不要過分，否則也是得失意罪，也是不起、墮落，不淨、有作。

受戒後如果養蠶，也是得失意罪，因爲是殺生。蠶結繭以後，想要取它的絲，就要放到水中煮，蠶就死掉了；牠本來可以羽化成蛾，還可以出生很多的生命，現在被燒死了，所以也得失意罪。但是養蠶也有開緣的：譬如現在有新的養蠶技術，蠶吐出來的絲會被安排而吐成一個平面，不能結成繭來綑住自己；等牠把絲吐完了，養蠶者就把牠們抓去另一個盒子中收存起來，讓牠們變成蛹，再羽化成蛾，又可以出生下一代；這種養蠶技術的突破，跟以前不一樣，沒有殺生害命的事情，就可以開緣而養蠶了。如果還是以老式的方式讓牠們結繭，再煮了取絲，就得失意罪了。瞭解了戒法的精神，就懂得開緣的道理了！不曉得我們會員有沒有人養蠶？請舉手！喔！還是有。你如果不是用新技術，受了菩薩戒而養蠶，就得失意罪；如果改用新技術，就沒有這個戒罪的問題存在了；如果只是養著好玩兒的，讓牠們到時候孵化出來，那也沒有得失意罪。

受戒後若在路上行走，看見有人病倒在路上，卻視而不見的走過去，不肯停下來看一下他的病，爲他作種種方便，找人來幫他醫療，這也是得失意罪，照樣是不起、墮落，不淨、有作。

【『善男子！若優婆塞至心，能受持如是戒，是人名爲優婆塞中分陀利花、優婆塞中微妙上香、優婆塞中清淨蓮花、優婆塞中眞實珍寶、優婆塞中丈夫之人。善男子！如佛所說：菩薩二種，一者在家、二者出

家。出家菩薩名爲比丘，在家菩薩名優婆塞。出家菩薩持出家戒，是不爲難；在家菩薩持在家戒，是乃爲難。何以故？在家之人多惡因緣所纏繞故。』〕

講記　最後一段是傳戒法師向戒弟子作總結說：善男子！如果在家菩薩以至誠心而能受持這個優婆塞戒，這人就是在家菩薩，就是在家佛弟子中的蓮花，而且是有最微妙無上香氣的蓮花；因爲他像這樣的清淨了身口意行，就好像清淨的蓮花一樣，我們可以說此人是在家佛弟子中的眞實珍寶，可以說是優婆塞中的大丈夫。

佛陀又說，猶如我釋迦牟尼佛在種種經中所說的：「菩薩有兩種，一種是在家菩薩，另一種是出家菩薩。出家菩薩稱爲比丘，在家菩薩稱爲優婆塞；出家菩薩守持出家戒並不困難，因爲惡因緣很少的緣故；可是在家菩薩要持在家的菩薩優婆塞戒，可就很不容易，因爲在家之人，身邊總是有許多惡因緣所纏繞的緣故。」

〈淨戒品〉第十五

【善生言：「世尊！有人受持如是戒已，云何當令是『戒淨』耶？」佛言：「善男子！有三法能淨是戒：一者信佛、法、僧，二者深信因果，三者解心。復有四法：一者慈心，二者悲心，三者無貪心，四者未有恩處先以恩加。復有五法：一者先於怨所、以善益之，二者見怖懼者能爲救護，三者求者未索、先開心與，四者凡所施處平等無二，五者普慈一切、不依因緣。」】

講記　善生童子又爲我們請問：「世尊！有人受持優婆塞戒以後，要如何持戒才能使所受的菩薩戒可以清淨？」佛說：善男子！有三個法可以清淨優婆塞戒，第一是信受佛、信受佛法、信受僧寶。第二是從深心中眞的相信因果：深信持戒的因果，以持戒爲因，必定有未來世的可愛異熟果報；以犯戒爲因，必定會有未來世的極不可愛異熟果報；如果深心信受佛法僧，就能清淨戒法，知道以持戒爲根本而清淨修行，就可以在最後成就佛果。深信因果，就知道持戒的淨因一定會有清淨果。第

三、如果能理解戒法的精神，知道戒相施設的目的，也知道持戒的結果，有這樣的理解，也可以使得戒行清淨，證果就容易了。

還有四個法可以使戒行清淨而容易證果：第一要有慈心，慈心是要常常想著能對眾生有利，這樣的心態可以使得戒法清淨。第二是悲心，悲心是常常想要拔除眾生的苦難；譬如你看見眾生在世間忙忙碌碌、浪生浪死，實在可憐，就想要救度他們脫離生死苦海；看見眾生受種種災難，你去救濟，讓他們免除災難，也是悲心；再進一步，看見眾生修學佛法卻總是被外道見誤導了，你去救護他們離開外道見、回歸正法，這也是悲心。悲心就是讓眾生離開他們不喜歡的惡境，慈心是讓他進入快樂的境界，所以說「悲能拔苦，慈能與樂。」有慈心、有悲心，一心想著利樂眾生，自然就不會犯戒，當然不會想侵占眾生財物或欺負眾生了。第三是無貪，有慈心有悲心，但是有時起貪了，就會對眾生不利；做了對眾生不利的事情，當然是犯戒了！所以說，如果心中無貪，也會使戒行清淨而容易證果。第四，眾生雖然對你不曾有任何的恩德，但你願意先以恩德施加於他們，即使從來沒有一面之緣、從來沒有接觸過，你都願意幫助他們，這樣的心態也可以使得戒法清淨。

還有五個法可以使戒法清淨而容易證果：第一、不是因爲對自己的眷屬有貪愛而利益他們，反過來，在想要利益眾生時，要先利益怨家，然後再來利益眷屬，這是「先於怨所，以善益之」，這樣的不可思議善心，會使你連微細的惡念都不會出現。譬如有些人被誤導了，我寫書出來救他們，他們反過來詛咒我：「蕭平實是邪魔外道，一定會下地獄。」可是我們不跟他們計較，他們因爲有怨心，所以犯戒惡口！已經犯了菩薩戒的惡口重罪了。但我們聽他們口頭上惡罵或是文字的惡罵，還是把正確的道理詳細的講給他們，恐怕他們讀不懂；很多地方都是詳細到老婆過頭了，連他們沒想到的法義也都幫他們寫出來，想要讓他們都瞭解，所以我們不是以反罵回去的方式來作；所以有些人罵過兩、三年，讀了我們回覆的書籍以後，已經回過頭來支持我們；因爲我們講的確實有道理，他剛開始時因爲被大師誤導，由於先入爲主的錯誤觀念所以不能接受；但是經過多年來的詳細思惟、私下求證，知道以前被教導的知見嚴重錯誤了，所以就轉變而回到正確的佛法中來了！所以詳細說明法義是弘法者應有的心態，套一句世俗話說：「**政治上沒有永遠的敵人，也沒有永遠的朋友，只有利益關係。**」我們套用來說：「**弘法的過程中，沒有永遠的敵人，也沒有永遠的朋友，只有救護眾生的悲心。**」事實上也是這樣的：十幾年來就是這樣，以前非常讚歎我的人，後來私心不遂時就會反咬我一口，但是不管他們如何對待我，我們還是把正理詳詳細細的寫出來，讓他們去瞭解，希望他們捨報之前能有機會把謗法罪滅除。另外，有很多人是因爲不知道我們的法義本質，從來不曾讀過我們的任何一本書，只聽人家說蕭平實是邪魔外道，就跟著傳話誹謗；後來因爲許多同修在網站論壇上辯論法義，對方在一來一往之後發覺我們眞是有道理，漸漸就轉變過來支持我們，這也不在少數，後來也有人因此進入同修會中證悟如來藏了。這都是因爲我們不漫罵惡口，總是在理上、法義上說清楚，不作人身攻擊；又怕他們不懂，所以又從各個方面都說清楚；凡是理智的人，後來都會在詳細整理與思惟以後信受的。我們從來不惡口，這就是心態的正確與否問題：只是想把謗法者救回正法中，並且還想幫他們證悟。如果能這樣做，先於怨所、以善益之，就一定不會犯惡口重戒了，戒行也就清淨了。

第二、看見有人身在危境，心懷恐怖，而你能夠救護他，也是清淨戒行的方法。這種情形在世間法中常常看得見的，譬如在野外，也許看見一條大狗在咬一條小狗，牠身形小、力氣小，無法抵抗，你有能力，就幫牠救護生命，這就是無畏施：施給那條小狗無畏懼。但是這種無畏施，有時會受到傷害；譬如看見一條狗受傷了，有的人過去幫忙，那條狗卻忽然咬他一口；因爲狗聞到那個人吃肉，心中恐怕他是虛情假意而想把牠殺害吃掉。我親身經歷過這種事的，大家都因此而不敢理牠，可是我看見這事情，就向牠摸摸頭試探一下，牠沒生起惡念，我就拿來黃藥水爲牠擦藥，其實牠也是痛得呲牙咧嘴，可是卻忍住而不咬我；因爲我沒有吃肉的味道，牠知道我不會吃牠；接著再把牛奶給牠喝，因爲牠已經快沒氣了，牠就喝了，以後再給食物，也都沒問題。這就是說，你有清淨的身體，不會散發出肉食的味道；吃肉的人都有肉味，譬如洋人剛到台灣時，你第一次跟他們接觸就會聞到腥味，因爲他們都吃牛肉。吃豬肉就有豬肉味，單聞體香就知道他們吃什麼肉了。若想對畜生類作無畏施，爲預防初次接觸時互相不瞭解而產生誤會，最好是自己先素食。

關於無畏施，譬如有人欠債兩萬塊錢，債權人逼他：「**如果你這兩萬塊還不出來，我就要殺掉你！我再給你五天，你如果不還，我一定會殺掉你。**」那你就布施兩萬元去救一條命回來。有時眞是一文錢逼死英雄漢，英雄人物絕對不做搶劫的事，可是沒有那一文錢買食物，他就過不了這一天，連一個饅頭也買不起，何況是還債？這時你如果方便：「**我明天幫他還錢，請你不要殺他。**」這就是施無畏，這既是無畏施、同時也是財施；二萬塊錢就救回一條人命，這福德可眞大。如果你是這樣慈悲的心態，戒法想要不清淨，也是很難的，證果也就容易多了。

第三是「求者未索，先開心與」，有人窮困末路而來到你家，希望你布施，你早就知道他要向你求財物，不必等到他開口，你就先給他，而且要歡歡喜喜的給他，不要老大不情願的樣子。身爲菩薩，不情願也要給，歡喜也要給，不如就歡喜的給了。如果你有正確的心態，當然不會在眾生的財物上起貪心，自然就不會犯貪戒了。

第四，凡所布施的對象都要平等無二。眾生有個壞習慣，眼睛常常長在額頭上，看到是名氣大的法師，崇拜到不得了：「想要捐一百萬給大法師，都不容易看到他，常常得要等待很久。我下回就認捐三百萬，他總該很快接見我了吧！」可是遇到沒有名氣的小法師，即使只護持一萬塊錢，他都不願意，都嫌護持太多了，這就是一般的眾生。所以有些學佛人縱然知道正覺的法義是了義正法，可是他想：「我才不護持你正覺同修會，道場那麼小，我才瞧不在眼裡呢！」他想要護持的是大山頭、大名氣的大法師。我們理事長悟圓法師說得好：「我們才是大道場，因爲我們法大。」眾生不瞭解實際情形，大多看表相：這家寺院金碧輝煌，氣派萬千，是大道場。他就護持鉅金了，可是他家附近精舍的法師，眞的很清苦，他就不願去護持。可是實際上，大法師眞的修行比小法師好嗎？他們的戒行眞的比小法師清淨嗎？不見得！往往是相反的。所以優婆塞布施時，應該平等無二，去大山頭時護持五十萬元，回來看見隔壁精舍的沒名氣比丘，也得同樣護持五十萬，這才是平等行施；因爲那些大、小法師所「悟」的佛法都同樣是意識心，根本就沒有證量的高下差別，爲什麼要對他們分大、小眼？眞沒道理！如果大法師悟的法是如來藏，你因爲他是了義正法，而隔壁的小法師還沒有破參，或是悟錯而墮入意識境界中，所以布施較少給他，你說這樣的布施是平等無二，我們倒可以接受；可是明明大法師與你隔壁精舍的小法師都同樣是意識境界，你爲什麼要分大、小眼，布施給精舍的小法師就少得可憐？菩薩應該要平等心行施，若能如此，你的戒行一定會越來越清淨，一定不會起慢：「哼！我家隔壁精舍的小法師修行不好。」不會生起慢心惡法。

第五要善慈一切，不依因緣。布施給有情眾生時，要普遍以慈心對待，不因爲有親屬的因緣，所以特別照顧他；非親屬就都不關心，應該平等看待，遇到了就應該隨緣加以照顧。在外面遇到的某一個窮苦眾生，也許一百世以前他是你的父母，只因爲慳貪不施，所以這一世很窮苦；也許某人五十世以前是你很鍾愛的子女，比你現世的表親還要親，爲什麼要以現世的因緣作爲布施的考量呢？所以應該普慈一切而不依此世因緣。佛不是教導我們了嗎？菩薩得要有一個心態：「一切男人爲我父，一切女人爲我母，我生生世世無不從之受生。」所以隔壁窮困的師姊，過往的無量世以前一定曾是你的媽媽，因爲一切人都有過去的無量世，這個可能是一定存在的。除非人都只有十世、百世、一萬世，但你是有無量的過去世，有無量的過去世，而現在會聚集在同一個世界的同一個星球、同一個國家、同一市鎮而且是鄰居，算是很有緣的，所以這個可能性是很大的，所以菩薩應當普慈一切，不依因緣。

【「復有四法：一者終不自輕，言我不能得菩提果，二者趣菩提時其心堅固，三者精進勤修一切善法，四者造作大事心不疲悔。復有四事：一者自學善法學已教人，二者自離惡法教人令離，三者善能分別善惡之法，四者於一切法不取不著。復有四法：一者知有爲法無我我所，二者知一切業悉有果報，三者知有爲法皆是無常，四者知從苦生樂，從樂生苦。」】

講記 還有四個方法能使戒行清淨而容易證果，第一、永遠都不輕視自己：「我不可能證得佛菩提的，我連開悟見道都不可能，何況還想要進入初地？那更別提了！」外面那些學佛人，如果你向他們說：「你來我們正覺同修會共修吧！未來一定可以開悟的。」但是他們一聽就說：「不可能啦！我算老幾？那是大根器的人才能悟的，我一定不行。」這就是自輕。當他們這樣想時，就是戒不淨者，已經違背了這一條戒法。當他們這樣想時，就會認為終其一生都不可能開悟證果，所以對戒法就不會很小心受持，只會勉強壓抑的混過一世。如果他想：「親證佛菩提果的七住位、十住位，迅速超過一大阿僧祇劫的三分之一，這是有可能的。」他就會想：「既然有可能，我可得千萬小心不要犯戒，以免障道。」一生的戒行當然就會清淨了，這就是戒淨者，證果、開悟也就隨著容易多了。諸位會來到正覺共修的原因，當然是認為開悟有可能，想要追求開悟、親證佛菩提果，表示你沒有自輕之心；以這樣的心態來受持菩薩戒，一定會比看輕自己的人要清淨多了；如果戒行不清淨，想要開悟證得佛菩提果，一定是妄想。因此身口意行自然就會小心一些，認為再怎麼辛苦都沒關係，絕對不犯戒，所以，不輕自己，是戒淨的好方法。

戒淨的第二個條件是：當你往佛菩提道進修時，心是堅固不移的。我們也常常說：修學佛菩提的人，要有長遠心；若無長遠心，很難親證的。有些人來學法，禪三精進共修時被錄取了，可是去到禪三道場老是悟不出來，心想：這四天三夜如此痛苦，還是參不出來，這一世大概沒辦法證悟了！以後就不敢再參加了，也不想再繼續共修了，從此開始自己一人在家持名唸佛號。這表示他求悟的心不堅固，這也是戒不清淨的一種：自輕己身。由這裡也可以證明：他眞的還沒有悟道的因緣。

還有人報名禪三時，第一次沒錄取，第二次沒錄取，第三次也沒錄取，就放棄了，再也不來共修了，當然他的佛菩提道就到這裡爲止了。可是名額有限，不可能每人都錄取的。就如總統只有一個位置，不能每個人都上來當，一定會有人落選；但這一次落選，不一定下一次還會落選；這次當選了，也不一定下一屆還會當選。我們一定會考慮讓新班學人盡量有機會參加禪三，已參加過一次的，就留到下下次再選上來；因此有人報名到第六次才錄取，可是一錄取就破參了，反而悟後進修更快。若是悟緣還沒有成熟就先錄取，只是白白辛苦一場，所以學佛求悟時一定要有堅固心。也因爲開悟這事兒非同小可，你看各大山頭，有誰開悟了？全球去找找看，有誰寫書出來可以證明他已經證得如來藏而說是開悟了？都沒有啊！都是落在意識境界中，你想要開悟就只有到正覺來了，當然要認知：開悟不是容易的事。既然如此，一次悟不了，那就再努力，檢討自己悟不了的原因：是盜法心態的問題？是福德的問題？性障的問題？定力的問題？慧力的問題？原因很多。

至於眼見佛性，問題就更多了！見性比明心還要難上十倍，可是等你法緣成熟了，可就比明心還要簡單十倍；因爲不必辛苦的參很久，到功夫等因緣成熟時，我引導一會兒，你就親眼看見了。到那一剎那，你才會知道以前因爲悟不了而覺得痛苦，都是不需要的！學佛就是要快快樂樂的開悟，快快樂樂的見性，快快樂樂的修入初地，不要像一般人學得痛痛苦苦的還悟不了，痛痛苦苦的見不到佛性，痛痛苦苦的精進卻始終入不了初地，何必呢？所以要有長遠心，因爲佛菩提不是只有一世的事情，有的人在這一世是走得快，是因爲他過去世累積了許多的因緣，所以他這一世的開悟當然很快；甚至有人根本是過去世已曾破參過了，這一世我只是幫他作個導引而已，他開悟的正因本就已經存在了！人家過去世已經修了幾十劫，你若才只修行一千世、二千世，就要跟人家相提並論，這是不恰當的。

所以我們在基礎上都是平等的，但是不作齊頭式平等：別人過去世修了幾十劫、幾百劫而來，你這一劫才開始修，卻想要與人家同樣一世有道種智，那有什麼因果可說呢？就成為無因無果了！若是深信因果的人，得要有長遠心，要從比較長的時間來看，不能只看短短的一世。所以向佛菩提進發時，一定要其心堅固；若是一點小小的挫折就打退堂鼓，就表示他的悟緣還沒有成熟，他會這樣想：**「我那麼清淨受持菩薩戒，精進的受持，似乎沒有意義。」**就不會好好的受持，戒法就不能清淨，證果就會很困難，所以一定要有長遠心、堅固心的繼續修行。

第三要精進勤修一切善法，要有精進心來修證一切善法。所有善法都應修學，只有修學的時間前後差別，無一善法是不應精進修學的；有這種心態的人，戒法也一定會清淨。

第四，造作大事、心不後悔。在佛菩提道中，往往有些大事要你去做，但是作大事時會有許多閒話出現；作的事情愈小，閒話就愈少；作的事情愈大，閒話就愈多；因為愈大的事情牽涉的人也會愈多，當然閒話更多；但你不許畏縮：**「你比較會，你去做吧！」**不可因為有人提出某些建議，你就推辭不做；如果想在做大事時都不會有別人講閒話，那我告訴你：「去極樂世界做事吧！」這裡既是五濁惡世，當然閒話很多，即使你做得完全正確，也完全沒有私心，仍然會有閒話的。想一想：佛示現在人間利樂眾生，又沒有得到什麼利益，眾生都還會有閒話講，何況是對我們呢？如果都沒有人說閒話，就表示你做這件大事時一定是異常的，不是正常現象。有了正確的心態，作大事時不管閒話多少，心中都不會疲悔，你的戒行一定很好，證果就容易多了。

還有四件事情可以使戒行清淨：第一，自己學了善法，回頭再來教導別人這個善法；第二是自己遠離了惡法，也教導別人離開惡法；第三是惡法與善法要有智慧加以分別，有人聽到你說：「眞心是分別心以外的另一心，是由能分別的妄心來尋找本來不分別的眞心；所以不是你講的『把妄心處在不分別中就是眞心』，你的想法不對，應該改正。」他就罵你：「你這樣想就是分別心了！」這就是沒智慧的人。一般人都誤以爲學佛就是要把覺知心練成不能分別而變成眞心，那我問你：「把覺知心練成都不能分別時，我打你一巴掌，你將會不知道痛，那才是眞的無分別，可是你的一念不生仍然是分別啊！你若眞的能不分別，被打了也不分別，不分別已經是被打了，要這樣的無分別心幹啥？那不跟白癡一樣了嗎？有什麼智慧呢？」請問：智慧是不是從分別來的？（大眾回答：是！）當然是啊！正因爲能分別清楚，才叫作有智慧。同理，你能分別什麼是無分別心？什麼是分別心？這才叫作有智慧嘛！這個智慧當然是從分別性出生的？仍然是分別，但是無妨本來就無分別的心一直都與我們的分別心同在，這才是正見，否則就是惡見。所以學佛人要能善於分別善惡之法，才能說是證得無分別心的人；當別人把惡法、把常見法來取代正法時，你還不能分別出來，就會落入惡見中，就是不能善於分別善惡法的凡夫。善於分別善惡法的人，持戒就會清淨，因爲一定不會由於信受惡見的緣故而謗法、謗賢聖，證果就容易多了。第四，於一切法不取不著：於一切法不取不著的人，能使戒行清淨；若能於一切法不取也不著，當然就無所貪著了，自然能使戒行清淨。證果就變得很容易了。

接下來還有四個法可以清淨戒行，第一，了知一切有爲法都沒有我、也沒有我所。這裡先要略說我所，再略說我。在一般講經說法時，常常有大師們說：「你對身家財產都不要執著，這樣你就解脫了；別人罵你讓你名聲不好，你也不要理他，這樣你就解脫了。」這其實都屬於相似佛法，不是眞正的佛法，因爲都是在我所上面用心，尚未觀察自我的虛妄，尤其是尚未觀察到識陰自我的虛妄。**我所**是「我所有」的簡稱，身體被人家搥打而生氣，色身是覺知心的我所有的身體，也是廣義的我所，其實也是「我」的一種。被人惡意誹謗而毀壞名聲，名聲是我的五蘊所有的法，也是我所；財產受到侵奪，這也是我的五陰所有的啊！你不執著財產，只是我所的貪著被清除了，還牽涉不到自我；乃至於你的尊長、眷屬、子女都叛離了，只剩下你一個人，而你對這些眷屬都無牽掛，那也只是我所貪著的修除而已，還沒到斷我見的地步，還沒有牽涉到自我虛妄的觀行，都離二乘解脫道的見道還遠著。把我所的貪著都修除了以後，仍然沒有證得解脫，仍是凡夫一個；必須我見確實斷了，才算分證解脫而得初果：預入聖流。

什麼是斷我見？錯認五陰爲常住不壞的眞實我，特別是誤認識陰離念靈知心爲常住我，這見解就是我見。譬如錯認色身爲我，是小孩子常見的狀況；長大以後錯認覺知心為我，是一般世俗人的狀況；外道說一念不生時，就是常住不壞的我，這是常見外道的我見。現在常見外道見已經混到佛門中來，變成了普遍的現象：「大家都公認覺知心一念不生就是常住不壞的眞我，說散亂而有語言妄想的心就是虛妄心；只要保持一念不生而不散亂，靈明覺了而無語言妄想，亦不昏沉，就是開悟了，就是證得實相心了。」這也是沒有斷我見，落到常見外道的我見中。所以末法的大師與學人都落到我與我所中。

為何說這些都是「我所」與「我」？因為：色身的我一定不離有為法，每天接觸六塵，都在六塵中的五塵上打轉；識陰覺知心共有六識，眼識能見色塵，耳識……乃至意識與意根能知法塵，也都在六塵上運轉，所以都不離有為法；受陰有三種受、五種受，也都不離六塵，還是有為法；乃至行陰、想陰也都在有為法中運作，所以只有在有為法中運作的才是眾生我。但是這個我虛妄、無常，無常所以是空，無常所以是苦，苦所以非我，不是常住無苦的眞我。這是說，在有為法中領受、運作的我與我所，都是藉緣而起、也必緣壞而滅的法；凡是在這些我與我所中生起貪著、起瞋恚心等，都是五陰我；五陰我都是虛妄的，所以說眾生無常，無常故空，空故苦，苦故無我，因爲眾生都不願意苦的本質就是眞實我。應當要了知有爲法中無眞實不壞我，也沒有常住不壞的我所；若能了知有爲法中沒有眞實不壞的我，也沒有眞實不壞的我所，那又何必貪、瞋世間法呢？何需增長無明去執著祂呢？這樣確實而詳細的觀察清楚了，對於我及我所的執著消失了，戒行自然就清淨了。

第二是應該了知：一切業都有果報。眾生在世間法中會造惡業，除了被逼而起瞋以外，大多是因爲僥倖的心態：「**那些法師們每天講善有善報，惡有惡報，我看不一定吧？明明還有很多惡人活得好好的！**」他對因果律不很相信，所以就敢造惡業；佛門中謗法、抵制如來藏妙法的凡夫們也一樣，大膽造了惡業以後，心想可能不一定有惡報，都是因爲僥倖心態而害了眾生。如果能證實一切善業、惡業都有果報，自然就不敢造惡業；縱使他們還不知道一切有爲法都沒有我與我所，也不會無理的貪求而造惡業。相信有惡業果報的人，同時也會相信善業的果報，他就樂於幫助眾生，樂於持戒不犯眾生，戒行也就清淨了，證果就容易。

第三要了知有為法皆是無常。有為法有二種：有漏有為法、無漏有為法，都是無常。諸佛菩薩固然也有無漏有為法，但從來都不執著，只是拿它們作工具來利樂眾生而已，只是拿來成就佛道，但無漏有為法也還是無常的；所以說「有為法皆是無常」，全都會壞滅而過去。只有轉依心眞如、轉依如來藏以後，才能說有為法是常，因為一切有為法都會由於心眞如的常住不滅而常常生起及壞滅，沒有滅盡的時候。在還沒有轉依如來藏以前都是無常法，因為有為法自身確實是生而必滅的法。所以有時說一切法無常，但在了義經中卻往往向你說「一切法常、一切法眞實」；若一切法從心眞如的立場來看時，就成為不壞法了！把某人的五陰毀壞而奪命了，他的心眞如又會出生來世的另一個五陰，你永遠都壞不完的。所以從如來藏自體來看，把一切法也攝歸如來藏時，一切法就是如來藏無量功德中的局部體性而已，當然是不可能壞盡的；所以，一切法常、一切法無常，有不同的層面，就看你是從如來藏自體來說它，或從一切法本身來說它而有不同，這當然不是阿羅漢們所能知道的。但是單從有為法來看，不依附屬於如來藏的立場來看，一切法就都是無常的了，如此現觀就不再執著一切有爲法了，戒行就清淨了！這是因爲無常之法不需要執著，所以不需求取非分之物，戒行當然就清淨了。

第四、要知道從苦會生樂，從樂也會生苦，戒行也會清淨的。從苦怎能生樂？譬如說久病不癒，每天身體都很痛苦；有一天人家給他個好藥，服用過以後病癒大半，他說：「**我今天好快樂。**」問他是在快樂什麼？他說是疼痛減輕了一半，所以很快樂。若探究其實，疼痛減輕一半時仍然是苦痛啊！只因爲苦減少了就認作是快樂，正是苦中生樂。或者痛苦完全消失了，他就認作是樂；可是苦消失了其實無樂，只是無苦而已，但已經是因苦而生樂了。甚至吃苦瓜，有人嘴巴很伶俐，說今天這條苦瓜比昨天那條苦瓜好吃多了，其實仍然是苦，都是苦中生樂。

樂也會生苦，你要是不信，老爺冰淇淋拿來讓你吃，你剛剛吃完一杯，眞享受！再來一杯，樂就減少了；再來第三杯就變成苦受了，因爲實在太冰了！雖然仍是冰涼的香甜味，可是你再也不想吃了，再吃就變成痛苦了！所以從樂也會生苦。也許有人講：「**我們不談吃的，聽音響也不會樂中生苦啦！**」但我告訴你，這種聽音響的享受，讓你連續聽上三天，你說是苦、還是樂？你的耳朵受不了了，從樂生苦了。世間法都沒有絕對的，往往從樂生苦、從苦生樂。所以享受苦或享受樂，都只是在苦與樂的平衡點中安住時才會有快樂；但這個平衡點隨著時空的推移，它會變化的：吃冰淇淋時，第一杯吃完了，意猶未盡，眞正的樂；第二杯的時空推移了，你的平衡點改變了，覺得吃到一半時是最快樂的，再吃下去就不怎麼快樂了，被人勉強吃第三杯時就成爲純苦了！所以苦與樂都不是絕對的，一切世間都是相對法，都不是絕對待的，因爲都不是實相。若能有世間智慧，詳細觀察苦中生樂、樂中生苦，就知道苦與樂都不是絕對的，因此就不必刻意去離苦，也不必特意去求樂，戒行就清淨了。有好多人以爲菩薩眞是勝妙，可以遊戲人間。但我告訴你：**「菩薩遊戲人間都是很辛苦在遊戲的，都不是快快樂樂在遊戲的。」**你們看 佛陀的《本生譚》故事，那不正是遊戲人間嗎？但是隨時隨地都要應眾生需要而捨身、捨命、捨財、捨妻、捨子，全部都捨。菩薩正是這樣遊戲人間的，不是小孩子在玩的遊戲；所以苦與樂在諸佛菩薩看來都是相對法，轉依無苦樂的如來藏以後就遠離苦樂相對法。雖然活在相對法之中，照樣有苦樂的覺受，但是無妨繼續利益眾生，無妨陪著眾生苦中作樂：每天辛苦利樂眾生而以弘法為樂，這就是佛菩薩的遊戲人間。你如果弄清楚了，就不會亂打妄想，戒行也就自然清淨了。

【「復有三法：一者於諸眾生心無取著，二者施眾生樂其心平等，三者如說而行。復有三法：一者能施眾生樂因，二者所作不求恩報，三者自知定當得成阿耨多羅三藐三菩提。復有三法：一者為諸眾生受大苦惱，二者次第受之，三者中間不息，雖受是苦，心終不悔。復有三法：一者未除愛心、能捨所愛施與他人，二者未除瞋恚、有惡來加而能忍之，三者未除癡心、而能分別善惡之法。」】

講記　想要使戒行清淨，另外還有三個法：第一、對曾被自己利樂過的、或現在正在被自己所利樂的眾生，心中都不會有所貪著。取是攝取，攝取是認為這些人是自己利樂過的人，他們應當恭敬於我、善待於我，是我的眷屬。執著是說，有人從你身邊把他們拉走，或是有人作了某些事，讓那些眾生對他更好，心中就不痛快，這叫做執著。如果對眾生都沒有取著，戒行自然清淨：你利樂過的眾生們，他們要親近你或是要離開，你根本都無所謂，因爲你都沒有取著。離開以後隨時又回來，願意接受你的幫助，那就更好；對你而言，只有好而沒有壞，這就是心無取著。能如此，就不會誹謗別的善知識：「**他眞惡劣，爲人不好。**」只說別的善知識做人不好，不說是自己的法眷屬被別的善知識拉過去了，他隱藏了自己眷屬流失而產生的對別人的不滿；這是由於心中眷屬欲的緣故。無所取著，就不會誹謗他人，心地清淨了，戒行自然就清淨。

第二個清淨戒行的方法是：布施給眾生快樂時，心是平等看待的。不會因爲喜歡某人就布施多一點，某人是被討厭的，雖然他把事情做得更好，偏偏就布施少一點。菩薩會依事情的眞相而作最正確的判斷，有智慧的布施：這道場對正法的住持與弘揚是最好的，最能眞實的利樂眾生，他就會護持多一些；不會作齊頭式的平等布施，因爲那是鄉愿的想法，菩薩絕對是依智慧而不依鄉愿想法來布施的，這才是眞的「施眾生樂，其心平等」而不是齊頭式平等，這樣才是眞實其心平等。假使某人是你所討厭的人，但他做的事情能廣大深遠的利樂眾生，你還是應該大力支持，這才是眞正的平等，不因人情世故而決定如何護持，當然就不會作惡意的誹謗，也就不會犯戒了，證果就容易多了。

第三是如說而行，當你爲人說什麼法、說什麼事、說什麼觀念，你說出來了就得自己照樣去作，要心口如一：心中想的與你講出來的、所作的事情是一樣的，才是如說而行；能如此行，就是心無諂曲，自然是不會犯戒的，這就是三種戒行清淨的方法。

另外有三種方法可以讓戒行清淨，速證解脫果：第一、能布施給眾生安樂因，而不是安樂果。因爲安樂果要眾生自己去求，而我們給他安樂因。這是說，眾生爲求幸福快樂，但是所作的事情往往都是背道而馳；總是因爲眼光短淺、只看眼前，就對眾生詐欺而求物資上的享受，沒想到未來世的惡報：「未來世還不一定有，煩惱什麼？先騙到手享受了再講。」這就是眾生的想法，這就是追求樂果而所造下的業因卻是苦因。我們以弘揚佛法來利樂眾生，當然應該布施眾生未來獲得快樂的因，而不應只是布施財物讓他在世間享樂，享樂之後更增貪愛而造下未來世的苦果。若布施眾生財物而不告訴他佛法，就不是施眾生樂因，反而極有可能是施給眾生苦因，除非眾生不起貪愛。能施眾生樂因的人，一定能使自己的戒行漸漸清淨；當你教導眾生要修行布施，未來世才有福德；要持戒才能得解脫；這樣子教導眾生時，也是一再重複提醒自己：我自己也得要布施、持戒。不斷說法而提醒自己，戒行還能不淨嗎？

第二個淨戒的方法是：凡有所作不求恩報。不管爲眾生作了什麼大事，都不會想要別人在以後感恩你或回報你。有人寫了一本書出來，心想：「我這個功德眞大，利樂了許多有情；我又加印了這一本書，又花掉了我八、九萬元，眾生讀過以後應該對我有感恩之心吧！」但是我們寫了那麼多書，從來沒有想過會有眾生感恩於我。我只是想：「眾生讀過以後不罵我就很好了。」可是眾生哪會知道我的想法？眾生很愚痴，他們被人家給賣了，還在幫賣他的人數錢：數他自己的身價。眾生眞是愚笨：人家誤導他，讓他陷入邪見中，我們努力救他，他還咬我們一大口；對誤導他的大法師們，眾生反而奉承的不得了，這就是現在的愚痴眾生。所以我們從來不曾心中生起希望：「我寫了多少書來利益眾生，他們應該感恩我。」愚痴眾生只要不罵你，就算是好的了！所以這裡才會叫作五濁惡世。既然如此，那你就灰心了嗎？錯了！你反而應該感恩這些恩將仇報的五濁眾生，若不是這些五濁眾生，怎有這麼好的磨練機會？磨練到後來，你會變得很習慣；當人家以極惡劣的文章辱罵時，你就只是讀他的法義，絕不會起心動念生瞋，那你就成功滅除瞋習了，當然應該感激愚痴的五濁眾生。所以對所作的利益眾生大事，心中都別希求眾生恩報，特別是加恩於五濁惡世眾生時，否則就是愚癡者。心能如此安住，絕無希求恩報而利樂眾生，戒行一定會清淨。

在佛門中常見的事情是：剛出家或剛出來弘法時，心地很清淨，連一毛錢都不貪；後來漸漸有名氣了，也有道場了，心中就開始起貪了！有一句俗話說「老倒青」，年輕寡婦，守節守得很好，可是四十幾歲、五十幾歲時卻紅杏出牆去了！眞可惜。這叫作爲德不卒，功德沒有成就。弘法者心中不求恩報，還得要有始有終；若是有始無終，就成爲老倒青了！前面數十年的清淨自持，都會被大家忘掉，都只會記得後面這件不光彩的事情，前功盡棄。本來不貪的人，後來卻因爲起貪而使所度的眾生因此緣故而不再信受佛法了！所以不求恩報是很重要的。學佛、弘法的目的，本是要離開世俗財貨的繫縛，卻在後來反被繫縛了，眞是顚倒。一般的書籍，作者都會在書衣（封面摺進來的半頁）印上作者的玉照，出門時大家見了就崇拜他；但是我們弘揚佛法時最好是不要如此，因爲我們救眾生遠離邪見時，從來不求他人恩報；反而是退後一步想，只怕人家對我吐痰。所以我都不印相貌在書中，我心中對讀者沒有一點點的貪心。能如此設想，戒行自然就會清淨了！這樣子想要證果就容易多了！

第三，要有正確的知見：知道自己不久當來一定會成就無上正等正覺。這一點對諸位來說是比較容易的，但是會外一般佛弟子來說就很困難了。當你告訴他們：「我相信你不久的未來一定會成就無上正等正覺。」他們會馬上開口：「呸！別開我玩笑了！」因爲連明心都不可能了，怎麼可能成就無上正等正覺？這不是開他的玩笑嗎？但是你一旦找到如來藏了，般若部經典自己可以讀懂了！《心經》講的只是自己心中的事；以前每天課誦都不懂，現在確實知道了：原來都在說我自己的心，原來觀自在菩薩就是覺知心的我，由這個我來現觀背後的如來藏本來就自

給你了。」等覺菩薩不然，調羹拿來，再挖左眼給他，沒有第二句話，這就是眞正能爲諸眾生受大苦惱。一般人的想法是眾生忘恩負義，我才不要呢！你設法要救他們離開邪見深坑，他們卻還一直咬你；就好像狗、貓掉在深坑中，你伸手去拉牠上來，牠還反過來咬你，那你救不救牠呢？你是菩薩，還是得救；但是要想辦法自我保護，戴好皮手套再抓牠上來。同理，你想要利益眾生時，必須先把自己腳跟站穩，金鐘罩、鐵布衫先練成，讓眾生傷害不到你，然後你來利益眾生；因爲你已經知道，利益眾生時一定會遭受愚痴眾生加諸於你身上的大苦惱。但是你不可以說不度眾生了，就灰心的想要捨下娑婆惡劣眾生，說要去極樂世界利樂眾生；但是我告訴你：去到那邊，你沒有機會可以利樂眾生的，因爲那裡都是比你修行更好的菩薩們，才會讓你見得著，那你去那裡要利樂誰呢？所以你還得要感謝這些五濁眾生，正因爲有這些五濁眾生，所以逆境很多，你才有機會利益他們而成就大福德，才能迅速成佛。所以，事實上是：你願意爲諸眾生受大苦惱，也是你自找的，因此而迅速成就道業、迅速成佛；既是自找的，就不必自怨自艾了嘛！已經早就準備要接受眾生的辱罵，早就準備接受眾生的忘恩負義，當然心裡面是很清涼的，沒有熱惱的。既然如此，當然不會因爲蒙受惡劣眾生加諸於你的大苦惱而犯戒，而作不好的事，而且是由於大悲心而願意受諸眾生的大苦惱，戒行當然是清淨的。

第二，代眾生承受大苦惱時，應該次第而受，以免弄巧成拙。菩薩發願爲眾生受大苦惱時，願可別亂發，有人發願：「**我今生願接受所有眾生的一切業障。**」當然他就整整一世病歪歪的。你應該有智慧，有智慧的人是次第受之，先承擔一件下來再講，這件承擔下來而解決了，第二件再來承擔。不自量力是愚人的作爲，菩薩有智慧，怎麼作不自量力的事情呢？所以若願意承擔眾生的業障時，應該次第而受，先衡量自己的力量有多少，再來承受。

第三，在次第受諸眾生大苦惱時，中間不休息。菩薩依願而行，卻不可投機取巧，不可因爲 佛說次第而受，所以前一個受過了，就休息三年後再承受第二個大苦惱，那可就是渾水摸魚了，應該是中間不息，受完了，第二個馬上要受。你很辛苦的把第一個任務完成，第二個任務雖然更辛苦，也是照樣要接，不可非分的要求：「**佛啊！給我休假三年再接下一個任務吧！**」菩薩雖然不斷地接受利樂眾生而受大苦惱，眞的很辛苦，但是心中始終不後悔。不後悔的才是聰明人，後悔的都是傻瓜！因爲你遲早都要經過這個階段，你愈晚承受就苦惱愈久，愈早受就使痛苦愈早過去，所以爲眾生受種種苦時，中間不息，心中終究不會後悔。不必後悔就不會說些無根誹謗的話，也不必犯戒妄語來投機取巧，戒行自然就清淨了，證果也就容易多了。

另外還有三個方法可以清淨戒行：第一，雖然自己的貪愛心還沒有修除，卻能把自己的所愛施與他人。譬如有一件寶物是自己非常喜歡的，但是當某件事情需要用到你這件寶物時，就立刻拿出來，沒有第二句話，這就是能捨所愛，施與他人。這個能捨所愛，在 佛的因地時，是包括太太在裡面的；古時的太太是先生的財產，男女不是平等的；如果連最愛的寶貝都能施與他人，還會有什麼可貪呢？這就不需爲了貪而犯戒了，戒行自然就清淨了。

第二，自身的瞋恚心還沒有除掉，卻能忍惡；有惡來加而能安忍下來，是靠著自己不斷地思惟與觀行，並且是多方面的思惟與觀行，才能於惡行來加時心能安忍，能安忍，戒行就清淨了！安忍，說穿了就是接受！爲何不能忍呢？都是因爲不能接受橫逆無理的境界，你若接受了就是忍住了！因爲不接受，所以要抵抗。所以接受了就能安忍，就不會因瞋而犯戒，戒行就清淨了。

第三個清淨戒行的方法就是分別善惡之法。凡夫菩薩的無明還沒有除掉，這是說，煩惱障的無明和所知障無明，都還沒有除掉，因爲凡夫菩薩還沒有斷我見，也還沒有證得法界實相心，所以仍有愚痴心；但是當善知識說法時出現了二種、三種不同時，有能力把它們加以分別清楚，了知何人說的才是對的，何人說的是錯誤的。若有這個智慧分別出來，雖然見地還沒有到、自身還沒有證，**見到**與**身證**都沒有，也不會誤謗正法而犯了謗法的重戒。若不能分別善惡之法，一心迷信大名聲的名師，而名師無根誹謗說某人是邪魔外道，其實只是籠罩之言，無智愚人根本就沒讀過當事人的任何一本書，就跟著誹謗：**「哎！蕭平實是邪魔外道，他專門教導外道在修的如來藏神我邪法。」**一句話出口，已經成就謗法、謗賢聖的大惡業了。這就是沒有能力分別善惡之法的愚人。如果有智慧能分別善惡之法，就不會誤犯謗法重戒了嘛！戒行就清淨了。

【「復有三法：一者善知方便，能教眾生遠離惡法，二者知善方便、能教眾生令修善法，三者化眾生時心無疲悔。復有三法：一者爲令眾生離身苦時，自於身命、心不吝惜，二者爲令眾生離心苦時，自於身命、心不吝惜，三者教化眾生修善法時，自於身命、心不吝惜。復有三法：一者自捨己事、先營他事，二者營他事時不擇時節，三者終不顧慮辛苦憂惱。」】

講記 還有很多種的三法，能清淨菩薩戒。第一種的三法是：第一、要善於了知方便法，要懂得運用方便法教導眾生遠離惡法。怎麼叫做方便呢？當你們斷了我見，人家說離念靈知就是常住眞如心時，你可不要開口就說錯了，否則他就聽不進你的話了！要用婉轉的方式：「看來你也修得很好。」先送給他一頂高帽子，讓他心生歡喜：「你修得不錯，能夠讓靈知心離妄想雜念，這眞不簡單。」他聽了心裡歡喜，但是你話鋒一轉：「這個離念靈知心是與五種別境心所法相應的，佛在原始佛法經典中曾說，會與別境心所法相應的心其實是意識心，您是不是再以經論重新檢驗一下呢？」這樣他就有些聽得進去了。如果你一開始就說：「錯了！你這個是意識心。」我保證他不聽你的話，你沒有繼續講話的餘地，他不會再與你論法了！所以你要善知方便而爲他說清楚，他心中想：「這個人對我還算是不錯的，雖然他說我這個法不對。他說的是什麼道理呢？不妨問清楚吧！」他就會問你：「什麼是別境心所法？」你就爲他解釋：什麼是欲？什麼是勝解？什麼是念、定、慧？說清楚了，請他自我檢驗：「你這個離念靈知，與欲相應不相應？與勝解相應不相應？……。」等等。他想：「這個法沒有聽人講過，可是眞的有道理，回家以後好好思惟看看。」因爲一般人都會說：意識心會間斷。已經是老生常談了，他聽多了，再也聽不進去了；你換了另一個方式，好意的講解，他就聽進去了！後來詳細思惟以後就可以遠離惡法，因爲他將來一定會離開大妄語業。如果能善知方便而教眾生遠離惡法，你自己當然更不會誹謗正法。所以菩薩要知道種種善巧方便來教導眾生，讓他們進修善法。佛法中的善法當然是親證二乘菩提、大乘菩提，當他再來請教法義時，你就很有得說了！因爲他與你相應了，你就可以慢慢爲他說法：二乘菩提的見道是斷我見，什麼是斷我見？什麼是色蘊？什麼是受、想、行、識蘊？你慢慢說下來，講上老半天，還在講五陰，他一聽：「有道理啊！我來跟你學好了。」你就說：「我還沒有當親教師，你可以來我們同修會學。」他不就來了嗎？但是這個人未來世將會常常成爲你的徒弟，隨著你世世得法證道；將來你成佛時，他就是你的弟子，因爲你是他發起正法的因：你是他的「緣」因。當你自己都知道善巧方便，教導眾生修善法時，你還會犯戒嗎？當然不會，戒行就清淨了。

第三個戒淨的方法是，化度眾生時，不會覺得很疲勞、很辛苦：「早知道度眾生這麼辛苦，我就不作了。」有許多人是這樣的，爲眾生做事而常常有錢財可得，他就永遠不會覺得累；可是若義務爲眾生做事一段時間，覺得很辛苦、很累，這就表示他有悔心了。如果這樣，每個月都要去幾趟台南、台中，我看你一定不會願意再去了，因爲賠了夫人又折兵：要賠上自己的時間、努力，還要再貼上車錢，又都沒有錢財上的任何利益，有誰願意做？一定會疲悔，疲悔就會方便妄語：「我現在家裡有很多事情，實在沒辦法再去了。」藉詞推掉而說妄語，這不就犯戒了嗎？戒行哪裡會清淨呢？以上三個方法確實照著做，保證戒行會清淨。

還有三個方法可清淨戒行而獲取初果乃至三果的證得：第一、當你想要讓眾生離開色身痛苦時，你對自己的色身性命是不會吝惜的，雖然做得很辛苦，但不會想：「每天這麼累，我大概會少活十年吧！」既對色身沒有吝惜，就不必編一堆謊話來推辭工作；當弘法者眞的想讓眾生離開心情上的痛苦，一定不會覺得色身很勞累、會少活幾年；能夠這樣的人就不必打妄語，當然戒行也會清淨了。第三個淨戒的方法是：教化眾生修善法時，對於自己的色身、性命並不吝惜；換句話說，受持優婆塞戒的凡夫菩薩，不但利樂眾生而使他們色身與心情都不受痛苦，還要爲眾生說法，不顧慮自己身體勞累、生命減短，就不必爲自己身心而作種種事，也不必編造謊言來求取自己的安樂，戒行也就清淨了。縱使因此而少活十年，你將會比別人提前好幾世獲得他們所得不到的道果——在這一世就證果——結果是此世損失十年、十五年的生命，卻多賺了未來的好幾世，這一加一減，一算就知道了：是賺不是賠。有智慧的人想通了，還値得爲了一世的短暫生命去計較、說謊而破壞不妄語戒嗎？

還有三個法可以讓戒行清淨而提前證果：第一先爲別人做事，再做自己的事，把自己的事情擺在後面，菩薩當然是這樣的。所以菩薩常常會被家人罵：「別人的事情就那麼重要，自己的事情就都不重要。」這才叫作菩薩。當孩子有事時，別人的先照顧，丟下自己的孩子留在那邊，後來反而是被別人照顧。本來就應該這樣：先爲別人作，再來做自己的事，這就是「自捨己事，先營他事」。第二件事情可以清淨戒行：爲別人做事時，不必選日子。有些人爲別人做事時都要先選日子：當別人有求於他，他說明天不行，後天不行，大後天不行，下週也不行，下下週也不行，一推就是好幾個月。意思是不願意幫人家做事。但是菩薩爲他人營謀種種事務時都是不擇時節的，遇上了就做。既然如此，就不必說謊來犯妄語戒了，心也誠懇了，戒行就清淨了。第三個淨戒的方法是：始終不會考慮即將要做的這件事情會不會很辛苦？會不會產生傷害自己的後遺症？不顧慮了就不必編謊話，戒行自然清淨了！

【「復有三法：一者心無妒嫉，二者見他受樂心生歡喜，三者善心相續間無斷絕。復有三事：一者見他少善心初不忘，二者毫末之慧輒思多報，三者於無量世受無量苦，其心堅固無退轉想。復有三法：一者深知生死多諸過咎，猶故不捨一切作業；二者見諸眾生無歸依者，爲作歸依；三者見惡眾生，心生憐憫不責其過。復有三法：一者親近善友，二者聞法無厭，三者至心諮受善知識教。復有九法：遠離三法，三時不悔，平等慧施三種眾生。復有四法：所謂慈、悲、喜、捨。」】

講記 另有三個法可以讓戒行清淨，速證解脫果：第一、不要有妒嫉心。有人看見別人修行比他好，心中妒嫉，所以當對方來問法時，他故意裝不懂，這就是妒嫉。可是妒嫉是惡心所，這個惡心所煩惱存在時那表示他沒有辦法向上提昇，所以應該丟掉嫉妒心；如果丟掉了心中妒嫉心行，當然就不會破戒，而且心地直爽了。第二、看見別人受樂時，心中生起歡喜心而隨喜，就不會產生種種不直的心行，也不會犯戒了。在世間法中常常會看見兩極化的現象，譬如某人突然歡呼起來：「哎呀！我中了樂透頭獎了！」有的人馬上就很高興的致賀：「恭喜！恭喜！你眞是福報大。」可是有的人，馬上就私下說：「哼！也不過是中個伍仟萬，又不是累積了好幾期的頭獎，大呼小叫幹什麼？」這二種反應是我們常看見的事情，以後你們就從這裡去觀察一個人的證量：證量高的人，他聽了一定滿心歡喜，一定會說：「你眞是好福報，你一定是過去世修了什麼大善事，種了什麼大福田啊！」你就知道這個人修行很好，懂得隨喜而沒有妒嫉心。如果另外一個人說：「哎呀！你就是上輩子修行好嘛！所以才這樣，我們可沒這個福報。」話有一些酸溜溜的，你就知道這個人修行不好。有很多地方可以判斷一個人，不管他佛法證量說的多麼好，還要看他的身口意行；如果見他受樂、心生歡喜，這個人還會犯戒嗎？如果見他受樂心不歡喜，心起妒嫉，在背後說：「他只不過是運氣好，有什麼了不起？」這個人的戒行也一定是不清淨的，又如何能獲得更高的果證呢？第三、善心要能保持相續不斷，如果能讓善心相續不斷，這個人也是不會犯戒的，因爲他一直在善心所上面用功，怎麼會犯戒呢？實行這三個方法，當然可以讓戒行清淨。

還有三件事情也可以使戒行清淨而早日證果：第一、看見別人有一點點的善事，就不會忘記而一直記著他的好處，都不記住他的壞處。不管別人說他怎麼壞，但是我知道這個人心地並不壞，除非提出證據來，這叫作見他少善、心初不忘。第二、如果別人告訴你某一個法門，雖然那個智慧是很粗淺的，但是你以前可能還沒有想到過，現在一聽就懂了，這雖然只是毫末之慧，也該常常想到如何多多的回報他。心存善心，當然不會犯戒，戒行就清淨了。第三、縱使無量世受無量苦，心還是堅固的，不會退轉的。譬如我們會中有一些人，是三百多年前曾在西藏被人亂棍打死過，或是被人刀子戳死過的，現在又來到我們這裡，可是當他們後來夢見自己往世在西藏護法而被薩迦、達布殺害的事情時，始終不會想：「護持正法好辛苦、好危險，我不要再遭遇這種事情了！」都不會這樣想，還是在惡劣的環境中繼續努力護持正法啊！這叫做其心堅固、無退轉想。這樣的人一定不會謗法，戒行就清淨了嘛！

還有三個法門可以淨戒而早日證果：第一、很深入的了知生死的過程中有許多過失存在，往往無法避免，但仍然不會捨棄一切在佛法修行上所應該作的善業，對於利樂眾生上面應該作的善業，也都不捨棄；有這樣的堅忍心，都不爲自己著想，戒行也就清淨了。第二、看見眾生沒有歸依，這個人願意站出來作眾生的歸依：不管是法歸依或是世間法的歸依，他都願意做。在世間法上作眾生的歸依，譬如布施錢財給眾生，讓眾生解脫困苦而得安樂；或者布施給眾生無畏、離開恐懼，鋤強扶弱，這是在世俗法上作眾生的歸依。法歸依是說，當眾生在修學佛法的過程中，茫然無所依靠，根本不知道如何修證菩提時，你有眞修實證了，願意站出來作眾生的法歸依，幫助眾生同樣獲得佛法上的實證；既然如此，你就不會怕辛苦，就會繼續利樂眾生而不需要編一堆謊話來推辭，心地直爽，戒行就清淨了。當你發起願心，願意做眾生的歸依，那就是你的悲心成就了！悲心成就的人一定不會犯戒的。犯戒的事情，都是爲了自己五陰上的財色名食睡而著想的；既然這些都不考慮了，還有什麼戒可犯的呢？第三、看見有過失、邪惡的眾生，心中憐憫他們，但是不會當面責罵：「你爲什麼打人？」菩薩只是爲雙方排解，但不責備欺負人的惡心者；因爲你愈責備，愈無法排解，這才是有智慧的人；當你有智慧時，自然就有智慧避免破戒的過失，戒行也就清淨了。

還有三個法門可以讓戒行清淨，早日證果：第一、親近善友。若是親近惡友，往往會被誤導，導致謗法破戒；正當謗法破戒時，還以為是正在護持正法、戒行清淨。若是親近善友，絕對不會有這種事情，所以親近善友，可以使戒行清淨。第二、要聞法無厭：有些人明心之後就覺得自己什麼都懂了，已經成佛了。這都是因為寡聞少慧所致，這並不是現在才有的，在古時就已經這樣了；你們看禪宗祖師公案，不是有許多這種人嗎？見了某個禪師，一個機峰之下悟了，轉頭就走了，後來再也沒跟他師父見面、請益。雖然法脈還是傳承於師父，也公開的承認了，但是再也沒見過師父；他傳承了師父的法脈，只是因為那位禪師是公認的證悟者而已。但是從古到今，更多的是悟錯了而自認為是開悟了；這種人因為是悟錯了，所以死後就沒有人願意將他記錄下來；這種人很多，所以自古以來，悟錯的人遠比證悟的人多上好幾倍！就算是被記錄下來的祖師，大部分的悟錯大師，當別人指點了以後，他一定會趕快回收語錄、開示等，不願意再流通了！可是仍然有極少數人不聽勸，仍自認為悟而繼續流通語錄、開示錄；未來世就免不掉會被蕭平實拈提，拈提過後也沒有人能幫他辯解；而他的大妄語業，當然要自己承擔。

第二、有智慧的人，就算確定眞悟了，還得要聞法無厭啊！如同孔老夫子的作爲：「子入大廟，每事問。」眞悟了也不過是剛剛打開佛法的大門，才剛進入佛法殿堂，殿堂中有那麼多法義，絕大多數是根本都還不懂的，還得要請問師長、善知識的；如今眞悟了，就是進入佛法大廟了，當然要效法孔老夫子**每事問**，所以悟後還得要聞法無厭；何況是還沒悟、或悟錯的人，當然更應該聞法無厭。如果能聞法無厭，就表示心中無慢，就不會誹謗所未曾聞的深妙法了！如果自己還沒有見地，縱使聽到別人把外道的雙身淫樂法說成究竟佛法，你也不敢誹謗的；除非蕭平實詳細把它寫出來，並且舉例一一辨正過了。所以在我這一世初學佛時就請了一套《大正藏》，當我翻到密教部，看見《大日經》說的東西，往世熏習的種子流注出來，使我當下就知道是雙身法了；我雖然不認同，但也不敢去誹謗它。後來雖然眞悟了，也還不敢誹謗它；一直到後來有道種智了，才敢寫出《狂密與眞密》。對於佛法，不知道時千萬不要隨便動口，動口一定有兩個果報：隨喜讚歎，得到好或不好的果報；

破斥其理，一樣會得到好或不好的果報。你說：「怎麼兩種做法都會有好或不好的果報？」如果是錯誤的法，你隨喜讚歎，當然會有不好的果報；正確的法，你隨喜讚歎，那就有好的果報；錯誤的法，你加以破斥，會有好的果報；正確的法，你加以破斥，當然會有不好的果報；所以不論是正確或錯誤的法，你隨喜讚歎時，都一定會有其中的正面或負面果報；所以對別人所說的佛法，若無絕對把握，千萬不要隨意評論；最沒智慧的人是跟著別人亂說——道聽塗說——自己都沒有親自讀過就加以讚歎或破斥，捨壽後莫明其妙的承受惡果。有智慧的人總是會多聞不厭的，當你廣聞熏習時，一定越來越有能力思惟整理，這就是聞思的功夫；思惟整理以後再作現前的觀行，就能確認正確或錯誤的原由，就是有抉擇分的人了，所以只有聞法無厭的人才能有抉擇分。若聽人家說：「蕭平實是邪魔外道，他的書都不能讀。」馬上就丟棄了，那他就永遠保持在最低層次中，也跟著別人一起誹謗起來，結果是成就破法惡業。

譬如大陸有人來信，眞是很有趣的事；有人拿了一批書去問一位老居士：「我們拿到一批邪魔外道寫的佛書，您說該怎麼辦？」這位老居士說：「既是邪魔外道的書，那就把它燒掉吧！」那些人說：「不能燒啊！裡面有佛號、有佛像，不能燒的，那該怎麼辦？」老居士說：「那你回去請問佛陀，看佛陀怎麼講，你就怎麼作。」第二天又來問：「佛指示說，要埋在你家後面的山上。」他說：「好啊！那你留下來，我來埋吧！」那些人走了，老居士拿起來一看：《明心與初地》、《宗通與說通》、《狂密與眞密》、《大乘無我觀》，心中狂喜：「啊！眞是法寶現前了。」他在一個晚上讀到天亮，全部都讀完了，才終於知道原來佛法應該是這樣的，所以很歡喜的寫信來道謝。如果他隨便相信了，就把書埋了，問題可就大了，所以 佛就藉這個因緣把正法法寶送到他手中去了！他就算埋了，有一天被誰挖到了，雖然破破爛爛的，可能因爲好奇而讀讀看，也會知道那是眞正的法寶啊！也許三十年後有一個再來人，一讀之下又悟入了，他又開始弘揚了義正法了！這眞是因緣難料、佛意難知啊！但是那位老居士能作正確的辨別，是從什麼原因來的呢？其實正是從**聞法無厭**而來的，正因爲他有聞法不厭的心性，想要探究這邪魔外道是什麼原因而被說是邪魔外道？一定有個原因的。可是他探究出來了，是因爲他從年輕時就開始多聞熏習，到現在老了、熏習很多了，所以有抉擇慧了；這都是因爲聞法無厭而有抉擇慧，才能判斷清楚，結果他就獲得大利益了；所以能聞法無厭的人就不會犯戒，戒行就清淨了。

第三、願意以至誠心諮受善知識的教誨。諮是請問，受是接受。如果有至誠心，當然不會因慢而犯戒，除了一種例外：所親近的善知識是假名善知識。佛陀在世時，假名善知識很少，比例不多；末法時的假名善知識可就漫山遍野了！而且假名善知識還會振振有詞：「**才怪！天下人都錯了，只有你蕭平實一個人對。**」怪的正是現在只有我對啊！大師們都錯了！他們正因爲倒楣，所以才出生在只有一人對、而眾人皆錯的世代，所以才叫作末法時代。眞、假善知識，眞的很不容易辨別；在尚未開眼時，想要擁有抉擇分是很不容易的，必需要靠多年的聞法無厭，多以客觀的心態加以揀擇、思惟，然後才能找到眞正的善知識。菩薩如果具足這三法：親近善友，聞法無厭，至心接受善知識教誨，當然不會犯戒。戒行清淨了，佛法的修證也就平步青雲而獲得果證了！

另外還有九法可以清淨戒行、速證果位：第一、遠離貪，第二、遠離瞋，第三、遠離無明，第四、施前不悔，第五、施後不悔，第六、施時也不後悔。第七、以平等心、有智慧的布施於怨家，第八、以平等心有智慧的布施給親屬，第九、以平等心，有智慧的布施給非怨非親的眾生。如果能修行這九法，戒行一定是清淨的：怨親等施，三時不悔又離貪瞋癡，當然戒行會清淨，心地就轉變清淨而獲得果證了。

接下來還有四個法的修行可以清淨戒行，速獲果證：修習慈無量心，悲無量心，喜無量心，捨無量心。慈悲喜捨四無量心，在未來講禪定時會細說，這裡就不說了！慈悲喜捨四觀都完成無量心的觀行境界時，世人揀擇怨親的識心境界都不會存在了，當然戒行一定清淨。

【「善男子！菩薩若以淨法淨心，要在二時：一、佛出世時，二、緣覺出時；善男子！眾生善法有三種生：一、從聞生，二、從思生，三、從修生；聞思二種，在二時：從修生者，不必爾也。善男子！菩薩二種：一者在家、二者出家；出家菩薩如是淨戒，是不爲難；在家淨戒，是乃爲難；何以故？在家之人多惡因緣所纏繞故。」】

講記　菩薩若以清淨法來清淨自心，一定是只有兩個時節：第一是有　佛出現在世間時，第二是有緣覺出現在世間時。佛出世時，就像我們現在：從兩千五百年前延續到現在，都算是　佛出世時，一直到法滅盡爲止。第二是說法滅盡時，那時法已衰微而又沒有　佛出現在人間，但是會有菩薩、緣覺出現在人間。菩薩會爲眾生說法，但是辟支佛大多數都不說法，只是以身行來示現解脫行，凡夫及賢位菩薩們可以由此借鏡，清淨自心。

眾生的善法出生則有三種原因：第一是從聽聞善法而出生，第二種是自己從事相上的觀察思惟而出生，第三是從修行的過程中自己思惟觀察而出生了善法。這三種就是行聞、思、修而出生的善法。從聞而生以及從思惟而生的兩種善法，只有在　佛出世或緣覺出世時，才會出生。若是從修行中，自己摸索而出生的話，就不必一定在　佛或緣覺出世時，自己經由實修也是可以有善法出生的。接著　佛作結論說：菩薩有兩種，第一種是在家菩薩，第二種是出家菩薩；出家菩薩想要清淨戒行並不困難，因爲他們的環境是比較清淨的，惡法是被阻絕在外的；在家菩薩要清淨戒行就不容易了，因為週遭往往是五欲誘惑的境界，而且惡因緣也很多，所以不容易清淨戒行。這樣看來，佛是讚歎在家菩薩的，似乎有一點偏心了？其實不然！佛是面面俱到的，口頭上讚歎你們在家菩薩，好處則是要給出家菩薩：把清淨的環境給他們，也讓出家菩薩們辦道時可以衣食無憂。你們既然選擇了在家，當然要辛苦一點護持三寶；但是在口頭上就給你們多一點的鼓勵，所以還是平等的。

〈息惡品〉第十六

【善生言：「世尊！菩薩已受優婆塞戒，若有內外諸惡不淨因緣，云何得離？」「善男子！菩薩若有內外諸惡不淨因緣，是人應當修念佛心。若有至心修念佛者，是人則得離內外惡不淨因緣，增長悲慧。」「世尊！當云何修？」「善男子！當觀如來有七勝事：一者身勝，二者如法住勝，三者智勝，四者具足勝，五者行處勝，六者不可思議勝，七者解脫勝。」】

講記　善生菩薩又為我們請問：「菩薩既然受了優婆塞戒，如果有指《明心與初地》小冊的續編部分）。可是在摧邪顯正上面，我可是銳利無比的，因爲到了這個時節因緣，若再不下猛藥，可就來不及了！佛教就救不轉了！想想看：我們剛出來弘法那三、五年，不管對誰，我們都加以讚歎；就算是辨正法義時，我們也不說誰的法有錯，只是說明正確的法義。可是五年下來根本沒有效果，眾生根本不知道要遠離邪惡的知見；而且那些誤導眾生的人，也完全不肯作一點點的改正，繼續誤導眾生如故；繼續誤導也就算了，還要顛倒是非來誹謗我們的正法是邪法，所以我們就被逼改變作風；但是我們回應他們的無根誹謗而作法義辨正時，一定要辨正到很清楚，要讓正法回歸原有的本來面貌，要讓眾生理解什麼才是正法？什麼正是邪法？才能避免他們繼續造謗法的口業，也才能讓他們遠離邪惡的外道法。這手段雖是比較猛烈一點，但是相對的悲心也必須更深重一點，所以本質還是悲慧。如果不是悲慧，誰願意跟四大山頭的大法師爲敵啊！他們的勢力那麼大，有誰願意爲了與他們對抗而把自己陷在四面楚歌之中？沒有人願意做的！而且我們也無所依靠，只有正法的威德力作爲依靠；所幸正法的光輝無比明亮，所照之處黑暗盡消，所以已經很多佛弟子開始遠離他們的邪見了！這就是我們正覺同修會存在的當下，對眾生的最大利益。這都是諸位同修的大功德，所以諸位應該覺得與有榮焉。當你出去在會外時，有人問你在哪裡共修？你可以理直氣壯、心安理得地說：「**我在正覺同修會共修。**」因爲你很清楚知道自己是以悲慧來利益眾生的，你是參與救護眾生回歸正見的人。未來世的諸位修到二地、三地、四地、五地、六地，再來反觀這一世所造的善業，才會知道此世護法的功德有多麼大！對你的道業幫助眞大！這也是由於你的悲慧所致。今年已經沒有會員再用鄉愿的心態向我說：「**老師！你破得太過火了！**」這就表示大家都一樣的進步了。

可是想要遠離內外惡不淨因緣，而又能增長悲慧，應該要怎麼修呢？佛開示說：「**應該觀察如來有七種勝事。**」若能觀察如來的七種殊勝事情，就能發起至誠心來修念佛心。如來有哪七件勝事呢？第一、如來色身殊勝，第二、如來有如法住的勝事，第三、如來的智慧勝妙，第四、如來於法具足、福德具足，第五、如來行處勝妙，第六、如來具足種種不可思議，所以殊勝；第七、如來的解脫勝妙於一切阿羅漢、一切菩薩。至於這七個殊勝法，是怎樣的殊勝呢？

【「云何身勝？如來身爲三十二相、八十種好之所嚴飾，一一節力，敵萬八十伊羅缽那香象之力，衆生樂見無有厭足，是名身勝。云何如法住勝？如來既自得利益已，復能憐愍救濟利益無量衆生，是名如法住勝。云何智勝？如來所有四無礙智，非諸聲聞緣覺所及，是名智勝。云何具足勝？如來具足行命戒見，是名具足勝。云何行處勝？如來世尊修三三昧、九次第定等，非諸聲聞緣覺所及，是名行處勝。云何不可思議勝？如來所有六種神通，亦非聲聞緣覺所及；如來十力、四無所畏、大悲三念處，是名不可思議勝。云何解脫勝？如來具足二種解脫勝，除智慧障及煩惱障，永斷一切煩惱習氣，智、緣二事具得自在，是名解脫勝。是故舍利弗於契經中，讚歎如來具七勝法。」】

講記　如來有七種勝妙事，所以佛弟子們應該念佛；經由念佛法門的修持，就能使戒行清淨而速證果位。但這裡說的念佛法門，是廣義的念佛，不是狹義的單指持名唸佛。諸如來的色身爲何勝妙？因爲如來之身有三十二種大人相、八十種隨形好來莊嚴表飾，所以說如來身勝。而且如來身力無比強大，一一指節都可以勝過一萬零八十隻象王合起來的力量；而且眾生樂見無有厭足，一切有情都樂於遇見如來，不會產生厭足之心，所以叫作身勝。「如來一一節力，能敵萬八十伊羅鉢那香象之力」，這威力是從哪裡來的？是從福德力而來的，是從如來的三十二相的一一相而來的，這是因爲每一相都要有無量的福德才能成就。正因爲福德無量，所以眾生樂見諸佛；又加上悲無量、慈無量的緣故，所以眾生樂見，從來都無厭足。若有機會能親承諸佛世尊，不論是承事哪一尊世尊，你都會永無厭足：希望每天都可以親遇，但是機會很少。

如果你可以每天遇得到一位世尊，或者每天可以遇到觀世音菩薩，我告訴你，你遇見鬼了！不說別人，光是道教中的正神，已經有玉皇上帝誥封的正神，譬如保生大帝、玄天上帝……等等，祂們要見 觀世音菩薩一次，都還得要多方的拜求，才能得到 觀世音菩薩賜見。你如果每天都會遇見 觀世音菩薩，那一定是見鬼啦！諸地菩薩要見 觀世音菩薩都很不容易，往往一生之中就只能夠見到三、四次，如果你在三賢位或凡夫位中卻會每天遇見，當然是見鬼了！諸地大菩薩都不容易見，凡夫俗子想要求見 觀世音菩薩當然更難了。想見 觀世音菩薩都不容易了，何況想要親見 佛陀，那就更難了。所以宗喀巴說他常常見到黑文殊，那當然是見鬼了，當然是鬼神化現的。所以，諸佛如來威德力無量廣大雄厚，多半是從累劫修集的福德而來的。三大阿僧祇劫中不斷利樂眾生、修集福德，還要在即將成佛的等覺位中，再以百劫專修福德而成就種種大人相及隨形好；在這百劫之中，無一時非捨命時，無一處非捨命處，像這樣修來的福德，當然無邊廣大，眾生見了都會喜歡親近。

諸佛如來又有無量無邊的廣大威德，讓眾生在親近時卻又不敢放肆；這是因為諸佛如來智慧無量，也因為祂們所證的解脫證境難可思議，所以威德無邊廣大而被稱為大雄世尊。既然如此，當然會讓眾生希望每天都可以親近，可是親近時又感覺到佛有很大的威德而讓眾生不敢放肆。正因為如來有這樣的威德力，所以一指節之力就能敵得過一萬零八十隻象王之力。一切象王見了佛，都是服服貼貼的，這都是從大福德與大智慧的證境所致。連諸天天主都對佛禮拜恭敬，還有哪一個凡夫、具足了四無礙辯，但是仍然無法測度如來的智慧；所以如來的智慧更勝於九地菩薩無量無邊，由此可知如來智慧的勝妙了。且不說如來與九地菩薩的智慧，光說初地、二地菩薩的智慧，當他們在人間示現時，有誰能夠勝過他們？沒有人能勝過。三地的 玄奘菩薩以及說是五地或八地的 馬鳴菩薩暫且不講，光說當年初地的 龍樹菩薩，當時的人間，有誰智慧能夠勝過他呢？所以他們在世時總是人間佛教界的法首、法導、法將。當二地菩薩出現在人間時，根本沒有人能推翻他的法義，而九地菩薩有四無礙辯，超勝於九地的佛智，還有誰能超勝呢？光是初地、二地的無生法忍智慧，就不是三明六通大阿羅漢所能猜測的；不說初地、二地，光是明心的七住賢位菩薩，他所證得的心眞如的本來自性涅槃智慧境界所產生的般若智慧，聲聞、緣覺就已經無法想像了；除非迴小向大之後修學大乘法而證悟了，否則連七住菩薩的般若慧，他們都無法臆想了，更何況是諸佛的智慧呢！由此可知如來具有的四無礙智慧，非諸聲聞、緣覺所能達到，因此而說如來智慧殊勝。當我們受戒之後，心念著佛的智慧殊勝，想到佛的智慧如此的殊勝，怎能不讓自己戒行清淨來努力修行呢？念佛時戒行就會清淨；如此念佛就可以遠離內外諸惡不淨因緣，也可以增長悲慧，速證解脫果。

如何是如來所具足的殊勝境界呢？這是說如來具足諸地菩薩的十度萬行，這不是聲聞緣覺所知，也不是聲聞緣覺所能行。而且也超越等覺的百劫修相好的廣大福德境界了，這不是任何人所能做到的，所以應當念佛；這樣念佛時就一定會使戒行清淨的。如來具足於命，是說一切世間正命，如來都已具足實行了。十方如來在人間示現時不會邪命而活，一定都是正命具足；而且也是正戒具足、正見具足。正戒具足是說，一切諸佛都不取佛戒、不取相戒、不取一切戒，都以自心如來境界爲戒，所以具足一切戒。這種戒不是凡夫所知，也不是二乘聖人所能猜測，所以說如來具足一切戒。對於一切外道見，如來無所不知；一切正見，如來也無所不知，所以具足一切見。如來具足了這些法，所以具足勝。既然是具足勝，我們受戒以後念佛，想到佛有具足勝，難道你不會覺得自己應該羞愧、效法嗎？這樣一來，戒行當然就跟著清淨，證果就容易了。

如何是如來行處勝呢？這是說，如來世尊修證無量無邊的三三昧，也具足親證九次第定等。「等」字是加上觀禪、練禪、熏禪、修禪，這些修證都不是聲聞緣覺所能到達的，因此叫作行處勝。我們了知如來具足難可思議之禪定行門與證量，把二乘聖者的境界取來和如來的修證觀察比對時，簡直不能相提並論；更何況是凡夫菩薩剛受戒時的境界呢？所以受戒以後念佛時，想到諸佛行處的殊勝，還能不生羞愧之心嗎？如此念佛時就可以使得戒行清淨而迅速斷惑證果。

如何是不可思議的殊勝呢？這是說，如來所具有的六種神通，不是聲聞緣覺所能到達的境界；因爲聲聞緣覺所得的六神通都有侷限。以天眼通來講，他們最多能看到未來八萬大劫；以宿命通來講，最多就只能看到過去八萬大劫；所以，聲聞緣覺俱解脫的三明六通聖者——大聲聞與大緣覺——他們的六種神通都是有侷限的，根本無法去揣測如來的大神通境界。不但如此，如來還有十力、四無所畏、大悲、三念處，都是聲聞緣覺所不曾修證的法；因此說如來有不可思議的勝妙之處。當我們瞭解了這一點，以念佛心來持戒時，當然會越來越清淨，戒行清淨了心地就自然清淨了，解脫果自然就能迅速的證得，也能發起悲慧。

如何是如來的解脫勝？因爲如來具足二種解脫，所以勝妙。我們常常說解脫有二種：第一種是分段生死現行的斷盡，就是分段生死煩惱的現行斷了，這就是二乘聖人所證得的解脫果。但是，如來在成佛之前，從進入初菩薩地時，就開始一步一步的斷除習氣煩惱，但是阿羅漢們並不斷習氣煩惱。初菩薩地開始就已經在與眾生同事利行時，逐步斷習氣煩惱；故意留著一分思惑不斷而開始先斷習氣煩惱，一直到佛地時才究竟斷盡習氣煩惱種子。所以諸佛都沒有煩惱障所攝的習氣種子，沒有習氣種子的隨眠了；這種究竟斷盡煩惱障習氣種子的隨眠，不是聲聞緣覺聖人所能知道的。如來多了這種究竟解脫的勝妙。除了斷盡煩惱障的現行和習氣種子隨眠以外，如來又斷盡所知障所攝的過恆河沙數上煩惱，所以說如來永斷無始無明塵沙惑，而且是究竟除盡，因此而永斷一切煩惱、習氣。所以如來於十方世界受生示現時，雖然示現爲凡夫之身，但已不會再現起煩惱障所攝的習氣。由於在智慧和一切緣起諸法都能得到自在，所以如來解脫勝。既然知道如來有二乘聖人所不能了知的解脫勝，以及智、緣都得自在，所以我們念佛時，自然會因此生起仰慕心、

佛教正覺同修會〈修學佛道次第表〉

第一階段

* 以憶佛及拜佛方式修習動中定力。
* 學第一義佛法及禪法知見。
* 無相拜佛功夫成就。
* 具備一念相續功夫—動靜中皆能看話頭。
* 努力培植福德資糧，勤修三福淨業。

第二階段

* 參話頭，參公案。
* 開悟明心，一片悟境。
* 鍛鍊功夫求見佛性。
* 眼見佛性〈餘五根亦如是〉親見世界如幻，成就如幻觀。
* 學習禪門差別智。
* 深入第一義經典。
* 修除性障及隨分修學禪定。
* 修證十行位陽焰觀。

第三階段

* 學一切種智真實正理—楞伽經、解深密經、成唯識論…。
* 參究末後句。
* 解悟末後句。
* 透牢關—親自體驗所悟末後句境界，親見實相，無得無失。
* 救護一切眾生迴向正道。護持了義正法，修證十迴向位如夢觀。
* 發十無盡願，修習百法明門，親證猶如鏡像現觀。
* 修除五蓋，發起禪定。持一切善法戒。親證猶如光影現觀。
* 進修四禪八定、四無量心、五神通。進修大乘種智，求證猶如谷響現觀。

佛菩提二主要道次第概要表——二道並修，以外無別佛法

佛菩提道——大菩提道

遠波羅蜜多

資糧位

十信位修集信心——一劫乃至一萬劫

初住位修集布施功德（以財施爲主）。

二住位修集持戒功德。

三住位修集忍辱功德。

四住位修集精進功德。

五住位修集禪定功德。

六住位修集般若功德（熏習般若中觀及斷我見，加行位也）。

外門廣修六度萬行

見道位

七住位明心般若正觀現前，親證本來自性清淨涅槃。

八住位起於一切法現觀般若中道。漸除性障。

十住位眼見佛性，世界如幻觀成就。

一至十行位，於廣行六度萬行中，依般若中道慧，現觀陰處界猶如陽焰，至第十行滿心位，陽焰觀成就。

一至十迴向位熏習一切種智；修除性障，唯留最後一分思惑不斷。第十迴向滿心位成就菩薩道如夢觀。

內門廣修六度萬行

初地：第十迴向位滿心時，成就道種智一分（八識心王一一親證後，領受五法、三自性、七種第一義、七種性自性、二種無我法）復由勇發十無盡願，成通達位菩薩。復又永伏性障而不具斷，能證慧解脫而不取證，由大願故留惑潤生。此地主修法施波羅蜜多及百法明門。證「猶如鏡像」現觀，故滿初地心。

二地：初地功德滿足以後，再成就道種智一分而入二地；主修戒波羅蜜多及一切種智。滿心位成就「猶如光影」現觀，戒行自然清淨。

解脫道：二乘菩提

→ 斷三縛結，成初果解脫

→ 薄貪瞋癡，成二果解脫

→ 斷五下分結，成三果解脫

入地前的四加行令煩惱障現行悉斷，成四果解脫，留惑潤生。分段生死已斷，煩惱障習氣種子開始斷除，兼斷無始無明上煩惱。

近波羅蜜多　　大波羅蜜多　　圓滿波羅蜜多

修道位　　究竟位

三地：二地滿心再證道種智一分，故入三地。此地主修忍波羅蜜多及四禪八定、四無量心、五神通。能成就俱解脫果而不取證，留惑潤生。滿心位成就「猶如谷響」現觀及無漏妙定意生身。

四地：由三地再證道種智一分故入四地。主修精進波羅蜜多，於此土及他方世界廣度有緣，無有疲倦。進修一切種智，滿心位成就「如水中月」現觀。

五地：由四地再證道種智一分故入五地。主修禪定波羅蜜多及一切種智，斷除下乘涅槃貪。滿心位成就「變化所成」現觀。

六地：由五地再證道種智一分故入六地。此地主修般若波羅蜜多——依道種智現觀十二因緣一一有支及意生身化身，皆自心眞如變化所現，「非有似有」，成就細相觀，不由加行而自然證得滅盡定，成俱解脫大乘無學。

七地：由六地「非有似有」現觀，再證道種智一分故入七地。此地主修一切種智及方便波羅蜜多，由重觀十二有支一一支中之流轉門及還滅門一切細相，成就方便善巧，念念隨入滅盡定。滿心位證得「如犍闥婆城」現觀。

八地：由七地極細相觀成就故再證道種智一分而入八地。此地主修一切種智及願波羅蜜多。至滿心位純無相觀任運恆起，故於相土自在，滿心位復證「如實覺知諸法相意生身」故。

九地：由八地再證道種智一分故入九地。主修力波羅蜜多及一切種智，成就四無礙，滿心位證得「種類俱生無行作意生身」。

十地：由九地再證道種智一分故入此地。此地主修一切種智——智波羅蜜多。滿心位起大法智雲，及現起大法智雲所含藏種種功德，成受職菩薩。

等覺：由十地道種智成就故入此地。此地應修一切種智，圓滿等覺地無生法忍；於百劫中修集極廣大福德，以之圓滿三十二大人相及無量隨形好。

妙覺：示現受生人間已斷盡煩惱障一切習氣種子，並斷盡所知障一切隨眠，永斷變易生死無明，成就大般涅槃，四智圓明。人間捨壽後，報身常住色究竟天利樂十方地上菩薩；以諸化身利樂有情，永無盡期，成就究竟佛道。

七地滿心斷除故意保留之最後一分思惑時，煩惱障所攝色、受、想三陰有漏習氣種子全部斷盡。

→ 煩惱障所攝行、識二陰無漏習氣種子任運漸斷，所知障所攝上煩惱任運漸斷。

→ 斷盡變易生死成就大般涅槃

圓滿成就究竟佛果

佛子蕭平實 謹製

（二〇〇九、〇二 修訂）

（二〇一二、〇二 增補）

佛教正覺同修會 共修現況 及 招生公告 2016/1/16

一、共修現況：（請在共修時間來電，以免無人接聽。）

台北正覺講堂 103 台北市承德路三段 277 號九樓 捷運淡水線圓山站旁 Tel..**總機** 02-25957295（晚上）（**分機：九樓**辦公室 10、11；知客櫃檯 12、13。 **十樓**知客櫃檯 15、16；書局櫃檯 14。 **五樓**辦公室 18；知客櫃檯 19。**二樓**辦公室 20；知客櫃檯 21。）Fax..25954493

第一講堂 台北市承德路三段 277 號九樓

禪淨班：週一晚上班、週三晚上班、週四晚上班、週五晚上班、週六下午班、週六上午班（皆須報名建立學籍後始可參加共修，欲報名者詳見本公告末頁）

增上班：瑜伽師地論詳解：每月第一、三、五週之週末 17.50～20.50 平實導師講解（僅限已明心之會員參加）

禪門差別智：每月第一週日全天 平實導師主講（事冗暫停）。

佛藏經詳解 平實導師主講。已於 2013/12/17 開講，歡迎已發成佛大願的菩薩種性學人，攜眷共同參與此殊勝法會聽講。詳解 釋迦世尊於《佛藏經》中所開示的眞實義理，更爲今時後世佛子四眾，闡述佛陀演說此經的本懷。眞實尋求佛菩提道的有緣佛子，親承聽聞如是勝妙開示，當能如實理解經中義理，亦能了知於大乘法中：如何是諸法實相？善知識、惡知識要如何簡擇？如何才是清淨持戒？如何才能清淨說法？於此末法之世，眾生五濁益重，不知佛、不解法、不識僧，唯見表相，不信眞實，貪著五欲，諸方大師不淨說法，各各將導大量徒眾趣入三塗，如是師徒俱堪憐憫。是故，平實導師以大慈悲心，用淺白易懂之語句，佐以實例、譬喻而爲演說，普令聞者易解佛意，皆得契入佛法正道，如實了知佛法大藏。

此經中，對於實相念佛多所著墨，亦指出念佛要點：以實相爲依，念佛者應依止淨戒、依止清淨僧寶，捨離違犯重戒之師僧，應受學清淨之法，遠離邪見。本經是現代佛門大法師所厭惡之經典：一者由於大法師們已全都落入意識境界而無法親證實相，故於此經中所說實相全無所知，都不樂有人聞此經名，以免讀後提出問疑時無法回答；二者現代大乘佛法地區，已經普被藏密喇嘛教滲透，許多有名之大法師們大多已曾或繼續在修練雙身法，都已失去聲聞戒體及菩薩戒體，成爲地獄種姓人，已非眞正出家之人，本質只是身著僧衣而住在寺院中的世俗人。這些人對於此經都是讀不懂的，也是極爲厭惡的；他們尚不樂見此經之印行，何況流通與講解？今爲救護廣大學佛人，兼欲護持佛教血脈永續常傳，特選此經宣講之。每逢週二 18.50~20.50 開示，不限制聽講資格。會外人士需憑身分證件換證入內聽講（此是大樓管理處之安全規定，敬請見諒）。桃園、台中、台南、高雄等地講堂，亦於每週二晚上播放平實導師所講本經之 DVD，不必出示身分證件即可入內聽講，歡迎各地善信同霑法益。

第二講堂　台北市承德路三段 267 號十樓。

禪淨班：週一晚上班、週六下午班。

進階班：週三晚上班、週四晚上班、週五晚上班（禪淨班結業後轉入共修）。

佛藏經詳解：平實導師講解。每週二 18.50~20.50（影像音聲即時傳輸）。本會學員憑上課證進入聽講，會外學人請以身分證件換證進入聽講（此爲大樓管理處安全管理規定之要求，敬請諒解）。

第三講堂　台北市承德路三段 277 號五樓。

進階班：週一晚上班、週三晚上班、週四晚上班、週五晚上班。

佛藏經詳解：平實導師講解。每週二 18.50~20.50（影像音聲即時傳輸）。本會學員憑上課證進入聽講，會外學人請以身分證件換證進入聽講（此爲大樓管理處安全管理規定之要求，敬請諒解）。

第四講堂　台北市承德路三段 267 號二樓。

進階班：週一晚上班、週三晚上班、週四晚上班、週五晚上班（禪淨班結業後轉入共修）。

佛藏經詳解：平實導師講解。每週二 18.50~20.50（影像音聲即時傳輸）。本會學員憑上課證進入聽講，會外學人請以身分證件換證進入聽講（此爲大樓管理處安全管理規定之要求，敬請諒解）。

第五、第六講堂　爲**開放式講堂**，不需以身分證件換證即可進入聽講，台北市承德路三段 267 號地下一樓、地下二樓。已規劃整修完成，每逢週二晚上講經時段開放給會外人士自由聽經，請由大樓側面梯階逕行進入聽講。**聽講者請尊重講者的著作權及肖像權，請勿錄音錄影，以免違法；若有錄音錄影被查獲者，將依法處理。**

正覺祖師堂　大溪鎮美華里信義路 650 巷坑底 5 之 6 號（台 3 號省道 34 公里處 妙法寺對面斜坡道進入）電話 03-3886110　傳眞 03-3881692 本堂供奉 克勤圓悟大師，專供會員每年四月、十月各二次精進禪三共修，兼作本會出家菩薩掛單常住之用。除禪三時間以外，每逢單月第一週之週日 9:00~17:00 開放會內、外人士參訪，當天並提供午齋結緣。教內共修團體或道場，得另申請其餘時間作團體參訪，務請事先與常住確定日期，以便安排常住菩薩接引導覽，亦免妨礙常住菩薩之日常作息及修行。

桃園正覺講堂（第一、第二講堂）：桃園市介壽路 286、288 號 10 樓（陽明運動公園對面）電話：03-3749363（請於共修時聯繫，或與台北聯繫）

禪淨班：週一晚上班、週三晚上班、週四晚上班、週五晚上班。

進階班：週六上午班、週五晚上班。

佛藏經詳解：平實導師講解。每週二晚上，以台北正覺講堂所錄 DVD 放映；歡迎會外學人共同聽講，不需出示身分證件。

新竹正覺講堂 新竹市東光路 55 號二樓之一　電話 03-5724297（晚上）

第一講堂：

禪淨班：週一晚上班、週五晚上班、週六上午班。

進階班：週三晚上班、週四晚上班（由禪淨班結業後轉入共修）。

佛藏經詳解：平實導師講解。每週二晚上，以台北正覺講堂所錄 DVD 放映。歡迎會外學人共同聽講，不需出示身分證件。

第二講堂：

禪淨班：週三晚上班、週四晚上班。

佛藏經詳解：每週二晚上與第一講堂同時播放佛藏經詳解 DVD。

台中正覺講堂 04-23816090（晚上）

第一講堂 台中市南屯區五權西路二段 666 號 13 樓之四（國泰世華銀行樓上。鄰近縣市經第一高速公路前來者，由五權西路交流道可以快速到達，大樓旁有停車場，對面有素食館）。

禪淨班：週三晚上班、週四晚上班。

進階班：週一晚上班、週六上午班（由禪淨班結業後轉入共修）。

增上班：單週週末以台北增上班課程錄成 DVD 放映之，限已明心之會員參加。

佛藏經詳解：平實導師講解。每週二晚上，以台北正覺講堂所錄 DVD 放映。歡迎會外學人共同聽講，不需出示身分證件。

第二講堂 台中市南屯區五權西路二段 666 號 4 樓

禪淨班：週一晚上班、週三晚上班、週六上午班。

進階班：週五晚上班（由禪淨班結業後轉入共修）。

佛藏經詳解：每週二晚上與第一講堂同時播放佛藏經詳解 DVD。

第三講堂、第四講堂：台中市南屯區五權西路二段 666 號 4 樓。

嘉義正覺講堂 嘉義市友愛路 288 號八樓之一　電話：05-2318228

第一講堂：

禪淨班：週一晚上班、週四晚上班、週五晚上班。

進階班：週三晚上班（由禪淨班結業後轉入共修）。

佛藏經詳解：平實導師講解。每週二晚上，以台北正覺講堂所錄 DVD 放映。歡迎會外學人共同聽講，不需出示身分證件。

第二講堂 嘉義市友愛路 288 號八樓之二。

台南正覺講堂

第一講堂 台南市西門路四段 15 號 4 樓。06-2820541（晚上）

禪淨班：週一晚上班、週三晚上班、週四晚上班、週五晚上班、週六下午班。

增上班：單週週末下午，以台北增上班課程錄成 DVD 放映之，限已明心之會員參加。

佛藏經詳解：平實導師講解。每週二晚上，以台北正覺講堂所錄 DVD 放映。歡迎會外學人共同聽講，不需出示身分證件。

第二講堂　台南市西門路四段 15 號 3 樓。

佛藏經詳解：每週二晚上與第一講堂同時播放佛藏經詳解 DVD。

第三講堂　台南市西門路四段 15 號 3 樓。

進階班：週三晚上班、週四晚上班、週六上午班（由禪淨班結業後轉入共修）。

佛藏經詳解：每週二晚上與第一講堂同時播放佛藏經詳解 DVD。

高雄正覺講堂　高雄市新興區中正三路 45 號五樓 07-2234248（晚上）

第一講堂（五樓）：

禪淨班：週一晚上班、週三晚上班、週四晚上班、週五晚上班、週六上午班。

增上班：單週週末下午，以台北增上班課程錄成 DVD 放映之，限已明心之會員參加。

佛藏經詳解：平實導師講解。每週二晚上，以台北正覺講堂所錄 DVD 放映。歡迎會外學人共同聽講，不需出示身分證件。

第二講堂（四樓）：

進階班：週三晚上班、週四晚上班、週六上午班（由禪淨班結業後轉入共修）。

佛藏經詳解：每週二晚上與第一講堂同時播放佛藏經詳解 DVD。

第三講堂（三樓）：

進階班：週四晚上班（由禪淨班結業後轉入共修）。

香港正覺講堂　**☆已遷移新址☆**

九龍觀塘，成業街 10 號，電訊一代廣場 27 樓 E 室。

（觀塘地鐵站 B1 出口，步行約 4 分鐘）。電話：(852) 23262231

英文地址：Unit E, 27th Floor, TG Place, 10 Shing Yip Street, Kwun Tong, Kowloon

禪淨班：雙週六下午班 14:30-17:30，已經額滿。

雙週日下午班 14:30-17:30，2016 年 4 月底前尚可報名。

進階班：雙週五晚上班（由禪淨班結業後轉入共修）。

增上班：單週週末上午，以台北增上班課程錄成 DVD 放映之，限已明心之會員參加。

妙法蓮華經詳解：平實導師講解。雙週六 19:00-21:00，以台北正覺講堂所錄 DVD 放映；歡迎會外學人共同聽講，不需出示身分證件。

美國洛杉磯正覺講堂　☆已遷移新址☆

825 S. Lemon Ave Diamond Bar, CA 91798 U.S.A.
Tel. (909) 595-5222（請於週六 9:00~18:00 之間聯繫）
Cell. (626) 454-0607

禪淨班：每逢週末 15：30~17：30 上課。

進階班：每逢週末上午 10：00~12：00 上課。

佛藏經詳解：平實導師講解。每週六下午 13：00~15：00，以台北正覺講堂所錄 DVD 放映。歡迎各界人士共享第一義諦無上法益，不需報名。

二、招生公告　**本會台北講堂及全省各講堂，每逢四月、十月下旬開新班，每週共修一次**（每次二小時。開課日起三個月內仍可插班）；**但美國洛杉磯共修處之禪淨班得隨時插班共修。各班共修期間皆爲二年半，欲參加者請向本會函索報名表**（各共修處皆於共修時間方有人執事，非共修時間請勿電詢或前來洽詢、請書），**或直接從本會官方網站**(http://www.enlighten.org.tw/newsflash/class)**或成佛之道網站下載報名表**。共修期滿時，若經報名禪三審核通過者，可參加四天三夜之禪三精進共修，有機會明心、取證如來藏，發起般若實相智慧，成爲實義菩薩，脫離凡夫菩薩位。

三、新春禮佛祈福 農曆**年假**期間停止共修：自農曆新年前七天起停止共修與弘法，正月 8 日起回復共修、弘法事務。新春期間正月初一～初七 9.00～17.00 開放台北講堂、正月初一～初三開放新竹講堂、台中講堂、台南講堂、高雄講堂，以及大溪禪三道場（正覺祖師堂），方便會員供佛、祈福及會外人士請書。美國洛杉磯共修處之休假時間，請逕詢該共修處。

密宗四大派修雙身法，是外道性力派的邪法；又以生滅的識陰作為常住法，是常見外道，是假的藏傳佛教。

西藏覺囊巴以他空見弘揚第八識如來藏勝法，才是真藏傳佛教

佛教正覺同修會　弘法行事表　2017/03/31

1、**禪淨班**　以無相念佛及拜佛方式修習動中定力，實證一心不亂功夫。傳授解脫道正理及第一義諦佛法，以及參禪知見。共修期間：二年六個月。每逢四月、十月開新班，詳見招生公告表。

2、**《佛藏經》**詳解　平實導師主講。已於 2013/12/17 開講，歡迎已發成佛大願的菩薩種性學人，攜眷共同參與此殊勝法會聽講。詳解 釋迦世尊於《佛藏經》中所開示的眞實義理，更爲今時後世佛子四眾，闡述 佛陀演說此經的本懷。眞實尋求佛菩提道的有緣佛子，親承聽聞如是勝妙開示，當能如實理解經中義理，亦能了知於大乘法中：如何是諸法實相？善知識、惡知識要如何簡擇？如何才是清淨持戒？如何才能清淨說法？於此末法之世，眾生五濁益重，不知佛、不解法、不識僧，唯見表相，不信眞實，貪著五欲，諸方大師不淨說法，各各將導大量徒眾趣入三塗，如是師徒俱堪憐憫。是故，平實導師以大慈悲心，用淺白易懂之語句，佐以實例、譬喻而爲演說，普令聞者易解佛意，皆得契入佛法正道，如實了知佛法大藏。每逢週二 18.50~20.50 開示，不限制聽講資格。會外人士需憑身分證件換證入內聽講（此是大樓管理處之安全規定，敬請見諒）。桃園、新竹、台中、台南、高雄等地講堂，亦於每週二晚上播放平實導師講經之 DVD，不必出示身分證件即可入內聽講，歡迎各地善信同霑法益。

有某道場專弘淨土法門數十年，於教導信徒研讀《佛藏經》時，往往告誡信徒曰：「後半部不許閱讀。」由此緣故坐令信徒失去提升念佛層次之機緣，師徒只能低品位往生淨土，令人深覺愚癡無智。由有多人建議故，平實導師開始宣講《佛藏經》，藉以轉易如是邪見，並提升念佛人之知見與往生品位。此經中，對於實相念佛多所著墨，亦指出念佛要點：以實相爲依，念佛者應依止淨戒、依止清淨僧寶，捨離違犯重戒之師僧，應受學清淨之法，遠離邪見。本經是現代佛門大法師所厭惡之經典：一者由於大法師們已全都落入意識境界而無法親證實相，故於此經中所說實相全無所知，都不樂有人聞此經名，以免讀後提出問疑時無法回答；二者現代大乘佛法地區，已經普被藏密喇嘛教滲透，許多有名之大法師們大多已曾或繼續在修練雙身法，都已失去聲聞戒體及菩薩戒體，成爲地獄種姓人，已非眞正出家之人，本質上只是身著僧衣而住在寺院中的世俗人。這些人對於此經都是讀不懂的，也是極爲厭惡的；他們尚不樂見此經之印行，何況流通與講解？今爲救護廣大學佛人，兼欲護持佛教血脈永續常傳，特選此經宣講之，主講者平實導師。

3、**瑜伽師地論**詳解　詳解論中所言凡夫地至佛地等 17 師之修證境界與理論，從凡夫地、聲聞地……宣演到諸地所證一切種智之眞實正理。由平實導師開講，每逢一、三、五週之週末晚上開示，僅限已明心之會員參加。

4、**精進禪三**　主三和尚：平實導師。於四天三夜中，以克勤圓悟大師及大慧宗杲之禪風，施設機鋒與小參、公案密意之開示，幫助會員剋期取證，親證不生不滅之眞實心——人人本有之如來藏。每年四月、十月各舉辦二個梯次；平實導師主持。僅限本會會員參加禪淨班共修期滿，報名審核通過者，方可參加。並選擇會中定力、慧力、福德三條件皆已具足之已明心會員，給以指引，令得眼見自己無形無相之佛性遍佈山河大地，眞實而無障礙，得以肉眼現觀世界身心悉皆如幻，具足成就如幻觀，圓滿十住菩薩之證境。

5、**大法鼓經**詳解　詳解末法時代大乘佛法修行之道。佛教正法消毒妙藥塗於大鼓而以擊之，凡有眾生聞之者，一切邪見鉅毒悉皆消殞；此經即是大法鼓之正義，凡聞之者，所有邪見之毒悉皆滅除，見道不難；亦能發起菩薩無量功德，是故諸大菩薩遠從諸方佛土來此娑婆聞修此經。

本經破「有」而顯涅槃，以此名爲眞法；若墮在「有」中，皆名「非法」；若人如是宣揚佛法，名爲擊大法鼓；如是依「法」而捨「非法」，據以建立山門而爲眾說法，方可名爲法鼓山。此經中說，以「此經」爲菩薩道之本，以證得「此經」之正知見及法門作爲度人之「法」，方名眞實佛法，否則盡名「非法」。本經中對法與非法、有與涅槃，有深入之闡釋，歡迎教界一切善信（不論初機或久學菩薩），一同親沐 如來聖教，共沾法喜。由平實導師詳解。不限制聽講資格。

6、**不退轉法輪經**詳解　本經所說妙法極爲甚深難解，時至末法，已然無有知者；而其甚深絕妙之法，流傳至今依舊多人可證，顯示佛學眞是義學而非玄談，其中甚深極妙令人拍案稱絕之第一義諦妙義，平實導師將會加以解說。待《大法鼓經》宣講完畢時繼續宣講此經。

7、**阿含經**詳解　選擇重要之阿含部經典，依無餘涅槃之實際而加以詳解，令大眾得以現觀諸法緣起性空，亦復不墮斷滅見中，顯示經中所隱說之涅槃實際—如來藏—確實已於四阿含中隱說；令大眾得以聞後觀行，確實斷除我見乃至我執，證得**見到**眞現觀，乃至**身證**……等眞現觀；已得大乘或二乘見道者，亦可由此聞熏及聞後之觀行，除斷我所之貪著，成就慧解脫果。由平實導師詳解。不限制聽講資格。

8、**解深密經**詳解　重講本經之目的，在於令諸已悟之人明解大乘法道之成佛次第，以及悟後進修一切種智之內涵，確實證知三種自性性，並得據此證解七眞如、十眞如等正理。每逢週二 18.50~20.50 開示，由平實導師詳解。將於《大法鼓經》講畢後開講。不限制聽講資格。

9、**成唯識論**詳解　詳解一切種智眞實正理，詳細剖析一切種智之微細深妙廣大正理；並加以舉例說明，使已悟之會員深入體驗所證如來藏之微密行相；及證驗見分相分與所生一切法，皆由如來藏—阿賴耶識—直接或展轉而生，因此證知一切法無我，證知無餘涅槃之本際。將於增上班《瑜伽師地論》講畢後，由平實導師重講。僅限已明心之會員參加。

10、**精選如來藏系經典**詳解　精選如來藏系經典一部，詳細解說，以此完全印證會員所悟如來藏之眞實，得入不退轉住。另行擇期詳細解說之，由平實導師講解。僅限已明心之會員參加。

11、**禪門差別智**　藉禪宗公案之微細淆訛難知難解之處，加以宣說及剖析，以增進明心、見性之功德，啓發差別智，建立擇法眼。每月第一週日全天，由平實導師開示，僅限破參明心後，復又眼見佛性者參加（事冗暫停）。

12、**枯木禪**　先講智者大師的《小止觀》，後說《釋禪波羅蜜》，詳解四禪八定之修證理論與實修方法，細述一般學人修定之邪見與岔路，及對禪定證境之誤會，消除枉用功夫、浪費生命之現象。已悟般若者，可以藉此而實修初禪，進入大乘通教及聲聞教的三果心解脫境界，配合應有的大福德及後得無分別智、十無盡願，即可進入初地心中。親教師：平實導師。未來緣熟時將於大溪正覺寺開講。不限制聽講資格。

註：本會例行年假，自 2004 年起，改爲每年農曆新年前七天開始停息弘法事務及共修課程，農曆正月 8 日回復所有共修及弘法事務。新春期間（每日 9.00~17.00）開放台北講堂，方便會員禮佛祈福及會外人士請書。大溪區的正覺祖師堂，開放參訪時間，詳見〈正覺電子報〉或成佛之道網站。本表得因時節因緣需要而隨時修改之，不另作通知。

佛教正覺同修會　贈閱書籍 目錄

2015/09/29

1.**無相念佛**　平實導師著　回郵 10 元
2.**念佛三昧修學次第**　平實導師述著　回郵 25 元
3.**正法眼藏—護法集**　平實導師述著　回郵 35 元
4.**真假開悟簡易辨正法＆佛子之省思**　平實導師著　回郵 3.5 元
5.**生命實相之辨正**　平實導師著　回郵 10 元
6.**如何契入念佛法門**（附：印順法師否定極樂世界）平實導師著　回郵 3.5 元
7.**平實書箋**—答元覽居士書　平實導師著　回郵 35 元
8.**三乘唯識**—如來藏系經律彙編　平實導師編　回郵 80 元
（精裝本　長 27 cm　寬 21 cm　高 7.5 cm　重 2.8 公斤）
9.**三時繫念全集**—修正本　回郵掛號 40 元（長 26.5 cm×寬 19 cm）
10.**明心與初地**　平實導師述　回郵 3.5 元
11.**邪見與佛法**　平實導師述著　回郵 20 元
12.**菩薩正道**—回應義雲高、釋性圓…等外道之邪見　正燦居士著　回郵 20 元
13.**甘露法雨**　平實導師述　回郵 20 元
14.**我與無我**　平實導師述　回郵 20 元
15.**學佛之心態**—修正錯誤之學佛心態始能與正法相應　孫正德老師著　回郵35元
附錄：平實導師著**《略說八、九識並存…等之過失》**
16.**大乘無我觀**—《悟前與悟後》別說　平實導師述著　回郵 20 元
17.**佛教之危機**—中國台灣地區現代佛教之真相（附錄：公案拈提六則）
平實導師著　回郵 25 元
18.**燈　影**—燈下黑（覆「求教後學」來函等）　平實導師著　回郵 35 元
19.**護法與毀法**—覆上平居士與徐恒志居士網站毀法二文
張正圜老師著　回郵 35 元
20.**淨土聖道**—兼評**選擇本願念佛**　正德老師著　由正覺同修會購贈　回郵 25 元
21.**辨唯識性相**—對「紫蓮心海《辯唯識性相》書中否定阿賴耶識」之回應
正覺同修會 台南共修處法義組 著　回郵 25 元
22.**假如來藏**—對法蓮法師《如來藏與阿賴耶識》書中否定阿賴耶識之回應
正覺同修會 台南共修處法義組 著　回郵 35 元
23.**入不二門**—公案拈提集錦 第一輯（於平實導師公案拈提諸書中選錄約二十則，
合輯為一冊流通之）平實導師著　回郵 20 元
24.**真假邪說**—西藏密宗索達吉喇嘛《破除邪說論》真是邪說
釋正安法師著　回郵 35 元
25.**真假開悟**—真如、如來藏、阿賴耶識間之關係　平實導師述著　回郵 35 元
26.**真假禪和**—辨正釋傳聖之謗法謬說　孫正德老師著　回郵 30 元

27.**眼見佛性**—駁慧廣法師眼見佛性的含義文中謬說

游正光老師著　回郵 25 元

28.**普門自在**—公案拈提集錦 第二輯（於平實導師公案拈提諸書中選錄約二十則，合輯爲一冊流通之）平實導師著　回郵 25 元

29.**印順法師的悲哀**—以現代禪的質疑為線索　恒毓博士著　回郵 25 元

30.**識蘊真義**—現觀識蘊內涵、取證初果、親斷三縛結之具體行門。

—依《成唯識論》及《惟識述記》正義，略顯安慧《大乘廣五蘊論》之邪謬

平實導師著　回郵 35 元

31.**正覺電子報** 各期紙版本　免附回郵　每次最多函索三期或三本。

（已無存書之較早各期，不另增印贈閱）

32.**現代人應有的宗教觀**　蔡正禮老師 著　回郵 3.5 元

33.**遠惑趣道**—正覺電子報般若信箱問答錄　第一輯　回郵 20 元

34.**遠惑趣道**—正覺電子報般若信箱問答錄　第二輯　回郵 20 元

35.**確保您的權益**—器官捐贈應注意自我保護　游正光老師 著　回郵 10 元

36.**正覺教團電視弘法三乘菩提 DVD 光碟（一）**

由正覺教團多位親教師共同講述錄製 DVD 8 片，MP3 一片，共 9 片。有二大講題：一爲「三乘菩提之意涵」，二爲「學佛的正知見」。內容精闢，深入淺出，精彩絕倫，幫助大眾快速建立三乘法道的正知見，免被外道邪見所誤導。有志修學三乘佛法之學人不可不看。（製作工本費 100 元，回郵 25 元）

37.**正覺教團電視弘法 DVD 專輯（二）**

總有二大講題：一爲「三乘菩提之念佛法門」，一爲「學佛正知見（第二篇）」，由正覺教團多位親教師輪番講述，內容詳細闡述如何修學念佛法門、實證念佛三昧，以及學佛應具有的正確知見，可以幫助發願往生西方極樂淨土之學人，得以把握往生，更可令學人快速建立三乘法道的正知見，免於被外道邪見所誤導。有志修學三乘佛法之學人不可不看。（一套 17 片，工本費 160 元。回郵 35 元）

38.**佛藏經** 燙金精裝本　每冊回郵 20 元。正修佛法之道場欲大量索取者，請正式發函並蓋用大印寄來索取（2008.04.30 起開始敬贈）

39.**喇嘛性世界**—揭開假藏傳佛教譚崔瑜伽的面紗　張善思 等人合著

由正覺同修會購贈　回郵 20 元

40.**假藏傳佛教的神話**—性、謊言、喇嘛教　張正玄教授編著　回郵 20 元

由正覺同修會購贈　回郵 20 元

41.**隨 緣**—理隨緣與事隨緣　平實導師述　回郵 20 元。

42.**學佛的覺醒**　正枝居士 著　回郵 25 元

43.**導師之真實義**　蔡正禮老師 著　回郵 10 元

44.**淺談達賴喇嘛之雙身法**—兼論解讀「密續」之達文西密碼

吳明芷居士 著　回郵 10 元

45.**魔界轉世**　張正玄居士 著　回郵 10 元

46.**一貫道與開悟**　蔡正禮老師 著　回郵 10 元

47.**博愛**—愛盡天下女人　正覺教育基金會 編印　回郵 10 元

48.**意識虛妄經教彙編**—實證解脫道的關鍵經文　正覺同修會編印　回郵25元

49.**邪箭囈語**—破斥藏密外道多識仁波切《破魔金剛箭雨論》之邪說
陸正元老師著　上、下冊回郵各 30 元

50.**真假沙門**—依 佛聖教闡釋佛教僧寶之定義
蔡正禮老師著　俟正覺電子報連載後結集出版

51.**真假禪宗**—藉評論釋性廣《印順導師對變質禪法之批判
及對禪宗之肯定》以顯示真假禪宗
附論一：凡夫知見 無助於佛法之信解行證
附論二：世間與出世間一切法皆從如來藏實際而生而顯
余正偉老師著　俟正覺電子報連載後結集出版　回郵未定

52.**假鋒虛焰金剛乘**—揭示顯密正理，兼破索達吉師徒《般若鋒兮金剛焰》。
釋正安 法師著　俟正覺電子報連載後結集出版

★ 上列贈書之郵資，係台灣本島地區郵資，大陸、港、澳地區及外國地區，請另計酌增（大陸、港、澳、國外地區之郵票不許通用）。尚未出版之書，請勿先寄來郵資，以免增加作業煩擾。

★ 本目錄若有變動，唯於後印之書籍及「成佛之道」網站上修正公佈之，不另行個別通知。

函索書籍請寄：佛教正覺同修會　103 台北市承德路 3 段 277 號 9 樓
台灣地區函索書籍者請附寄郵票，無時間購買郵票者可以等值現金抵用，但不接受郵政劃撥、支票、匯票。大陸地區得以人民幣計算，國外地區請以美元計算（請勿寄來當地郵票，在台灣地區不能使用）。欲以掛號寄遞者，請另附掛號郵資。

親自索閱：正覺同修會各共修處。　★請於共修時間前往取書，餘時無人在道場，請勿前往索取；共修時間與地點，詳見書末正覺同修會共修現況表（以近期之共修現況表爲準）。

註：正智出版社發售之局版書，請向各大書局購閱。若書局之書架上已經售出而無陳列者，請向書局櫃台指定洽購；若書局不便代購者，請於正覺同修會共修時間前往各共修處請購，正智出版社已派人於共修時間送書前往各共修處流通。 郵政劃撥購書及 大陸地區 購書，請詳別頁正智出版社發售書籍目錄最後頁之說明。

成佛之道 網站：http://www.a202.idv.tw　　正覺同修會已出版之結緣書籍，多已登載於 成佛之道 網站，若住外國、或住處遙遠，不便取得正覺同修會贈閱書籍者，可以從本網站閱讀及下載。　　書局版之《宗通與說通》亦已上網，台灣讀者可向書局洽購，售價 300 元。《狂密與眞密》第一輯~第四輯，亦於 2003.5.1.全部於本網站登載完畢；台灣地區讀者請向書局洽購，每輯約 400 頁，售價 300 元（網站下載紙張費用較貴，容易散失，難以保存，亦較不精美）。

＊＊假藏傳佛教修雙身法，非佛教＊＊

正智出版社 籌募弘法基金發售書籍目錄　2017/04/22

1.**宗門正眼**—公案拈提 第一輯 重拈　平實導師著　500 元
因重寫內容大幅度增加故，字體必須改小，並增爲 576 頁 主文 546 頁。比初版更精彩、更有內容。初版《禪門摩尼寶聚》之讀者，可寄回本公司免費調換新版書。免附回郵，亦無截止期限。（2007 年起，每冊附贈本公司精製公案拈提〈超意境〉CD 一片。市售價格 280 元，多購多贈。）

2.**禪淨圓融**　平實導師著　200 元（第一版舊書可換新版書。）

3.**真實如來藏**　平實導師著　400 元

4.**禪—悟前與悟後**　平實導師著　上、下冊，每冊 250 元

5.**宗門法眼**—公案拈提 第二輯　平實導師著　500 元
（2007 年起，每冊附贈本公司精製公案拈提〈超意境〉CD 一片）

6.**楞伽經詳解**　平實導師著　全套共 10 輯　每輯 250 元

7.**宗門道眼**—公案拈提 第三輯　平實導師著　500 元
（2007 年起，每冊附贈本公司精製公案拈提〈超意境〉CD 一片）

8.**宗門血脈**—公案拈提 第四輯　平實導師著　500 元
（2007 年起，每冊附贈本公司精製公案拈提〈超意境〉CD 一片）

9.**宗通與說通**—成佛之道 平實導師著 主文 381 頁 全書 400 頁售價 300 元

10.**宗門正道**—公案拈提 第五輯　平實導師著　500 元
（2007 年起，每冊附贈本公司精製公案拈提〈超意境〉CD 一片）

11.**狂密與真密 一～四輯**　平實導師著　西藏密宗是人間最邪淫的宗教，本質不是佛教，只是披著佛教外衣的印度教性力派流毒的喇嘛教。此書中將西藏密宗密傳之男女雙身合修樂空雙運所有祕密與修法，毫無保留完全公開，並將全部喇嘛們所不知道的部分也一併公開。內容比大辣出版社喧騰一時的《西藏慾經》更詳細。並且函蓋藏密的所有祕密及其錯誤的中觀見、如來藏見……等，藏密的所有法義都在書中詳述、分析、辨正。每輯主文三百餘頁　每輯全書約 400 頁　售價每輯 300 元

12.**宗門正義**—公案拈提 第六輯　平實導師著　500 元
（2007 年起，每冊附贈本公司精製公案拈提〈超意境〉CD 一片）

13.**心經密意**—心經與解脫道、佛菩提道、祖師公案之關係與密意　平實導師述　300 元

14.**宗門密意**—公案拈提 第七輯　平實導師著　500 元
（2007 年起，每冊附贈本公司精製公案拈提〈超意境〉CD 一片）

15.**淨土聖道**—兼評「選擇本願念佛」　正德老師著　200 元

16.**起信論講記**　平實導師述著　共六輯　每輯三百餘頁　售價各 250 元

17.**優婆塞戒經講記**　平實導師述著 共八輯 每輯三百餘頁 售價各 250 元

18.**真假活佛**—略論附佛外道盧勝彥之邪說（對前岳靈犀網站主張「盧勝彥是證悟者」之修正）　正犀居士（岳靈犀）著　流通價 140 元

19.**阿含正義**—唯識學探源　平實導師著　共七輯　每輯 300 元

20.**超意境 CD** 以平實導師公案拈提書中超越意境之頌詞，加上曲風優美的旋律，錄成令人嚮往的超意境歌曲，其中包括正覺發願文及平實導師親自譜成的黃梅調歌曲一首。詞曲雋永，殊堪翫味，可供學禪者吟詠，有助於見道。內附設計精美的彩色小冊，解說每一首詞的背景本事。每片 280 元。【每購買公案拈提書籍一冊，即贈送一片。】

21.**菩薩底憂鬱 CD** 將菩薩情懷及禪宗公案寫成新詞，並製作成超越意境的優美歌曲。 1.主題曲〈菩薩底憂鬱〉，描述地後菩薩能離三界生死而迴向繼續生在人間，但因尚未斷盡習氣種子而有極深沈之憂鬱，非三賢位菩薩及二乘聖者所知，此憂鬱在七地滿心位方才斷盡；本曲之詞中所說義理極深，昔來所未曾見；此曲係以優美的情歌風格寫詞及作曲，聞者得以激發嚮往諸地菩薩境界之大心，詞、曲都非常優美，難得一見；其中勝妙義理之解說，已印在附贈之彩色小冊中。 2.以各輯公案拈提中直示禪門入處之頌文，作成各種不同曲風之超意境歌曲，值得玩味、參究；聆聽公案拈提之優美歌曲時，請同時閱讀內附之印刷精美說明小冊，可以領會超越三界的證悟境界；未悟者可以因此引發求悟之意向及疑情，眞發菩提心而邁向求悟之途，乃至因此眞實悟入般若，成眞菩薩。 3.正覺總持咒新曲，總持佛法大意；總持咒之義理，已加以解說並印在隨附之小冊中。本 CD 共有十首歌曲，長達 63 分鐘。每盒各附贈二張購書優惠券。每片 280 元。

22.**禪意無限 CD** 平實導師以公案拈提書中偈頌寫成不同風格曲子，與他人所寫不同風格曲子共同錄製出版，幫助參禪人進入禪門超越意識之境界。盒中附贈彩色印製的精美解說小冊，以供聆聽時閱讀，令參禪人得以發起參禪之疑情，即有機會證悟本來面目而發起實相智慧，實證大乘菩提般若，能如實證知般若經中的眞實意。本 CD 共有十首歌曲，長達 69 分鐘，每盒各附贈二張購書優惠券。每片 280 元。

23.**我的菩提路**第一輯　釋悟圓、釋善藏等人合著　售價 300 元

24.**我的菩提路**第二輯　郭正益、張志成等人合著　售價 300 元

25.**我的菩提路**第三輯　王美伶等人合著　預定 2017/6/30 發行　售價 300 元

26.**鈍鳥與靈龜**—考證後代凡夫對大慧宗杲禪師的無根誹謗。

平實導師著 共 458 頁 售價 350 元

27.**維摩詰經講記** 平實導師述 共六輯 每輯三百餘頁 售價各 250 元

28.**真假外道**—破劉東亮、杜大威、釋證嚴常見外道見　正光老師著　200 元

29.**勝鬘經講記**—兼論印順《勝鬘經講記》對於《勝鬘經》之誤解。

平實導師述　共六輯　每輯三百餘頁　售價 250 元

30.**楞嚴經講記** 平實導師述 共 **15** 輯，每輯三百餘頁 售價 300 元

31.**明心與眼見佛性**—駁慧廣〈蕭氏「眼見佛性」與「明心」之非〉文中謬說

正光老師著　共 448 頁　售價 300 元

32.**見性與看話頭** 黃正倖老師 著，本書是禪宗參禪的方法論。

內文 375 頁，全書 416 頁，售價 300 元。

33.**達賴真面目**—玩盡天下女人 白正偉老師 等著 中英對照彩色精裝大本 800 元
34.**喇嘛性世界**—揭開假藏傳佛教譚崔瑜伽的面紗　張善思 等人著　200 元
35.**假藏傳佛教的神話**—性、謊言、喇嘛教　正玄教授編著　200 元
36.**金剛經宗通**　平實導師述　共九輯　每輯售價 250 元。
37.**空行母**—性別、身分定位，以及藏傳佛教。
珍妮・坎貝爾著 呂艾倫 中譯 售價 250 元
38.**末代達賴**—性交教主的悲歌　張善思、呂艾倫、辛燕編著 售價 250 元
39.**霧峰無霧**—給哥哥的信　辨正釋印順對佛法的無量誤解
游宗明 老師著　售價 250 元
40.**第七意識與第八意識？**—穿越時空「超意識」
平實導師述　每冊 300 元
41.**黯淡的達賴**—失去光彩的諾貝爾和平獎
正覺教育基金會編著　每冊 250 元
42.**童女迦葉考**—論呂凱文〈佛教輪迴思想的論述分析〉之謬。
平實導師 著　定價 180 元
43.**人間佛教**—實證者必定不悖三乘菩提
平實導師 述，定價 400 元
44.**實相經宗通**　平實導師述　共八輯　每輯 250 元
45.**真心告訴您(一)**—達賴喇嘛在幹什麼？
正覺教育基金會編著　售價 250 元
46.**中觀金鑑**—詳述應成派中觀的起源與其破法本質
孫正德老師著　分爲上、中、下三冊，每冊 250 元
47.**佛法入門**—迅速進入三乘佛法大門，消除久學佛法漫無方向之窘境。
○○居士著　將於正覺電子報連載後出版。售價 250 元
48.**藏傳佛教要義**—《狂密與真密》之簡體字版　平實導師 著 上、下冊
僅在大陸流通　每冊 300 元
49.**法華經講義**　平實導師述　共二十五輯　每輯 300 元
已於 2015/05/31 起開始出版，每二個月出版一輯
50.**西藏「活佛轉世」制度**—附佛、造神、世俗法
許正豐、張正玄老師合著　定價 150 元
51.**廣論三部曲**　郭正益老師著　定價 150 元
52.**真心告訴您(二)**—達賴喇嘛是佛教僧侶嗎？
—補祝達賴喇嘛八十大壽
正覺教育基金會編著　售價 300 元
53.**廣論之平議**—宗喀巴《菩提道次第廣論》之平議　正雄居士著
約二或三輯　俟正覺電子報連載後結集出版　書價未定
54.**末法導護**—對印順法師中心思想之綜合判攝　正慶老師著　書價未定
55.**菩薩學處**—菩薩四攝六度之要義　陸正元老師著　出版日期未定。
56.**八識規矩頌**詳解　○○居士 註解　出版日期另訂　書價未定。

57.**印度佛教史**—法義與考證。依法義史實評論印順《印度佛教思想史、佛教史地考論》之謬說　正偉老師著　出版日期未定　書價未定

58.**中國佛教史**—依中國佛教正法史實而論。 ○○老師 著　書價未定。

59.**中論正義**—釋龍樹菩薩《中論》頌正理。
孫正德老師著　出版日期未定　書價未定

60.**中觀正義**—註解平實導師《中論正義頌》。
○○法師（居士）著　出版日期未定　書價未定

61.**佛藏經講記**　平實導師述　出版日期未定　書價未定

62.**阿含經講記**—將選錄四阿含中數部重要經典全經講解之，講後整理出版。
平實導師述　約二輯　每輯300元　出版日期未定

63.**寶積經講記**　平實導師述　每輯三百餘頁 優惠價300元 出版日期未定

64.**解深密經講記**　平實導師述 約四輯　將於重講後整理出版

65.**成唯識論略解**　平實導師著　五～六輯　每輯300元　出版日期未定

66.**修習止觀坐禪法要講記**　平實導師述　每輯三百餘頁
將於正覺寺建成後重講、以講記逐輯出版　出版日期未定

67.**無門關**—《無門關》公案拈提　平實導師著　出版日期未定

68.**中觀再論**—兼述印順《中觀今論》謬誤之平議。 正光老師著 出版日期未定

69.**輪迴與超度**—佛教超度法會之真義。
○○法師（居士）著　出版日期未定　書價未定

70.**《釋摩訶衍論》平議**—對偽稱龍樹所造《釋摩訶衍論》之平議
○○法師（居士）著　出版日期未定　書價未定

71.**正覺發願文**註解—以真實大願為因 得證菩提
正德老師著　出版日期未定　書價未定

72.**正覺總持咒**—佛法之總持　正圜老師著　出版日期未定　書價未定

73.**涅槃**—論四種涅槃　平實導師著　出版日期未定　書價未定

74.**三自性**—依四食、五蘊、十二因緣、十八界法，說三性三無性。
作者未定　出版日期未定

75.**道品**—從三自性說大小乘三十七道品　作者未定　出版日期未定

76.**大乘緣起觀**—依四聖諦七真如現觀十二緣起 作者未定　出版日期未定

77.**三德**—論解脫德、法身德、般若德。　作者未定　出版日期未定

78.**真假如來藏**—對印順《如來藏之研究》謬說之平議　作者未定 出版日期未定

79.**大乘道次第**　作者未定　出版日期未定　書價未定

80.**四緣**—依如來藏故有四緣。　作者未定　出版日期未定

81.**空之探究**—印順《空之探究》謬誤之平議　作者未定 出版日期未定

82.**十法義**—論阿含經中十法之正義　作者未定　出版日期未定

83.**外道見**—論述外道六十二見　作者未定　出版日期未定

正智出版社有限公司書籍介紹

禪淨圓融：言淨土諸祖所未曾言，示諸宗祖師所未曾示；禪淨圓融，另闢成佛捷徑，兼顧自力他力，闡釋淨土門之速行易行道，亦同時揭櫫聖教門之速行易行道；令廣大淨土行者得免緩行難證之苦，亦令聖道門行者得以藉著淨土速行道而加快成佛之時劫。乃前無古人之超勝見地，非一般弘揚禪淨法門典籍也，先讀爲快。平實導師著 200元。

宗門正眼—**公案拈提**第一輯：繼承克勤圜悟大師碧巖錄宗旨之禪門鉅作。先則舉示當代大法師之邪說，消弭當代禪門大師鄉愿之心態，摧破當今禪門「世俗禪」之妄談；次則旁通教法，表顯宗門正理；繼以道之次第，消弭古今狂禪；後藉言語及文字機鋒，直示宗門入處。悲智雙運，禪味十足，數百年來難得一睹之禪門鉅著也。平實導師著　500元（原初版書《禪門摩尼寶聚》，改版後補充爲五百餘頁新書，總計多達二十四萬字，內容更精彩，並改名爲《宗門正眼》，讀者原購初版《禪門摩尼寶聚》皆可寄回本公司免費換新，免附回郵，亦無截止期限）（2007年起，凡購買公案拈提第一輯至第七輯，每購一輯皆贈送本公司精製公案拈提〈超意境〉CD一片，市售價格280元，多購多贈）。

禪—悟前與悟後：本書能建立學人悟道之信心與正確知見，圓滿具足而有次第地詳述禪悟之功夫與禪悟之內容，指陳參禪中細微淆訛之處，能使學人明自眞心、見自本性。若未能悟入，亦能以正確知見辨別古今中外一切大師究係眞悟？或屬錯悟？便有能力揀擇，捨名師而選明師，後時必有悟道之緣。一旦悟道，遲者七次人天往返，便出三界，速者一生取辦。學人欲求開悟者，不可不讀。　平實導師著。上、下冊共500元，單冊250元。

真實如來藏：如來藏眞實存在，乃宇宙萬有之本體，並非印順法師、達賴喇嘛等人所說之「唯有名相、無此心體」。如來藏是涅槃之本際，是一切有智之人竭盡心智、不斷探索而不能得之生命實相；是古今中外許多大師自以爲悟而當面錯過之生命實相。如來藏即是阿賴耶識，乃是一切有情本自具足、不生不滅之眞實心。當代中外大師於此書出版之前所未能言者，作者於本書中盡情流露、詳細闡釋。眞悟者讀之，必能增益悟境、智慧增上；錯悟者讀之，必能檢討自己之錯誤，免犯大妄語業；未悟者讀之，能知參禪之理路，亦能以之檢查一切名師是否眞悟。此書是一切哲學家、宗教家、學佛者及欲昇華心智之人必讀之鉅著。　平實導師著　售價400元。

宗門法眼——**公案拈提**第二輯：列舉實例，闡釋土城廣欽老和尚之悟處；並直示這位不識字的老和尚妙智橫生之根由，繼而剖析禪宗歷代大德之開悟公案，解析當代密宗高僧卡盧仁波切之錯悟證據，並例舉當代顯宗高僧、大居士之錯悟證據（凡健在者，爲免影響其名聞利養，皆隱其名）。藉辨正當代名師之邪見，向廣大佛子指陳禪悟之正道，彰顯宗門法眼。悲勇兼出，強捋虎鬚；慈智雙運，巧探驪龍；摩尼寶珠在手，直示宗門入處，禪味十足；若非大悟徹底，不能爲之。禪門精奇人物，允宜人手一冊，供作參究及悟後印證之圭臬。本書於2008年4月改版，增寫為大約500頁篇幅，以利學人研讀參究時更易悟入宗門正法，以前所購初版首刷及初版二刷舊書，皆可免費換取新書。平實導師著 500元（2007年起，凡購買公案拈提第一輯至第七輯，每購一輯皆贈送本公司精製公案拈提〈超意境〉CD一片，市售價格280元，多購多贈）。

宗門道眼——**公案拈提**第三輯：繼宗門法眼之後，再以金剛之作略、慈悲之胸懷、犀利之筆觸，舉示寒山、拾得、布袋三大士之悟處，消弭當代錯悟者對於寒山大士……等之誤會及誹謗。亦舉出民初以來與虛雲和尚齊名之蜀郡鹽亭袁煥仙夫子——南懷瑾老師之師，其「悟處」何在？並蒐羅許多眞悟祖師之證悟公案，顯示禪宗歷代祖師之睿智，指陳部分祖師、奧修及當代顯密大師之謬悟，作爲殷鑑，幫助禪子建立及修正參禪之方向及知見。假使讀者閱此書已，一時尚未能悟，亦可一面加功用行，一面以此宗門道眼辨別眞假善知識，避開錯誤之印證及歧路，可免大妄語業之長劫慘痛果報。欲修禪宗之禪者，務請細讀。平實導師著 售價500元（2007年起，凡購買公案拈提第一輯至第七輯，每購一輯皆贈送本公司精製公案拈提〈超意境〉CD一片，市售價格280元，多購多贈）。

楞伽經詳解：本經是禪宗見道者印證所悟眞僞之根本經典，亦是禪宗見道者悟後起修之依據經典；故達摩祖師於印證二祖慧可大師之後，將此經典連同佛缽祖衣一併交付二祖，令其依此經典佛示金言、進入修道位，修學一切種智。由此可知此經對於眞悟之人修學佛道，是非常重要之一部經典。此經能破外道邪說，亦破佛門中錯悟名師之謬說，亦破禪宗部分祖師之狂禪：不讀經典、一向主張「一悟即成究竟佛」之謬執。並開示愚夫所行禪、觀察義禪、攀緣如禪、如來禪等差別，令行者對於三乘禪法差異有所分辨；亦糾正禪宗祖師古來對於如來禪之誤解，嗣後可免以訛傳訛之弊。此經亦是法相唯識宗之根本經典，禪者悟後欲修一切種智而入初地者，必須詳讀。 平實導師著，全套共十輯，已全部出版完畢，每輯主文約320頁，每冊約352頁，定價250元。

宗門血脈—**公案拈提第四輯**：末法怪象—許多修行人自以爲悟，每將無念靈知認作眞實；崇尚二乘法諸師及其徒眾，則將**外於如來藏之緣起性空**—無因論之無常空、斷滅空、一切法空—錯認爲 佛所說之般若空性。這兩種現象已於當今海峽兩岸及美加地區顯密大師之中普遍存在；人人自以爲悟，心高氣壯，便敢寫書解釋祖師證悟之公案，大多出於意識思惟所得，言不及義，錯誤百出，因此誤導廣大佛子同陷大妄語之地獄業中而不能自知。彼等書中所說之悟處，其實處處違背第一義經典之聖言量。彼等諸人不論是否身披袈裟，都非佛法宗門血脈，或雖有禪宗法脈之傳承，亦只徒具形式；猶如螟蛉，非眞血脈，未悟得根本眞實故。禪子欲知佛、祖之眞血脈者，請讀此書，便知分曉。平實導師著，主文452頁，全書464頁，定價500元（2007年起，凡購買公案拈提第一輯至第七輯，每購一輯皆贈送本公司精製公案拈提〈超意境〉CD一片，市售價格280元，多購多贈）。

宗通與說通：古今中外，錯誤之人如麻似粟，每以常見外道所說之靈知心，認作眞心；或妄想虛空之勝性能量爲眞如，或錯認物質四大元素藉冥性（靈知心本體）能成就吾人色身及知覺，或認初禪至四禪中之了知心爲不生不滅之涅槃心。此等皆非通宗者之見地。復有錯悟之人一向主張「宗門與教門不相干」，此即尚未通達宗門之人也。其實宗門與教門互通不二，宗門所證者乃是眞如與佛性，教門所說者乃說宗門證悟之眞如佛性，故教門與宗門不二。本書作者以宗教二門互通之見地，細說「宗通與說通」，從初見道至悟後起修之道、細說分明；並將諸宗諸派在整體佛教中之地位與次第，加以明確之教判，學人讀之即可了知佛法之梗概也。欲擇明師學法之前，允宜先讀。平實導師著，主文共381頁，全書392頁，只售成本價300元。

宗門正道—**公案拈提第五輯**：修學大乘佛法有二果須證解脫果及大菩提果。二乘人不證大菩提果，唯證解脫果；此果之智慧，名爲聲聞菩提、緣覺菩提。大乘佛子所證二果之菩提果爲佛菩提，故名大菩提果，其慧名爲一切種智函蓋二乘解脫果。然此大乘二果修證，須經由禪宗之宗門證悟方能相應。而宗門證悟極難，自古已然；其所以難者，咎在古今佛教界普遍存在三種邪見：1.以修定認作佛法，2.以無因論之緣起性空—否定涅槃本際如來藏以後之一切法空作爲佛法，3.以常見外道邪見（離語言妄念之靈知性）作爲佛法。如是邪見，或因自身正見未立所致，或因邪師之邪教導所致，或因無始劫來虛妄熏習所致。若不破除此三種邪見，永劫不悟宗門眞義、不入大乘正道，唯能外門廣修菩薩行。平實導師於此書中，有極爲詳細之說明，有志佛子欲摧邪見、入於內門修菩薩行者，當閱此書。主文共496頁，全書512頁。售價500元（2007年起，凡購買公案拈提第一輯至第七輯，每購一輯皆贈送本公司精製公案拈提〈超意境〉CD一片，市售價格280元，多購多贈）。

狂密與真密：密教之修學，皆由有相之觀行法門而入，其最終目標仍不離顯教經典所說第一義諦之修證；若離顯教第一義經典、或違背顯教第一義經典，即非佛教。西藏密教之觀行法，如灌頂、觀想、遷識法、寶瓶氣、大聖歡喜雙身修法、喜金剛、無上瑜伽、大樂光明、樂空雙運等，皆是印度教**兩性生生不息思想之轉化**，**自始至終**皆以**如何能運用交合淫樂之法達到全身受樂**爲其中心思想，純屬欲界五欲的貪愛，不能令人超出欲界輪迴，更不能令人斷除我見；何況大乘之明心與見性，更無論矣！故密宗之法絕非佛法也。而其明光大手印、大圓滿法教，又皆同以常見外道所說**離語言妄念之無念靈知心**錯認爲佛地之眞如，不能直指不生不滅之眞如。西藏密宗所有法王與徒眾，都尚未開頂門眼，不能辨別眞僞，以**依人不依法、依密續不依經典**故，不肯將其上師喇嘛所說對照第一義經典，純依密續之藏密祖師所說爲準，因此而誇大其證德與證量，動輒謂彼祖師上師爲究竟佛、爲地上菩薩；如今台海兩岸亦有自謂其師證量高於 釋迦文佛者，然觀其師所述，猶未見道，仍在觀行即佛階段，尚未到禪宗相似即佛、分證即佛階位，竟敢標榜爲究竟佛及地上法王，誑惑初機學人。凡此怪象皆是狂密，不同於眞密之修行者。近年狂密盛行，密宗行者被誤導者極眾，動輒自謂已證佛地眞如，自視爲究竟佛，陷於大妄語業中而不知自省，反謗顯宗眞修實證者之證量粗淺；或如義雲高與釋性圓…等人，於報紙上公然誹謗眞實證道者爲「騙子、無道人、人妖、癩蛤蟆…」等，造下誹謗大乘勝義僧之大惡業；或以外道法中有爲有作之甘露、魔術……等法，誑騙初機學人，狂言彼外道法爲眞佛法。如是怪象，在西藏密宗及附藏密之外道中，不一而足，舉之不盡，學人宜應愼思明辨，以免上當後又犯毀破菩薩戒之重罪。密宗學人若欲遠離邪知邪見者，請閱此書，即能了知密宗之邪謬，從此遠離邪見與邪修，轉入眞正之佛道。

平實導師著 共四輯 每輯約400頁（主文約340頁）每輯售價300元。

宗門正義—公案拈提第六輯：佛教有六大危機，乃是藏密化、世俗化、膚淺化、學術化、宗門密意失傳、悟後進修諸地之次第混淆；其中尤以宗門密意之失傳，爲當代佛教最大之危機。由宗門密意失傳故，易令世尊本懷普被錯解，易令 世尊正法被轉易爲外道法，以及加以淺化、世俗化，是故宗門密意之廣泛弘傳與具緣佛弟子，極爲重要。然而欲令宗門密意之廣泛弘傳予具緣之佛弟子者，必須同時配合錯誤知見之解析、普令佛弟子知之，然後輔以公案解析之直示入處，方能令具緣之佛弟子悟入。而此二者，皆須以公案拈提之方式爲之，方易成其功、竟其業，是故平實導師續作宗門正義一書，以利學人。 全書500餘頁，售價500元（2007年起，凡購買公案拈提第一輯至第七輯，每購一輯皆贈送本公司精製公案拈提〈超意境〉CD一片，市售價格280元，多購多贈）。

心經密意—心經與解脫道、佛菩提道、祖師公案之關係與密意。二乘菩提所證之解脫道，實依第八識心之斷除煩惱障現行而立解脫之名；大乘菩提所證之佛菩提道，實依親證第八識如來藏之涅槃性、清淨自性、及其中道性而立般若之名；禪宗祖師公案所證之眞心，即是此第八識如來藏；是故三乘佛法所修所證之三乘菩提，皆依此如來藏心而立名也。此第八識心，即是《心經》所說之心也。證得此如來藏已，即能漸入大乘佛菩提道，亦可因證知此心而了知二乘無學所不能知之無餘涅槃本際，是故《心經》之密意，與三乘佛菩提之關係極爲密切、不可分割，三乘佛法皆依此心而立名故。今者平實導師以其所證解脫道之無生智及佛菩提之般若種智，將《心經》與解脫道、佛菩提道、祖師公案之關係與密意，以演講之方式，用淺顯之語句和盤托出，發前人所未言，呈三乘菩提之眞義，令人藉此《心經密意》一舉而窺三乘菩提之堂奧，迥異諸方言不及義之說；欲求眞實佛智者、不可不讀！主文317頁，連同跋文及序文…等共384頁，售價300元。

宗門密意——**公案拈提**第七輯：佛教之世俗化，將導致學人以信仰作爲學佛，則將以感應及世間法之庇祐，作爲學佛之主要目標，不能了知學佛之主要目標爲親證三乘菩提。大乘菩提則以般若實相智慧爲主要修習目標，以二乘菩提解脫道爲附帶修習之標的；是故學習大乘法者，應以禪宗之證悟爲要務，能親入大乘菩提之實相般若智慧中故，般若實相智慧非二乘聖人所能知故。此書則以台灣世俗化佛教之三大法師，說法似是而非之實例，配合眞悟祖師之公案解析，提示證悟般若之關節，令學人易得悟入。平實導師著，全書五百餘頁，售價500元（2007年起，凡購買公案拈提第一輯至第七輯，每購一輯皆贈送本公司精製公案拈提〈超意境〉CD一片，市售價格280元，多購多贈）。

淨土聖道——兼評日本本願念佛：佛法甚深極廣，般若玄微，非諸二乘聖僧所能知之，一切凡夫更無論矣！所謂一切證量皆歸淨土是也！是故大乘法中「聖道之淨土、淨土之聖道」，其義甚深，難可了知；乃至眞悟之人，初心亦難知也。今有正德老師眞實證悟後，復能深探淨土與聖道之緊密關係，憐憫眾生之誤會淨土實義，亦欲利益廣大淨土行人同入聖道，同獲淨土中之聖道門要義，乃振奮心神、書以成文，今得刊行天下。主文279頁，連同序文等共301頁，總有十一萬六千餘字，正德老師著，成本價200元。

起信論講記：詳解大乘起信論**心生滅門**與**心眞如門**之眞實意旨，消除以往大師與學人對起信論所說**心生滅門**之誤解，由是而得了知眞心如來藏之非常非斷中道正理；亦因此一講解，令此論以往隱晦而被誤解之眞實義，得以如實顯示，令大乘佛菩提道之正理得以顯揚光大；初機學者亦可藉此正論所顯示之法義，對大乘法理生起正信，從此得以眞發菩提心，眞入大乘法中修學，世世常修菩薩正行。平實導師演述，共六輯，都已出版，每輯三百餘頁，售價各250元。

優婆塞戒經講記：本經詳述在家菩薩修學大乘佛法，應如何受持菩薩戒？對人間善行應如何看待？對三寶應如何護持？應如何正確地修集此世後世證法之福德？應如何修集後世「行菩薩道之資糧」？並詳述第一義諦之正義：五蘊非我非異我、自作自受、異作異受、不作不受……等深妙法義，乃是修學大乘佛法、行菩薩行之在家菩薩所應當了知者。出家菩薩今世或未來世登地已，捨報之後多數將如華嚴經中諸大菩薩，以在家菩薩身而修行菩薩行，故亦應以此經所述正理而修之，配合《楞伽經、解深密經、楞嚴經、華嚴經》等道次第正理，方得漸次成就佛道；故此經是一切大乘行者皆應證知之正法。平實導師講述，每輯三百餘頁，售價各250元；共八輯，已全部出版。

真假活佛—略論附佛外道盧勝彥之邪說：人人身中都有眞活佛，永生不滅而有大神用，但眾生都不了知，所以常被身外的西藏密宗假活佛籠罩欺瞞。本來就眞實存在的眞活佛，才是眞正的密宗無上密！諾那活佛因此而說禪宗是大密宗，但藏密的所有活佛都不知道、也不曾實證自身中的眞活佛。本書詳實宣示眞活佛的道理，舉證盧勝彥的「佛法」不是眞佛法，也顯示盧勝彥是假活佛，直接的闡釋第一義佛法見道的眞實正理。眞佛宗的所有上師與學人們，都應該詳細閱讀，包括盧勝彥個人在內。正犀居士著，優惠價140元。

阿含正義—唯識學探源：廣說四大部《阿含經》諸經中隱說之眞正義理，一一舉示佛陀本懷，令阿含時期初轉法輪根本經典之眞義，如實顯現於佛子眼前。並提示末法大師對於阿含眞義誤解之實例，一一比對之，證實唯識增上慧學確於原始佛法之阿含諸經中已隱覆密意而略說之，證實 世尊確於原始佛法中已曾密意而說第八識如來藏之總相；亦證實 世尊在四阿含中已說此藏識是名色十八界之因、之本—證明如來藏是能生萬法之根本心。佛子可據此修正以往受諸大師（譬如西藏密宗應成派中觀師：印順、昭慧、性廣、大願、達賴、宗喀巴、寂天、月稱、……等人）誤導之邪見，建立正見，轉入正道乃至親證初果而無困難；書中並詳說三果所證的**心解脫**，以及四果**慧解脫**的親證，都是如實可行的具體知見與行門。全書共七輯，已出版完畢。平實導師著，每輯三百餘頁，售價300元。

超意境ＣＤ：以平實導師公案拈提書中超越意境之頌詞，加上曲風優美的旋律，錄成令人嚮往的超意境歌曲，其中包括正覺發願文及平實導師親自譜成的黃梅調歌曲一首。詞曲雋永，殊堪翫味，可供學禪者吟詠，有助於見道。內附設計精美的彩色小冊，解說每一首詞的背景本事。每片280元。【每購買公案拈提書籍一冊，即贈送一片。】

鈍鳥與靈龜：鈍鳥及靈龜二物，被宗門證悟者說爲二種人：前者是精修禪定而無智慧者，也是以定爲禪的愚癡禪人；後者是或有禪定、或無禪定的宗門證悟者，凡已證悟者皆是靈龜。但後來被人虛造事實，用以嘲笑大慧宗杲禪師，說他雖是靈龜，卻不免被天童禪師預記「患背」痛苦而亡：「**鈍鳥離巢易，靈龜脫殼難**。」藉以貶低大慧宗杲的證量。同時將天童禪師實證如來藏的證量，曲解爲意識境界的離念靈知。自從大慧禪師入滅以後，錯悟凡夫對他的不實毀謗就一直存在著，不曾止息，並且捏造的假事實也隨著年月的增加而越來越多，終至編成「鈍鳥與靈龜」的假公案、假故事。本書是考證大慧與天童之間的不朽情誼，顯現這件假公案的虛妄不實；更見大慧宗杲面對惡勢力時的正直不阿，亦顯示大慧對天童禪師的至情深義，將使後人對大慧宗杲的誣謗至此而止，不再有人誤犯毀謗賢聖的惡業。書中亦舉證宗門的所悟確以第八識如來藏爲標的，詳讀之後必可改正以前被錯悟大師誤導的參禪知見，日後必定有助於實證禪宗的開悟境界，得階大乘眞見道位中，即是實證般若之賢聖。全書459頁，售價350元。

我的菩提路第一輯：凡夫及二乘聖人不能實證的佛菩提證悟，末法時代的今天仍然有人能得實證，由正覺同修會釋悟圓、釋善藏法師等二十餘位實證如來藏者所寫的見道報告，已爲當代學人見證宗門正法之絲縷不絕，證明大乘義學的法脈仍然存在，爲末法時代求悟般若之學人照耀出光明的坦途。由二十餘位大乘見道者所繕，敘述各種不同的學法、見道因緣與過程，參禪求悟者必讀。全書三百餘頁，售價300元。

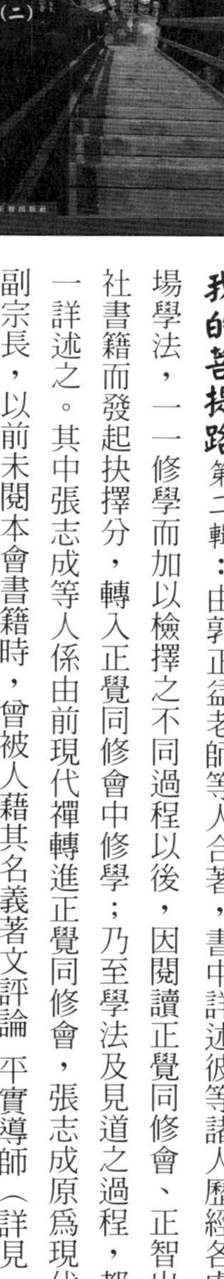

我的菩提路第二輯：由郭正益老師等人合著，書中詳述彼等諸人歷經各處道場學法，一一修學而加以檢擇之不同過程以後，因閱讀正覺同修會、正智出版社書籍而發起抉擇分，轉入正覺同修會中修學；乃至學法及見道之過程，都一一詳述之。其中張志成等人係由前現代禪轉進正覺同修會，張志成原爲現代禪副宗長，以前未閱本會書籍時，曾被人藉其名義著文評論 平實導師（詳見《宗通與說通》辨正及《眼見佛性》書末附錄…等）；後因偶然接觸正覺同修會書籍，深覺以前聽人評論平實導師之語不實，於是投入極多時間閱讀本會書籍、深入思辨，詳細探索中觀與唯識之關聯與異同，認爲正覺之法義方是正法，深覺相應；亦解開多年來對佛法的迷雲，確定應依八識論正理修學方是正法。乃不顧面子，毅然前往正覺同修會面見平實導師懺悔，並正式學法求悟。今已與其同修王美伶（亦爲前現代禪傳法老師），同樣證悟如來藏而證得法界實相，生起實相般若眞智。此書中尚有七年來本會第一位眼見佛性者之見性報告一篇，一同供養大乘佛弟子。全書四百頁，售價300元。

我的菩提路第三輯：由王美伶老師等人合著。自從正覺同修會成立以來，每年夏初、冬初都舉辦精進禪三共修，藉以助益會中同修們得以證悟明心發起般若實相智慧；凡已實證而被平實導師印證者，皆書具見道報告用以證明佛法之眞實可證而非玄學，證明佛法並非純屬思想、理論而無實質，是故每年都能有人證明正覺同修會的「實證佛教」主張並非虛語。特別是眼見佛性一法，自古以來中國禪宗祖師實證者極寡，較之明心開悟的證境更難令人信受；至2017年初，正覺同修會中的證悟明心者已近五百人，然而其中眼見佛性者至今唯十餘人爾，可謂難能可貴，是故明心後欲冀眼見佛性者實屬不易。黃正倖老師是懸絕七年無人見性後的第一人，她於2009年的見性報告刊於本書的第二輯中，爲大眾證明佛性確實可以眼見；其後七年之中求見性者都屬解悟佛性而無人眼見，幸而又經七年後的2016冬初，以及2017夏初的禪三，復有三人眼見佛性，希冀鼓舞四眾佛子求見佛性之大心，今則具載一則於書末，顯示求見佛性之事實經歷，供養現代佛教界欲得見性之四眾弟子。全書四百頁，售價300元，預定2017年6月30日發行。

維摩詰經講記：本經係 世尊在世時，由等覺菩薩維摩詰居士藉疾病而演說之大乘菩提無上妙義，所說函蓋甚廣，然極簡略，是故今時諸方大師與學人讀之悉皆錯解，何況能知其中隱含之深妙正義，是故普遍無法爲人解說；若強爲人說，則成依文解義而有諸多過失。今由平實導師公開宣講之後，詳實解釋其中密意，令維摩詰菩薩所說大乘不可思議解脫之深妙正法得以正確宣流於人間，利益當代學人及與諸方大師。書中詳實演述大乘佛法深妙不共二乘之智慧境界，顯示諸法之中絕待之實相境界，建立大乘菩薩妙道於永遠不敗不壞之地，以此成就護法偉功，欲冀永利娑婆人天。已經宣講圓滿整理成書流通，以利諸方大師及諸學人。全書共六輯，每輯三百餘頁，售價各250元。

菩薩底憂鬱CD將菩薩情懷及禪宗公案寫成新詞，並製作成超越意境的優美歌曲。1.主題曲〈菩薩底憂鬱〉，描述地後菩薩能離三界生死而迴向繼續生在人間，但因尚未斷盡習氣種子而有極深沈之憂鬱，非三賢位菩薩及二乘聖者所知，此憂鬱在七地滿心位方才斷盡；本曲之詞中所說義理極深，昔來所未曾見；此曲係以優美的情歌風格寫詞及作曲，聞者得以激發嚮往諸地菩薩境界之大心，詞、曲都非常優美，難得一見；其中勝妙義理之解說，已印在附贈之彩色小冊中。2.以各輯公案拈提中直示禪門入處之頌文，作成各種不同曲風之超意境歌曲，值得玩味、參究；聆聽公案拈提之優美歌曲時，請同時閱讀內附之印刷精美說明小冊，可以領會超越三界的證悟境界；未悟者可以因此引發求悟之意向及疑情，眞發菩提心而邁向求悟之途，乃至因此眞實悟入般若，成眞菩薩。3.正覺總持咒新曲，總持佛法大意；總持咒之義理，已加以解說並印在隨附之小冊中。本CD共有十首歌曲，長達63分鐘，附贈二張購書優惠券。每片280元。

勝鬘經講記：如來藏爲三乘菩提之所依，若離如來藏心體及其含藏之一切種子，即無三界有情及一切世間法，亦無二乘菩提緣起性空之出世間法；本經詳說無始無明、一念無明皆依如來藏而有之正理，藉著詳解煩惱障與所知障間之關係，令學人深入了知二乘菩提與佛菩提相異之妙理；聞後即可了知佛菩提之特勝處及三乘修道之方向與原理，邁向攝受正法而速成佛道的境界中。平實導師講述，共六輯，每輯三百餘頁，售價各250元。

楞嚴經講記：楞嚴經係密教部之重要經典，亦是顯教中普受重視之經典；經中宣說明心與見性之內涵極爲詳細，將一切法都會歸如來藏及佛性—妙眞如性；亦闡釋佛菩提道修學過程中之種種魔境，以及外道誤會涅槃之狀況，旁及三界世間之起源。然因言句深澀難解，法義亦復深妙寬廣，學人讀之普難通達，是故讀者大多誤會，不能如實理解佛所說之明心與見性內涵，亦因是故多有悟錯之人引爲開悟之證言，成就大妄語罪。今由平實導師詳細講解之後，整理成文，以易讀易懂之語體文刊行天下，以利學人。全書十五輯，全部出版完畢。每輯三百餘頁，售價每輯300元。

明心與眼見佛性：本書細述明心與眼見佛性之異同，同時顯示了中國禪宗破初參明心與重關眼見佛性二關之間的關聯；書中又藉法義辨正而旁述其他許多勝妙法義，讀後必能遠離佛門長久以來積非成是的錯誤知見，令讀者在佛法的實證上有極大助益。也藉慧廣法師的謬論來教導佛門學人回歸正知正見，遠離古今禪門錯悟者所墮的意識境界，非唯有助於斷我見，也對未來的開悟明心實證第八識如來藏有所助益，是故學禪者都應細讀之。　游正光老師著　共448頁　售價300元。

見性與看話頭：黃正倖老師的《見性與看話頭》於《正覺電子報》連載完畢，今結集出版。書中詳說禪宗看話頭的詳細方法，並細說看話頭與眼見佛性的關係，以及眼見佛性者求見佛性前必須具備的條件。本書是禪宗實修者追求明心開悟時參禪的方法書，也是求見佛性者作功夫時必讀的方法書，內容兼顧眼見佛性的理論與實修之方法，是依實修之體驗配合理論而詳述，條理分明而且極爲詳實、周全、深入。本書內文375頁，全書416頁，售價300元。

禪意無限CD平實導師以公案拈提書中偈頌寫成不同風格曲子，與他人所寫不同風格曲子共同錄製出版，幫助參禪人進入禪門超越意識之境界。盒中附贈彩色印製的精美解說小冊，以供聆聽時閱讀，令參禪人得以發起參禪之疑情，即有機會證悟本來面目，實證大乘菩提般若。本CD共有十首歌曲，長達69分鐘，每盒各附贈二張購書優惠券。每片280元。

金剛經宗通：三界唯心，萬法唯識，是成佛之修證內容，是諸地菩薩之所修；般若則是成佛之道（實證三界唯心、萬法唯識）的入門，若未證悟實相般若，即無成佛之可能，必將永在外門廣行菩薩六度，永在凡夫位中。然而實相般若的發起，全賴實證萬法的實相；若欲證知萬法的眞相，則必須探究萬法之所從來，則須實證自心如來—金剛心如來藏，然後現觀這個金剛心的金剛性、眞實性、如如性、清淨性、涅槃性、能生萬法的自性性、本住性，名爲證眞如；進而現觀三界六道唯是此金剛心所成，人間萬法須藉八識心王和合運作方能現起。如是實證《華嚴經》的「三界唯心、萬法唯識」以後，由此等現觀而發起實相般若智慧，繼續進修第十住位的如幻觀、第十行位的陽焰觀、第十迴向位的如夢觀，再生起增上意樂而勇發十無盡願，方能滿足三賢位的實證，轉入初地；自知成佛之道而無偏倚，從此按部就班、次第進修乃至成佛。第八識自心如來是般若智慧之所依，般若智慧的修證則要從實證金剛心自心如來開始；《金剛經》則是解說自心如來之經典，是一切三賢位菩薩所應進修之實相般若經典。這一套書，是將平實導師宣講的《金剛經宗通》內容，整理成文字而流通之；書中所說義理，迥異古今諸家依文解義之說，指出大乘見道方向與理路，有益於禪宗學人求開悟見道，及轉入內門廣修六度萬行。講述完畢後結集出版，總共9輯，每輯約三百餘頁，售價各250元。

真假外道：本書具體舉證佛門中的常見外道知見實例，並加以教證及理證上的辨正，幫助讀者輕鬆而快速的了知常見外道的錯誤知見，進而遠離佛門內外的常見外道知見，因此即能改正修學方向而快速實證佛法。游正光老師著 。成本價200元。

空行母——性別、身分定位，以及藏傳佛教：本書作者爲蘇格蘭哲學家，因爲嚮往佛教深妙的哲學內涵，於是進入當年盛行於歐美的假藏傳佛教密宗，擔任卡盧仁波切的翻譯工作多年以後，被邀請成爲卡盧的空行母（又名佛母、明妃），開始了她在密宗裡的實修過程；後來發覺在密宗雙身法中的修行，其實無法使自己成佛，也發覺密宗對女性岐視而處處貶抑，並剝奪女性在雙身法中擔任一半角色時應有的身分定位。當她發覺自己只是雙身法中被喇嘛利用的工具，沒有獲得絲毫應有的尊重與基本定位時，發現了密宗的父權社會控制女性的本質；於是作者傷心地離開了卡盧仁波切與密宗，但是卻被恐嚇不許講出她在密宗裡的經歷，也不許她說出自己對密宗的教義與教制下對女性剝削的本質，否則將被咒殺死亡。後來她去加拿大定居，十餘年後方才擺脫這個恐嚇陰影，下定決心將親身經歷的實情及觀察到的事實寫下來並且出版，公諸於世。出版之後，她被流亡的達賴集團人士大力攻訐，誣指她爲精神狀態失常、說謊……等。但有智之士並未被達賴集團的政治操作及各國政府政治運作吹捧達賴的表相所欺，使她的書銷售無阻而又再版。正智出版社鑑於作者此書是親身經歷的事實，所說具有針對「藏傳佛教」而作學術研究的價值，也有使人認清假藏傳佛教剝削佛母、明妃的男性本位實質，因此洽請作者同意中譯而出版於華人地區。珍妮·坎貝爾女士著，呂艾倫 中譯，每冊250元。

霧峰無霧—給哥哥的信：本書作者藉兄弟之間信件往來論義，略述佛法大義；並以多篇短文辨義，舉出釋印順對佛法的無量誤解證據，並一一給予簡單而清晰的辨正，令人一讀即知。久讀、多讀之後即能認清楚釋印順的六識論見解，與眞實佛法之牴觸是多麼嚴重；於是在久讀、多讀之後，於不知不覺之間提升了對佛法的極深入理解，正知正見就在不知不覺間建立起來了。當三乘佛法的正知見建立起來之後，對於三乘菩提的見道條件便將隨之具足，於是聲聞解脫道的見道也就水到渠成；接著大乘見道的因緣也將次第成熟，未來自然也會有親見大乘菩提之道的因緣，悟入大乘實相般若也將自然成功，自能通達般若系列諸經而成實義菩薩。作者居住於南投縣霧峰鄉，自喻見道之後不復再見霧峰之霧，故鄉原野美景一一明見，於是立此書名爲《霧峰無霧》；讀者若欲撥霧見月，可以此書爲緣。游宗明　老師著　售價250元。

假藏傳佛教的神話—性、謊言、喇嘛教：本書編著者是由一首名叫「阿姊鼓」的歌曲爲緣起，展開了序幕，揭開假藏傳佛教—喇嘛教—的神秘面紗。其重點是蒐集、摘錄網路上質疑「喇嘛教」的帖子，以揭穿「假藏傳佛教的神話」爲主題，串聯成書，並附加彩色插圖以及說明，讓讀者們瞭解西藏密宗及相關人事如何被操作爲「神話」的過程，以及神話背後的眞相。作者：張正玄教授。售價200元。

達賴真面目—玩盡天下女人：假使您不想戴綠帽子，請記得詳細閱讀此書；假使您不想讓好朋友戴綠帽子，請您將此書介紹給您的好朋友。假使您想保護家中的女性，也想要保護好朋友的女眷，請記得將此書送給家中的女性和好友的女眷都來閱讀。本書爲印刷精美的大本彩色中英對照精裝本，爲您揭開達賴喇嘛的眞面目，內容精彩不容錯過，爲利益社會大眾，特別以優惠價格嘉惠所有讀者。編著者：白志偉等。大開版雪銅紙彩色精裝本。售價800元。

藏傳佛教淫人妻女・非佛教
喇嘛性世界
—揭開假藏傳佛教譚崔瑜伽的面紗
The Sexual World of Lamas
–Unveiling the Truth about Tantric Yoga in Tibetan Buddhism
正智出版社

喇嘛性世界—揭開假藏傳佛教譚崔瑜伽的面紗：這個世界中的喇嘛，號稱來自世外桃源的香格里拉，穿著或紅或黃的喇嘛長袍，散布於我們的身邊傳教灌頂，吸引了無數的人嚮往學習；這些喇嘛虔誠地爲大眾祈福，手中拿著寶杵（金剛）與寶鈴（蓮花），口中唸著咒語：「唵．嘛呢．叭咪．吽……」，咒語的意思是說：「我至誠歸命金剛杵上的寶珠伸向蓮花寶穴之中」！「喇嘛性世界」是什麼樣的「世界」呢？本書將爲您呈現喇嘛世界的面貌。當您發現眞相以後，您將會唸：「噢！喇嘛．性．世界，譚崔性交嘛！」作者：張善思、呂艾倫。售價200元。

末代達賴—性交教主的悲歌：簡介從藏傳僞佛教（喇嘛教）的修行核心—性力派男女雙修，探討達賴喇嘛及藏傳僞佛教的修行內涵。書中引用外國知名學者著作、世界各地新聞報導，包含：歷代達賴喇嘛的祕史、達賴六世修雙身法的事蹟，以及《時輪續》中的性交灌頂儀式……等；達賴喇嘛書中開示的雙修法、達賴喇嘛的黑暗政治手段；達賴喇嘛所領導的寺院爆發喇嘛性侵兒童；新聞報導《西藏生死書》作者索甲仁波切性侵女信徒、澳洲喇嘛秋達公開道歉、美國最大假藏傳佛教組織領導人邱陽創巴仁波切的性氾濫，等等事件背後眞相的揭露。作者：張善思、呂艾倫、辛燕。售價250元。

第七意識與第八意識？—穿越時空「超意識」「三界唯心，萬法唯識」是佛教中應該實證的聖教，也是《華嚴經》中明載而可以實證的法界實相。唯心者，三界一切境界、一切諸法唯是一心所成就，即是每一個有情的第八識如來藏，不是意識心。唯識者，即是人類各各都具足的八識心王——眼識、耳鼻舌身意識、意根、阿賴耶識，第八阿賴耶識又名如來藏，人類五陰相應的萬法，莫不由八識心王共同運作而成就，故說萬法唯識。依聖教量及現量、比量，都可以證明意識是二法因緣生，是由第八識藉意根與法塵二法爲因緣而出生，又是夜夜斷滅不存之生滅心，即無可能反過來出生第七識意根、第八識如來藏，當知不可能從生滅性的意識心中，細分出恆審思量的第七識意根，更無可能細分出恆而不審的第八識如來藏。本書是將演講內容整理成文字，細說如是內容，並已在《正覺電子報》連載完畢，今彙集成書以廣流通，欲幫助佛門有緣人斷除意識我見，跳脫於識陰之外而取證聲聞初果；嗣後修學禪宗時即得不墮外道神我之中，得以求證第八識金剛心而發起般若實智。平實導師 述，每冊300元。

黯淡的達賴—失去光彩的諾貝爾和平獎：本書舉出很多證據與論述，詳述達賴喇嘛不爲世人所知的一面，顯示達賴喇嘛並不是眞正的和平使者，而是假借諾貝爾和平獎的光環來欺騙世人；透過本書的說明與舉證，讀者可以更清楚的瞭解，達賴喇嘛是結合暴力、黑暗、淫欲於喇嘛教裡的集團首領，其政治行爲與宗教主張，早已讓諾貝爾和平獎的光環染污了。本書由財團法人正覺教育基金會寫作、編輯，由正覺出版社印行，每冊250元。

人間佛教—實證者必定不悖三乘菩提　「大乘非佛說」的講法似乎流傳已久，卻只是日本人企圖擺脫中國正統佛教的影響，而在明治維新時期才開始提出來的說法；台灣佛教、大陸佛教的淺學無智之人，由於未曾實證佛法而迷信日本人錯誤的學術考證，錯認爲這些別有用心的日本佛學考證的講法爲天竺佛教的眞實歷史；甚至還有更激進的反對佛教者提出「釋迦牟尼佛並非眞實存在，只是後人捏造的假歷史人物」，竟然也有少數人願意跟著「學術」的假光環而信受不疑，於是開始有一些佛教界人士造作了反對中國佛教而推崇南洋小乘佛教的行爲，使佛教的信仰者難以檢擇，導致一般大陸人士開始轉入基督教的盲目迷信中。在這些佛教及外教人士之中，也就有一分人根據此邪說而大聲主張「大乘非佛說」的謬論，這些人以「人間佛教」的名義來抵制中國正統佛教，公然宣稱中國的大乘佛教是由聲聞部派佛教的凡夫僧所創造出來的。這樣的說法流傳於台灣及大陸佛教界凡夫僧之中已久，卻非眞正的佛教歷史中曾經發生過的事，只是繼承六識論的聲聞法中凡夫僧依自己的意識境界立場，純憑臆想而編造出來的妄想說法，卻已經影響許多無智之凡夫僧俗信受不移。本書則是從佛教的經藏法義實質及實證的現量內涵本質立論，證明大乘佛法本是佛說，是從《阿含正義》尚未說過的不同面向來討論「人間佛教」的議題，證明「大乘眞佛說」。閱讀本書可以斷除六識論邪見，迴入三乘菩提正道發起實證的因緣；也能斷除禪宗學人學禪時普遍存在之錯誤知見，對於建立參禪時的正知見有很深的著墨。平實導師　述，內文488頁，全書528頁，定價400元。

童女迦葉考——論呂凱文〈佛教輪迴思想的論述分析〉之謬　童女迦葉是佛世率領五百大比丘遊行於人間的歷史事實，是以童貞行而依止菩薩戒弘化於人間的大菩薩，不依別解脫戒（聲聞戒）來弘化於人間。這是大乘佛教與聲聞佛教同時存在於佛世的歷史明證，證明大乘佛教不是從聲聞法中分裂出來的部派佛教的產物，卻是聲聞佛教分裂出來的部派佛教聲聞凡夫僧所不樂見的史實；於是古今聲聞法中的凡夫都欲加以扭曲而作詭說，更是末法時代高聲大呼「大乘非佛說」的六識論聲聞凡夫極力想要扭曲的佛教史實之一，於是想方設法扭曲迦葉菩薩爲聲聞僧，以及扭曲迦葉童女爲比丘僧等荒謬不實之論著便陸續出現，古時聲聞僧寫作的《分別功德論》是最具體之事例，現代之代表作則是呂凱文先生的〈佛教輪迴思想的論述分析〉論文。鑑於如是假藉學術考證以籠罩大眾之不實謬論，未來仍將繼續造作及流竄於佛教界，繼續扼殺大乘佛教學人法身慧命，必須舉證辨正之，遂成此書。平實導師　著，每冊180元。

中觀金鑑——詳述應成派中觀的起源與其破法本質　學佛人往往迷於中觀學派之不同學說，被應成派與自續派所迷惑；修學般若中觀二十年後自以爲實證般若中觀了，卻仍不曾入門，甫聞實證般若中觀者之所說，則茫無所知，迷惑不解；隨後信心盡失，不知如何實證佛法；凡此，皆因惑於這二派中觀學說所致。自續派中觀所說同於常見，以意識境界立爲第八識如來藏之境界，應成派所說則同於斷見，但又同立意識爲常住法，故亦具足斷常二見。今者孫正德老師有鑑於此，乃將起源於密宗的應成派中觀學說，追本溯源，詳考其來源之外，亦一一舉證其立論內容，詳加辨正，令密宗雙身法祖師以識陰境界而造之應成派中觀學說本質，詳細呈現於學人眼前，令其維護雙身法之目的無所遁形。若欲遠離密宗此二大派中觀謬說，欲於三乘菩提有所進道者，允宜具足閱讀並細加思惟，反覆讀之以後將可捨棄邪道返歸正道，則於般若之實證即有可能，證後自能現觀如來藏之中道境界而成就中觀。本書分上、中、下三冊，每冊250元，已全部出版完畢。

實相經宗通：學佛之目的在於實證一切法界背後之實相，禪宗稱之爲本來面目或本地風光，佛菩提道中稱之爲實相法界；此實相法界即是金剛藏，又名佛法之祕密藏，即是能生有情五陰、十八界及宇宙萬有（山河大地、諸天、三惡道世間）的第八識如來藏，又名阿賴耶識心，即是禪宗祖師所說的眞如心，此心即是三界萬有背後的實相。證得此第八識心時，自能瞭解般若諸經中隱說的種種密意，即得發起實相般若——實相智慧。每見學佛人修學佛法二十年後仍對實相般若茫然無知，亦不知如何入門，茫無所趣；更因不知三乘菩提的互異互同，是故越是久學者對佛法越覺茫然，都肇因於尚未瞭解佛法的全貌，亦未瞭解佛法的修證內容即是第八識心所致。本書對於修學佛法者所應實證的實相境界提出明確解析，並提示趣入佛菩提道的入手處，有心親證實相般若的佛法實修者，宜詳讀之，於佛菩提道之實證即有下手處。平實導師述著，共八輯，全部出版完畢，每輯成本價250元。

真心告訴您（一）——達賴喇嘛在幹什麼？這是一本報導篇章的選集，更是「破邪顯正」的暮鼓晨鐘。「破邪」是戳破假象，說明達賴喇嘛及其所率領的密宗四大派法王、喇嘛們，弘傳的佛法是仿冒的佛法；他們是假藏傳佛教，是坦特羅（譚崔性交）外道法和藏地崇奉鬼神的苯教混合成的「喇嘛教」，推廣的是以所謂「無上瑜伽」的男女雙身法冒充佛法的假佛教，詐財騙色誤導眾生，常常造成信徒家庭破碎、家中兒少失怙的嚴重後果。「顯正」是揭櫫眞相，指出眞正的藏傳佛教只有一個，就是覺囊巴，傳的是　釋迦牟尼佛演繹的第八識如來藏妙法，稱爲他空見大中觀。正覺教育基金會即以此古今輝映的如來藏正法正知見，在眞心新聞網中逐次報導出來，將箇中原委「眞心告訴您」，如今結集成書，與想要知道密宗眞相的您分享。售價250元。

真心告訴您（二）——達賴喇嘛是佛教僧侶嗎？補祝達賴喇嘛八十大壽：這是一本針對當今達賴喇嘛所領導的喇嘛教，冒用佛教名相、於師徒間或師兄姊間，實修男女邪淫，而從佛法三乘菩提的現量與聖教量，揭發其謊言與邪術，證明達賴及其喇嘛教是仿冒佛教的外道，是「假藏傳佛教」。藏密四大派教義雖有「八識論」與「六識論」的表面差異，然其實修之內容，皆共許「無上瑜伽」四部灌頂爲究竟「成佛」之法門，也就是共以男女雙修之邪淫法爲「即身成佛」之密要，雖美其名曰「欲貪爲道」之「金剛乘」，並誇稱其成就超越於（應身佛）釋迦牟尼佛所傳之顯教般若乘之上；然詳考其理論，則或以意識離念時之粗細心爲第八識如來藏，或以中脈裡的明點爲第八識如來藏，或如宗喀巴與達賴堅決主張第六意識爲常恆不變之眞心者，分別墮於外道之常見與斷見中；全然違背 佛說能生五蘊之如來藏的實質。售價300元。

西藏「活佛轉世」制度——附佛、造神、世俗法：歷來關於喇嘛教活佛轉世的研究，多針對歷史及文化兩部分，於其所以成立的理論基礎，較少系統化的探討。尤其是此制度是否依據「佛法」而施設？是否合乎佛法眞實義？現有的文獻大多含糊其詞，或人云亦云，不曾有明確的闡釋與如實的見解。因此本文先從活佛轉世的由來，探索此制度的起源、背景與功能，並進而從活佛的尋訪與認證之過程，發掘活佛轉世的特徵，以確認「活佛轉世」在佛法中應具足何種果德。定價150元。

法華經講義：此書爲平實導師始從2009/7/21演述至2014/1/14之講經錄音整理所成。世尊一代時教，總分五時三教，即是華嚴時、聲聞緣覺教、般若教、種智唯識教、法華時；依此五時三教區分爲藏、通、別、圓四教。本經是最後一時的圓教經典，圓滿收攝一切法教於本經中，是故最後的圓教聖訓中，特地指出無有三乘菩提，其實唯有一佛乘；皆因眾生愚迷故，方便區分爲三乘菩提以助眾生證道。世尊於此經中特地說明如來示現於人間的唯一大事因緣，便是爲有緣眾生「開、示、悟、入」諸佛的所知所見——第八識如來藏妙眞如心，並於諸品中隱說「妙法蓮花」如來藏心的密意。然因此經所說甚深難解，眞義隱晦，古來難得有人能窺堂奧；平實導師以知如是密意故，特爲末法佛門四眾演述《妙法蓮華經》中各品蘊含之密意，使古來未曾被古德註解出來的「此經」密意，如實顯示於當代學人眼前。乃至〈藥王菩薩本事品〉、〈妙音菩薩品〉、〈觀世音菩薩普門品〉、〈普賢菩薩勸發品〉中的微細密意，亦皆一併詳述之，開前人所未曾言之密意，示前人所未見之妙法。最後乃至以〈法華大意〉而總其成，全經妙旨貫通始終，而依佛旨圓攝於一心如來藏妙心，厥爲曠古未有之大說也。平實導師述　已於2015/05/31起開始出版，每二個月出版一輯，共有25輯。每輯300元。

解深密經講記：本經係 世尊晚年第三轉法輪，宣說地上菩薩所應熏修之唯識正義經典，經中所說義理乃是大乘一切種智增上慧學，以阿陀那識—如來藏—阿賴耶識爲主體。禪宗之證悟者，若欲修證初地無生法忍乃至八地無生法忍者，必須修學《楞伽經、解深密經》所說之八識心王一切種智；此二經所說正法，方是眞正成佛之道；印順法師否定第八識如來藏之後所說萬法緣起性空之法，是以誤會後之二乘解脫道取代大乘眞正成佛之道，尚且不符二乘解脫道正理，亦已墮於斷滅見中，不可謂爲成佛之道也。平實導師曾於本會郭故理事長往生時，於喪宅中從首七開始宣講，於每一七各宣講三小時，至第十七而快速略講圓滿，作爲郭老之往生佛事功德，迴向郭老早證八地、速返娑婆住持正法。茲爲今時後世學人故，將擇期重講《解深密經》，以淺顯之語句講畢後，將會整理成文，用供證悟者進道；亦令諸方未悟者，據此經中佛語正義，修正邪見，依之速能入道。平實導師述著，全書輯數未定，每輯三百餘頁，將於未來重講完畢後逐輯出版。

佛法入門：學佛人往往修學二十年後仍不知如何入門，茫無所入漫無方向，不知如何實證佛法；更因不知三乘菩提的互異互同之處，導致越是久學者越覺茫然，都是肇因於尚未瞭解佛法的全貌所致。本書對於佛法的全貌提出明確的輪廓，並說明三乘菩提的異同處，讀後即可輕易瞭解佛法全貌，數日內即可明瞭三乘菩提入門方向與下手處。○○菩薩著　出版日期未定。

阿含經講記—小乘解脫道之修證：數百年來，南傳佛法所說證果之不實，所說解脫道之虛妄，所弘解脫道法義之世俗化，皆已少人知之；從南洋傳入台灣與大陸之後，所說法義虛謬之事，亦復少人知之；今時台灣全島印順系統之法師居士，多不知南傳佛法數百年來所說解脫道之義理已然偏斜、已然世俗化、已非眞正之二乘解脫正道，猶極力推崇與弘揚。彼等南傳佛法近代所謂之證果者多非眞實證果者，譬如阿迦曼、葛印卡、帕奧禪師、一行禪師……等人，悉皆未斷我見故。近年更有台灣南部大願法師，高抬南傳佛法之二乘修證行門爲「捷徑究竟解脫之道」者，然而南傳佛法縱使眞修實證，得成阿羅漢，至高唯是二乘菩提解脫之道，絕非**究竟**解脫，無餘涅槃中之實際尚未得證故，法界之實相尚未了知故，習氣種子待除故，一切種智未實證故，焉得謂爲「究竟解脫」？即使南傳佛法近代眞有實證之阿羅漢，尚且不及三賢位中之七住明心菩薩本來自性清淨涅槃智慧境界，則不能知此賢位菩薩所證之無餘涅槃實際，仍非大乘佛法中之見道者，何況普未實證聲聞果乃至未斷我見之人？謬充證果已屬逾越，更何況是誤會二乘菩提之後，以未斷我見之凡夫知見所說之二乘菩提解脫偏斜法道，焉可高抬爲「究竟解脫」？而且自稱「捷徑之道」？又妄言解脫之道即是成佛之道，完全否定般若實智、否定三乘菩提所依之如來藏心體，此理大大不通也！平實導師爲令修學二乘菩提欲證解脫果者，普得迴入二乘菩提正見、正道中，是故選錄四阿含諸經中，對於二乘解脫道法義有具足圓滿說明之經典，預定未來十年內將會加以詳細講解，令學佛人得以了知二乘解脫道之修證理路與行門，庶免被人誤導之後，未證言證，干犯道禁，成大妄語，欲升反墮。本書首重斷除我見，以助行者斷除我見而實證初果爲著眼之目標，若能根據此書內容，配合平實導師所著《識蘊眞義》《阿含正義》內涵而作實地觀行，實證初果非爲難事，行者可以藉此三書自行確認聲聞初果爲實際可得現觀成就之事。此書中除依二乘經典所說加以宣示外，亦依斷除我見等之證量，及大乘法中道種智之證量，對於意識心之體性加以細述，令諸二乘學人必定得斷我見、常見，免除三縛結之繫縛。次則宣示斷除我執之理，欲令升進而得薄貪瞋痴，乃至斷五下分結…等。平實導師述，共二冊，每冊三百餘頁。每輯300元。

修習止觀坐禪法要講記：修學四禪八定之人，往往錯會禪定之修學知見，欲以無止盡之坐禪而證禪定境界，卻不知修除性障之行門才是修證四禪八定不可或缺之要素，故智者大師云「性障初禪」；性障不除，初禪永不現前，云何修證二禪等？又：行者學定，若唯知數息，而不解六妙門之方便善巧者，欲求一心入定，未到地定極難可得，智者大師名之爲「事障未來」：障礙未到地定之修證。又禪定之修證，不可違背二乘菩提及第一義法，否則縱使具足四禪八定，亦不能實證涅槃而出三界。此諸知見，智者大師於《修習止觀坐禪法要》中皆有闡釋。作者平實導師以其第一義之見地及禪定之實證證量，曾加以詳細解析。將俟正覺寺竣工啓用後重講，不限制聽講者資格；講後將以語體文整理出版。欲修習世間定及增上定之學者，宜細讀之。平實導師述著。

★聲明★

本社於2015/01/01開始調整本目錄中部分書籍之售價，以因應各項成本的持續增加。

＊喇嘛教修外道雙身法，墮識陰境界，非佛教＊

＊弘揚如來藏他空見的覺囊派才是真正藏傳佛教＊

總經銷： 飛鴻 國際行銷股份有限公司

231 新北市新店區中正路 501 之 9 號 2 樓

Tel.02－82186688（五線代表號） Fax.02-82186458、82186459

零售：1.**全台連鎖經銷書局：**

三民書局、誠品書局、何嘉仁書店

敦煌書店、紀伊國屋、金石堂書局、建宏書局

2.**台北市：**佛化人生 羅斯福路 3 段 325 號 6 樓之 4 台電大樓對面

3.**新北市：**春大地書店 **蘆洲**中正路 117 號

4.**桃園市縣：**誠品書局 **桃園市**中正路 20 號遠東百貨地下室一樓

金石堂 **桃園市**大同路 24 號 金石堂 **桃園**八德市介壽路 1 段 987 號

諾貝爾圖書城 **桃園市**中正路 56 號地下室 御書堂 **龍潭**中正路 123 號

墊腳石文化書店 **中壢市**中正路 89 號

5.**新竹市縣：**大學書局 **新竹**建功路 10 號 誠品書局 **新竹**東區信義街 68 號

誠品書局 **新竹**東區中央路 229 號 5 樓 誠品書局 **新竹**東區力行二路 3 號

墊腳石文化書店 **新竹**中正路 38 號

6.**台中市：** **瑞成**書局、各大連鎖書店。

詠春書局 **台中市**永春東路 884 號 文春書局 **霧峰**中正路 1087 號

7.**彰化市縣：**心泉佛教流通處 **彰化市**南瑤路 286 號

員林鎮：墊腳石圖書文化廣場 中山路 2 段 49 號（04-8338485）

8.**台南市：**博大書局 **新營**三民路 128 號

藝美書局 **善化**中山路 436 號 宏欣書局 **佳里**光復路 214 號

9.**高雄市：**各大連鎖書店、**瑞成**書局

政大書城 **三民區**明仁路 161 號 政大書城 **苓雅區**光華路 148-83 號

明儀書局 **三民區**明福街 2 號 明儀書局 三多四路 63 號

青年書局 青年一路 141 號

10.**宜蘭縣市：**金隆書局 宜蘭市中山路 3 段 43 號

宋太太梅鋪 羅東鎮中正北路 101 號（039-534909）

11.**台東市：**東普佛教文物流通處 台東市博愛路 282 號

12.**其餘鄉鎮市經銷書局：**請電詢總經銷**飛鴻**公司。

13.**大陸地區請洽：**

香港：樂文書店

旺角店 :香港九龍旺角西洋菜街 62 號 3 樓

電話 : (852) 2390 3723 email: luckwinbooks@gmail.com

銅鑼灣店 :香港銅鑼灣駱克道 506 號 2 樓

電話 : (852) 2881 1150 email: luckwinbs@gmail.com

廈門： 廈門外圖臺灣書店有限公司

地址：廈門市思明區湖濱南路809 號 廈門外圖書城3 樓 郵編：361004

電話：0592-5061658（臺灣地區請撥打 86-592-5061658）

E-mail：JKB118＠188.COM

14.**美國：世界日報圖書部：** 紐約圖書部　電話 7187468889#6262

洛杉磯圖書部　電話 3232616972#202

15.**國內外地區網路購書：**

正智出版社 書香園地　http://books.enlighten.org.tw/

（書籍簡介、直接聯結下列網路書局購書）

三民 網路書局　http://www.Sanmin.com.tw

誠品 網路書局　http://www.eslitebooks.com

博客來 網路書局　http://www.books.com.tw

金石堂 網路書局　http://www.kingstone.com.tw

飛鴻 網路書局　http://fh6688.com.tw

附註：1.請儘量向各經銷書局購買：郵政劃撥需要十天才能寄到（本公司在您劃撥後第四天才能接到劃撥單，次日寄出後第四天您才能收到書籍，此八天中一定會遇到週休二日，是故共需十天才能收到書籍）若想要早日收到書籍者，請劃撥完畢後，將劃撥收據貼在紙上，旁邊寫上您的姓名、住址、郵區、電話、買書詳細內容，直接傳眞到本公司 02-28344822，並來電 02-28316727、28327495 確認是否已收到您的傳眞，即可提前收到書籍。 **2**.因台灣每月皆有五十餘種宗教類書籍上架，書局書架空間有限，故唯有新書方有機會上架，通常每次只能有一本新書上架；本公司出版新書，大多上架不久便已售出，若書局未再叫貨補充者，書架上即無新書陳列，則請直接向書局櫃台訂購。 **3**.若書局不便代購時，可於晚上共修時間向正覺同修會各共修處請購（共修時間及地點，詳閱**共修現況表**。每年例行年假期間請勿前往請書，年假期間請見共修現況表）。 **4**.郵購：郵政劃撥帳號 19068241。 **5**.正覺同修會會員購書都以八折計價（戶籍台北市者爲一般會員，外縣市爲護持會員）都可獲得優待，欲一次購買全部書籍者，可以考慮入會，節省書費。入會費一千元（第一年初加入時才需要繳），年費二千元。**6.尚未出版之書籍，請勿預先郵寄書款與本公司，謝謝您！** **7**.若欲一次購齊本公司書籍，或同時取得正覺同修會贈閱之全部書籍者，請於正覺同修會共修時間，親到各共修處請購及索取；**台北市讀者**請洽：103 台北市承德路三段 267 號 10 樓（捷運淡水線 圓山站旁）請書時間：週一至週五爲 18.00~21.00，第一、三、五週週六爲 10.00~21.00，雙週之週六爲 10.00~18.00 請購處專線電話：25957295-分機 14（於請書時間方有人接聽）。

敬告大陸讀者：

大陸讀者購書、索書捷徑（尚未在大陸出版的書籍，以下二個途徑都可以購得，電子書另包括結緣書籍）：

1.**廈門外國圖書公司**：廈門市思明區湖濱南路 809 號 廈門外圖書城 3F
郵編：361004 電話：0592-5061658 網址：JKB118＠188.COM

2.**電子書**：正智出版社有限公司及正覺同修會在台灣印行的各種局版書、結緣書，已有『**正覺電子書**』陸續上線中，提供讀者於手機、平板電腦上購書、下載、閱讀正智出版社、正覺同修會及正覺教育基金會所出版之電子書，詳細訊息敬請參閱『正覺電子書』專頁：

http://books.enlighten.org.tw/ebook

關於平實導師的書訊，請上網查閱：

成佛之道 http://www.a202.idv.tw

正智出版社 書香園地 http://books.enlighten.org.tw/

中國網採訪佛教正覺同修會、正覺教育基金會訊息：

http://big5.china.com.cn/gate/big5/fangtan.china.com.cn/2014-06/19/content_32714638.htm

http://pinpai.china.com.cn/

★ 正智出版社有限公司售書之稅後盈餘，全部捐助財團法人正覺寺籌備處、佛教正覺同修會、正覺教育基金會，供作弘法及購建道場之用；懇請諸方大德支持，功德無量。

★ 聲 明 ★

本社於 2015/01/01 開始調整本目錄中部分書籍之售價，以因應各項成本的持續增加。

＊ 喇嘛教修外道雙身法、墮識陰境界，非佛教 ＊

＊ 弘揚如來藏他空見的覺囊派才是真正藏傳佛教 ＊

售後服務—換書啓事（免附回郵） 2012/09/24

《楞嚴經講記》第 14 輯初版首刷本免費調換新書啓事：本講記第 14 輯出版前因 平實導師諸事繁忙，未將之重新閱讀而只改正校對時發現的錯別字，故未能發覺十年前所說法義有部分錯誤，於第 15 輯付印前重閱時才發覺第 14 輯中有部分錯誤尚未改正。今已重新審閱修改並已重印完成，煩請所有讀者將以前所購第 14 輯初版首刷本，寄回本社免費換新（初版二刷本無錯誤），本社將於寄回新書時同時附上您寄書回來換新時所付的郵資，並在此向所有讀者致上最誠懇的歉意。

《心經密意》初版書免費調換二版新書啓事：本書係演講錄音整理成書，講時因時間所限，省略部分段落未講。後於再版時補寫增加 13 頁，維持原價流通之。茲爲顧及初版讀者權益，自 2003/9/30 開始免費調換新書，原有初版一刷、二刷書籍，皆可寄來本來公司換書。

《宗門法眼》已經增寫改版爲 464 頁新書，2008 年 6 月中旬出版。讀者原有初版之第一刷、第二刷書本，都可以寄回本社免費調換改版新書。改版後之公案及錯悟事例維持不變，但將內容加以增說，較改版前更具有廣度與深度，將更能助益讀者參究實相。

換書者**免附回郵**，亦無截止期限；舊書請寄：111 台北郵政 73-151 號信箱 或 103 台北市承德路三段 267 號 10 樓 正智出版社有限公司。舊書若有塗鴨、殘缺、破損者，仍可換取新書；但缺頁之舊書至少應仍有五分之三頁數，方可換書。所有讀者不必顧念本公司是否有盈餘之問題，都請踴躍寄來換書；本公司成立之目的不是營利，只要能眞實利益學人，即已達到成立及運作之目的。若以郵寄方式換書者，免附回郵；並於寄回新書時，由本社附上您寄來書籍時耗用的郵資。造成您不便之處，再次致上萬分的歉意。

正智出版社有限公司 啓

國家圖書館出版品預行編目資料

優婆塞戒經講記／平實導師講述. —初版—
臺北市：正智，2005—　〔民94—　〕
冊；　公分

ISBN 978-986-81358-2-6（第1輯：平裝）
ISBN 978-986-81358-3-3（第2輯：平裝）
ISBN 978-986-81358-5-7（第3輯：平裝）
ISBN 978-986-81358-7-1（第4輯：平裝）
ISBN 978-986-82992-0-7（第5輯：平裝）
ISBN 978-986-82992-3-8（第6輯：平裝）
ISBN 978-986-82992-6-9（第7輯：平裝）
ISBN 978-986-82992-8-3（第8輯：平裝）

1.律藏

223.1　　94024925

——第四輯

著述者：平實導師
音文轉換：正覺同修會編譯組
校　對：章乃鈞 陳介源 白志偉 李嘉因
出版者：正智出版社有限公司
電話：〇二 28327495 28316727（白天）
傳眞：〇二 28344822
111台北郵政73-151號信箱
郵政劃撥帳號：一九〇六八二四一
正覺講堂：總機〇二25957295（夜間）
總經銷：飛鴻國際行銷股份有限公司
231新北市新店區中正路501-9號2樓
電話：〇二 82186688（五線代表號）
傳眞：〇二 82186458　82186459
初版首刷：公元二〇〇六年九月底 二千冊
初版六刷：公元二〇一七年四月 二千冊
定　價：二五〇元